Bernd Irlenborn
Relativismus

Grundthemen Philosophie

Herausgegeben von
Dieter Birnbacher
Pirmin Stekeler-Weithofer
Holm Tetens

Bernd Irlenborn

Relativismus

—

DE GRUYTER

ISBN 978-3-11-046247-0
e-ISBN (PDF) 978-3-11-046354-5
e-ISBN (EPUB) 978-3-11-046249-4

Library of Congress Cataloging-in-Publication Data
A CIP catalog record for this book has been applied for at the Library of Congress.

Bibliografische Information der Deutschen Nationalbibliothek
Die Deutsche Nationalbibliothek verzeichnet diese Publikation in der Deutschen Nationalbibliografie; detaillierte bibliografische Daten sind im Internet über http://dnb.dnb.de abrufbar.

© 2016 Walter de Gruyter GmbH, Berlin/Boston
Einbandabbildung: Martin Zech, Bremen
Satz: fidus Publikations-Service GmbH, Nördlingen
Druck und Bindung: CPI books GmbH, Leck
♾ Gedruckt auf säurefreiem Papier
Printed in Germany

www.degruyter.com

Vorwort

Debatten um die Bedeutung und Herausforderung des Relativismus werden schon seit der Antike geführt. Auch in der aktuellen zeitgeschichtlichen und philosophischen Analyse, vor allem in angelsächsischen Ländern, wird kontrovers diskutiert, ob die Relativierung von Geltungsansprüchen auf bestimmte Erkenntnisformen, Kulturen oder Deutungskontexte eine Gefahr für die Objektivität der philosophischen und wissenschaftlichen Wahrheitsfrage darstellt, oder ob sie, genau umgekehrt, angesichts der heutigen Pluralität von Denkformen und Weltbildern ein angemessenes Vorgehen darstellt, das epistemische Bescheidenheit zum Ausdruck bringt und die Tolerierung unvereinbarer Überzeugungen ermöglicht. Das vorliegende Buch will dieser Debatte nachgehen. Es versteht sich zum einen als Einführung in die komplexe, in verschiedene Disziplinen der Philosophie reichende Thematik des Relativismus. Eine solche Einführung, die relativistische und antirelativistische Argumente vorstellt und ihre Überzeugungskraft diskutiert, kann nicht neutral sein. Insofern geht es zum anderen auch um eine kritische Positionsbestimmung im Hinblick auf den Relativismus.

Das Buch ist aus Vorträgen und einer Vorlesung hervorgegangen. Ich danke den Hörerinnen und Hörern für kritische Kommentare, weiterhin Margareta Klahold und Daniel Wäschenbach für Korrekturen und Anmerkungen zu bestimmten Kapiteln dieser Arbeit. Ein besonderer Dank gilt Volker Peckhaus und Christian Weidemann für ihre kritischen Hinweise. Nicht zuletzt danke ich dem Verlag *De Gruyter* und dabei besonders dem Lektorat von Dr. Gertrud Grünkorn für die gute Betreuung.

Paderborn, im Januar 2016
Bernd Irlenborn

Inhaltsverzeichnis

1 **Einleitung** —— 1

2 **Begriff** —— 5
2.1 Einführung —— 5
2.2 Begriffliche Bestimmungen —— 8
2.3 Varianten —— 12
2.4 Motive für den Relativismus —— 16
2.5 Fazit —— 18

3 **Entstehung** —— 19
3.1 Historischer Hintergrund —— 19
3.2 Der ‚Homo-mensura'-Satz des Protagoras —— 20
3.3 Platons Kritik des Relativismus —— 22
3.4 Aristoteles' Verteidigung des Kontradiktionsprinzips —— 26
3.5 Antike Skepsis und Relativismus —— 28
3.6 Relativismus und Skeptizismus bei Montaigne —— 30
3.7 Kants Transzendentalphilosophie und der Antirealismus —— 33
3.8 Nietzsches relativistischer Perspektivismus —— 36
3.9 Fazit —— 40

4 **Entwürfe** —— 41
4.1 Epistemischer Relativismus: Richard Rorty —— 41
4.2 Religiöser Relativismus I: John Hick —— 48
4.3 Religiöser Relativismus II: Joseph Runzo —— 51
4.4 Relativismus der Vernunft: Paul Feyerabend —— 56
4.5 Moralischer Relativismus: Max Kölbel —— 61
4.6 Fazit —— 69

5 **Wahrheitsrelativismus** —— 71
5.1 Wahrheit, Realismus, Antirealismus —— 71
5.2 Das Konzept des Wahrheitsrelativismus —— 74
5.3 Alethischer Relativismus I: das Modell von Joseph Margolis —— 77
5.4 Alethischer Relativismus II: das Modell der „neuen" Relativisten —— 83
5.5 Fazit —— 96

6 **Das Selbstwiderspruchs-Argument** —— 99
6.1 Einleitung —— 99
6.2 Kritik I: Rekurs auf metasprachliche Ebenen —— 104

6.3 Kritik II: Relativität als alethische Modalität —— **108**
6.4 Fazit —— **113**

7 Relativismus, Pluralität, Toleranz —— 115
7.1 Herausforderung des Relativismus? —— **115**
7.2 Herausforderung des Absolutismus? —— **116**
7.3 Relativismus und Pluralismus —— **118**
7.4 Relativismus und Toleranz —— **120**
7.5 Fazit —— **123**

Anmerkungen —— 125

Literaturverzeichnis —— 139

Namenregister —— 147

Sachregister —— 151

1 Einleitung

Im Jahre 1996 reichte der US-Physiker Alan Sokal einen Artikel bei der amerikanischen Zeitschrift *Social Text* ein, einem akademischen Blatt, das postmodernen und relativistischen Ideen nahe stand. Dieser Artikel trug den reißerischen Titel *Transgressing the Boundaries: Towards a Transformative Hermeneutics of Quantum Gravity*, was man etwa so übersetzen kann: „Überschreiten der Grenzen: In Richtung auf eine transformative Hermeneutik der Quantengravitation".[1] Der Artikel wurde angenommen und in einer Sondernummer der Zeitschrift gedruckt. Kurz danach bekannte Sokal, der Artikel sei eine bloße Parodie und von ihm nur als Test gedacht gewesen, um die intellektuelle Redlichkeit der Zeitschrift *Social Text* zu prüfen. Sokal hatte in seinem Artikel behauptet, man müsse die Theorie der Quantengravitation relativistisch verstehen; sie gelte nicht objektiv, sondern stelle nur ein soziales und linguistisches Konstrukt dar. Um diese falsche These zu untermauern, fügte er in seinen Artikel eine Vielzahl von Zitaten postmoderner Autoren ein, die zu den Lieblingen von *Social Text* gehörten, wie Jacques Lacan, Luce Irigaray und Jean Lyotard. Thematisch standen diese Zitate in einem vagen Zusammenhang mit Mathematik und Physik. Die peinliche Aufdeckung der Parodie führte in den Vereinigten Staaten zur so genannten „Sokal-Affäre", die eine intensive Debatte um wissenschaftliche Standards und Wissenskulturen auslöste.[2] Diese Auseinandersetzung war so heftig, dass sie auch unter den Titeln „science war" oder „culture war" geführt wurde. Die Sokal-Affäre wurde als Höhepunkt dieser Debatte angesehen, die in den Vereinigten Staaten vor allem in den neunziger Jahren des letzten Jahrhunderts ausgetragen wurde. Dabei ging es insbesondere um eine Auseinandersetzung zwischen der analytischen Philosophie und Wissenskultur auf der einen Seite und postmodernen Strömungen im Kontext des französischen Dekonstruktivismus und Strukturalismus auf der anderen Seite. Wechselseitige Vorbehalte und Feindschaften zwischen diesen Traditionen haben sich bis heute gehalten.[3]

Bei dieser Affäre ging es nur vordergründig um formale Standards für Wissenschaftlichkeit und die Abhängigkeit bestimmter intellektueller Milieus von postmodernen Ideologien. Das eigentliche Thema der Auseinandersetzung und der Anlass für die Parodie war der aus Sokals Sicht immer weiter um sich greifende und nicht mehr in Frage gestellte Relativismus in der westlichen Kultur.[4] Sokals Interesse war, zu prüfen, ob bestimmte Denkmuster eines philosophischen Relativismus in das Gefüge der Alltagskultur – also in die Medien, die politischen Debatten, die Foren der Meinungseliten – eingedrungen sind, ohne dass dies noch eigens auffällt oder thematisiert wird.

Intensive Diskussionen um den Einfluss des relativistischen Denkens in den Bereichen der Philosophie, Kultur und Wissenschaft werden weiterhin geführt. Empirisch breit angelegte Untersuchungen in den Vereinigten Staaten behaupten, eine relativistische Grundtönung im Meinungsbild vor allem junger Menschen aufgedeckt zu haben.[5] In der gesellschaftspolitischen Diskussion der letzten Jahre wurde das Schlagwort von einer „Diktatur des Relativismus", die in der Gegenwart drohe, heftig und teils auch polemisch diskutiert.[6] Der Relativismus wird zurzeit aber nicht nur in seinen Auswirkungen für Kultur und Gesellschaft, sondern auch in der Philosophie intensiv erörtert. Die Dispute um relativistische Auffassungen und Argumente sind historisch jedoch nicht neu. Relativistische Positionen beschäftigen die Philosophie seit ihrer Entstehung im antiken Griechenland. Schon Platon setzt sich mit dem ersten und bis heute wohl berühmtesten Relativisten auseinander, dem Sophisten Protagoras. Dabei wird deutlich, dass im Kern des Relativismus die Wahrheitsfrage steht: Wenn es grundsätzlich keine objektive Wahrheit gäbe, wenn Wahrheit immer nur Wahrsein relativ zu einem bestimmten Kontext oder Wahrheitsstandard einer Person oder Gemeinschaft bedeutete, schiene die Philosophie in Form einer kritischen Nachfrage nach nicht-relativen Grundlagen für alles Sein, Denken, Erkennen und Handeln auf einem Irrweg zu sein. Philosophische Aussagen könnten keine objektive Geltung beanspruchen und wären zwangsläufig immer nur Ausdruck einer bestimmten, kontextuell gebundenen Sichtweise. Auf der anderen Seite wurden seit der frühen Neuzeit immer wieder Motive für eine relativistische Sichtweise angeführt, beispielsweise deren Fähigkeit zur Anerkennung und Tolerierung von Pluralität, weiterhin die Zurückhaltung, fremde Überzeugungen vorschnell als falsch oder unangemessen zu bezeichnen, zudem die generelle Einsicht in die Begrenztheit unseres Wissens.

Vor allem in angloamerikanischen Debatten der analytischen Philosophie sind in den letzten Jahren zahlreiche Sammelbände, Monographien und Beiträge zum Thema des Relativismus veröffentlicht worden.[7] Dabei wurden immer subtilere Argumente für und gegen relativistische Positionen formuliert. Sieht man vom Konzept des moralischen Relativismus ab,[8] ist die Rezeption dieser breit gefächerten Debatten in der deutschsprachigen Philosophie bislang sehr verhalten.[9]

Das vorliegende Buch versteht sich als Einführung in die Thematik und wird Argumente, Entwürfe und Debatten des Relativismus vor allem im Kontext der analytischen Philosophie vorstellen. Im zweiten Kapitel werde ich die Konturen des Begriffs „Relativismus" näher umreißen. Das dritte Kapitel bietet einen historischen Rückblick auf ausgewählte relativistische bzw. dem Relativismus nahe stehende Positionen von Protagoras bis zu Nietzsche. Im vierten Kapitel werde ich einige prominente Spielarten des Relativismus aus der aktuellen Debatte vorstellen und kritisch analysieren. Im fünften Kapitel geht es um das Thema des Wahrheitsrelativismus. Dabei werden zwei derzeit einflussreiche Modelle des alethischen Relativismus vorgestellt und diskutiert. Das sechste Kapitel beschäftigt sich mit dem wohl bekanntesten Einwand gegen den Relativismus, dem traditionellen „Selbstwiderspruchs-Argument". Dabei stelle ich zwei relativistische Immunisierungsversuche gegen dieses Argument vor und prüfe, ob sie erfolgreich sind. Das siebte Kapitel untersucht die Frage, ob der Relativismus, wenn man ihn nicht bloß theoretisch, sondern auch als praktische Haltung versteht, im Kontext der Vielzahl miteinander unverträglicher Weltbilder und Überzeugungen nicht eher pluralitätstauglich und offen für Toleranz ist als der Absolutismus.

Angesichts der teils mit Vehemenz vorgetragenen Gründe für und gegen den Relativismus kann auch eine Einführung zu diesem Thema keine neutrale Position behaupten. Im vorliegenden Buch vertrete ich eine kritische Position in Bezug auf die vorgestellten Spielarten des normativen Relativismus. Dabei halte ich mich von Auffassungen fern, die im Relativismus eine generelle Gefahr für unsere Kultur und Rationalität sehen und diese Befürchtung mit einem modernitätskritischen Bedrohungsszenario untermalen. Im Fokus dieser Untersuchung steht allein die Begründung und Überzeugungskraft des jeweiligen relativistischen Ansatzes. Dabei soll diese Einführung eine nüchterne und differenzierte Diskussion des Relativismus in seinen verschiedenen Versionen bieten, um der Leserin und dem Leser eine Grundlage für die eigene Auseinandersetzung mit dem relativistischen Denken zu ermöglichen.

2 Begriff

Der Begriff „Relativismus" ist äußerst vieldeutig. Gegner und Befürworter relativistischer Überzeugungen streiten darum, was unter diesem Begriff genau zu verstehen ist und welche philosophischen Konsequenzen relativistische Auffassungen nach sich ziehen. In diesem Kapitel geht es darum, den Begriff „Relativismus" in seinen Facetten genauer zu umreißen. Im ersten Abschnitt führe ich in die Diskussion ein und skizziere ein Grundmodell des Relativismus. Im zweiten Abschnitt geht es um Differenzierungen im Hinblick auf das Konzept des Relativismus. Im dritten Abschnitt werden zentrale Varianten relativistischen Denkens vorgestellt. Im vierten Abschnitt führe ich Argumente an, die immer wieder für den Relativismus vorgebracht werden. Der fünfte Abschnitt bietet ein kurzes Fazit.

2.1 Einführung

Der Begriff „Relativismus" legt mindestens in zwei Hinsichten Missverständnisse nahe. Zum einen gibt es nicht *den* Relativismus als eine ausformulierte philosophische Theorie. In den meisten philosophischen Diskussionen zu diesem Thema findet man eher relativistische Thesen als klar umrissene und programmatisch vorgetragene Theorien des Relativismus vor. Zum anderen gibt es unterschiedliche Akzentuierungen und Varianten relativistischer Auffassungen. Der philosophische Begriff „Relativismus" umfasst ein Bündel von verschiedenen Problemstellungen, die sich in allen Bereichen der Philosophie vorfinden lassen. Insofern ist es sinnvoll, bei der Diskussion um den Relativismus stets den Bezug zur jeweiligen Form oder Variante des relativistischen Denkens anzugeben. Der Einfachheit halber werde ich im Folgenden weiterhin von „Relativismus" sprechen und dabei Thesen, Konzepte und Modelle ansprechen, die unter diesen Begriff fallen.

Trotz aller Differenzierungen gibt es Intuitionen, die bei allen oder zumindest bei den meisten relativistischen Denkformen impliziert sind. Um diese Intuitionen deutlich zu machen, lassen sich alltägliche Aussagen anführen, die man leicht relativistisch interpretieren kann:
(a) Das ist wahr für mich, auch wenn mir alle widersprechen.
(b) Der eine glaubt dies, der andere das, und das ist auch gut so.
(c) Über Geschmack kann man sich sowieso nicht streiten.
(d) Der Mythos ist genauso gültig wie die Wissenschaft.

Diese Aussagen drücken jeweils eine Relation aus: Wahrheit und Meinung gelten nur subjektiv oder in Bezug auf ein Individuum (a, b); es gibt kein allgemeines Kriterium für ästhetische Urteile, sondern nur deren Abhängigkeit von Geschmack (c); unterschiedliche Erkenntnisformen sind gleich gültig, wenn man sie hinsichtlich des Kontextes ihrer Geltung beurteilt (d). Die in diesen Sätzen enthaltenen relativistischen Ideen besagen formal, dass etwas relativ zu etwas anderem ist. Die darin zum Ausdruck kommende Relativierung bezieht sich zunächst auf das Verständnis der Bedeutung des Relativierten: Etwas kann nicht angemessen verstanden werden, wenn es nicht in Abhängigkeitsbeziehung zu etwas anderem gesehen wird.

Schwache Formen der Relativierung, die allein empirisch auf solche Abhängigkeitsbeziehungen aufmerksam machen, sind in der Regel philosophisch nicht weiter problematisch. Sie geben höchstens Anlass zu Kontroversen über das tatsächliche Bestehen der behaupteten Abhängigkeit des Relativierten. Eine stärkere Form der Relativierung, die sich in (a) bis (d) erkennen lässt, bezieht sich auf die Geltung des Relativierten. Dabei gelten Überzeugungen nicht an sich, sondern nur individuell oder kontextuell. Erkenntnisse der Wissenschaft gelten nicht universal, sondern nur in einem bestimmten Kontext. Hier lassen sich in einer ersten Annäherung und noch ohne Spezifizierung drei Thesen einer starken Version des Relativismus ausmachen. Ich bezeichne diese Version als „relativistisches Grundmodell":

(1) Überzeugungen, die sich auf bestimmte Sachverhalte beziehen, sind nicht objektiv wahr (oder falsch), sondern immer nur wahr (oder falsch) relativ zu bestimmten Deutungskontexten.
(2) Eine Überzeugung kann gleichzeitig wahr sein in einem Deutungskontext und falsch sein in einem anderen.
(3) Es gibt keinen nicht-relativen Maßstab für die Beurteilung der Angemessenheit dieser Deutungskontexte.

Der Begriff „Überzeugung" bezieht sich hier und im Folgenden nicht auf eine Einstellung mit einem bestimmten Gewissheitsgrad, sondern auf das, wovon jemand überzeugt ist, auf die entsprechende Proposition.[1] Die Proposition ist der in Form eines Aussagesatzes als wahr behauptete Sachverhalt, kürzer: das im Akt des Behauptens Behauptete.[2]

Dieses Grundmodell ist noch vage und bedarf der Präzisierung. Ausgehend von diesem Modell wird jedoch bereits erkennbar, dass starke Versionen des Relativismus in erster Linie eine Behauptung über die eingeschränkte Geltung von Überzeugungen zum Ausdruck bringen. In diesem Versuch der Relativierung der Geltung von Überzeugungen liegt für die Kritiker des Relativismus die eigentliche Herausforderung dieser Position. Gemäß dem relativistischen Grundmodell gilt eine Überzeugung nicht als wahr oder falsch an sich, das heißt ohne Rückbezug auf einen bestimmten Zusammenhang oder Deutungskontext, sondern nur als wahr oder falsch relativ zu demselben.

Dieses Verhältnis der Abhängigkeit ist schon in der Etymologie des Begriffs „Relativismus" angedeutet. Er geht auf das lateinische Partizip Perfekt Passiv „*relatus*" zurück, das wiederum vom Verb „*refero*", „zurücktragen", „zurückführen" abstammt. Weiter gefasst bedeutet das für den Begriff „Relativismus": Will man verstehen, in welchem Sinne etwas gilt, muss man es „zurücktragen" in den Bereich, wo es herkommt oder von dem es abhängig ist; denn nur von dort her erhält es seine Bedeutung und allein in diesem Bereich hat es seinen Geltungsanspruch. Dieses Zurücktragen richtet sich also gegen die Universalität eines Geltungsanspruchs und behauptet stattdessen die Partikularität der Geltung des Relativierten.

Das Wort „Relativismus" ist im Deutschen begriffsgeschichtlich wohl erst im 19. Jahrhundert entstanden. Als eine der ersten Definitionen findet sich bei Wilhelm Traugott Krug (1770-1842), dem Nachfolger auf dem Lehrstuhl Kants, folgender Eintrag im fünften Band seines Handwörterbuchs der philosophischen Wissenschaften:

> Unter dem Systeme des reinen oder durchgängigen Relativismus versteht man die Annahme, daß alles, was wir wahrnehmen und denken (selbst die Ideen der Vernunft, Wahrheit, Sittlichkeit, Religion etc.) nur etwas Relatives oder Verhältnismäßiges sei, folglich keinen wesentlichen Bestand und keine allgemeine Gültigkeit habe.[3]

Krug erwähnt in seinem Artikel als Vertreter des Relativismus einzig den Satiriker Jonathan Swift, der diesen Ansatz in *Gullivers Reisen* „unter der Maske des Frohsinns und Scherzes" vorgetragen habe.

Auch wenn der Begriff „Relativismus" begriffsgeschichtlich erst in der Neuzeit greifbar ist, ist die Tendenz der Relativierung im Sinne des *refero* kulturgeschichtlich weitaus älter. Das wird nicht nur an relativistischen Überlegungen der antiken Philosophie deutlich. Den Bezug auf Relativierungen auch im alltäglichen antiken Leben kann man sich etwa an dem biblischen Diktum anschaulich machen, in dem es heißt, ein Prophet habe nirgends so wenig Ansehen wie in seiner Heimat und in seiner Familie. Ein Grund dafür mag darin bestehen, dass die Menschen, die den Propheten von klein auf kennen, dazu neigen, die von ihm behauptete Geltung seiner prophetischen Aussagen „zurückzutragen" in den Bereich, in dem sie entstanden ist. Das Wissen um die allzu menschlichen Umstände seines Werdens von Kindheit an mit all den persönlichen Eigenheiten scheint eine Relativierung der universal und unbedingt gemeinten prophetischen Botschaft zu legitimieren.

Wie bei der Analyse des Begriffs „Relativismus" noch deutlich werden wird, liegt im *refero* aber nur dann ein Relativismus im starken Sinne vor, wenn es um die Geltung und nicht allein um die Genese des Behaupteten geht. Die Aussage, die Rede von der menschlichen Würde habe sich allein im abendländischen Kontext ergeben, mag vordergründig relativistisch anmuten. Mit diesem *refero* und der darin eingeschlossenen Relativierung ist aber nicht notwendig ein Relativismus verbunden. Die Relativierung in dieser Aussage bezieht sich allein auf eine Genese, beschreibt also einen Entstehungskontext oder eine historische Entwicklung, behauptet jedoch nicht zwingend eine Einschränkung der Geltung des Ausgesagten.

Das Grundmodell macht deutlich, dass dem Relativismus zufolge Überzeugungen in der Form von Aussagen, die das Bestehen von Sachverhalten behaupten, nicht universal bzw. irrelativ gelten, sondern nur in einer Abhängigkeitsbeziehung zu etwas anderem. Das Gegenteil des Relativismus wird „Absolutismus" oder „Objektivismus" genannt. Das bedeutet, verkürzt gesagt, dass die Geltung von Überzeugungen nicht an ein „Zurücktragen" in einen bestimmten Kontext gebunden ist, sondern dass sie von einer solchen Zuschreibung unabhängig („objektiv") bzw. los*gelöst* („*absolutus*") *ist*.

2.2 Begriffliche Bestimmungen

Um die Vielfalt dessen, was unter dem Begriff „Relativismus" verstanden wird, übersichtlicher zu gestalten, empfiehlt es sich, zunächst auf eine Klassifikation zurückzugreifen.

Wie bemerkt, impliziert der Relativismus die These, dass Aussagen eines bestimmten Typs oder einer bestimmten Klasse relativ zu einem spezifischen Standard, Parameter oder Bezugssystem sind. Formal kann man die Aussage „*a* ist relativ zu *b*" als zweistellige Relation *aRb* ausdrücken. Diese Relation erfüllt nicht die Bedingungen der Symmetrie, denn aus *aRb* folgt nicht *bRa*. Die Beziehung drückt die einseitige Abhängigkeit der Variable *a* von der Variable *b* aus. Die Relation *aRb* kann man in drei Hinsichten näher bestimmen: erstens bezüglich der abhängigen Variable *a*, also dem, was relativ ist; zweitens bezüglich der unabhängigen Variable *b*, dem, wozu etwas relativ ist; drittens bezüglich der Relationsbeziehung *R*. Die Philosophin Susan Haack hat eine Klassifikation vorgestellt, die Beispiele für die beiden Variablen enthält:[4]

IS RELATIVE TO	
(1) meaning	(a) language
(2) reference	(b) conceptual scheme
(3) truth	(c) theory
(4) metaphysical commitment	(d) scientific paradigm
(5) ontology	(e) version, depiction, description
(6) reality	(f) culture
(7) epistemic values	(g) community
(8) moral values	(h) individual
(9) aesthetic values	

Durch die Verbindungen beider Reihen von Variablen ergeben sich zahlreiche Kombinationsmöglichkeiten für relativistische Positionen. Nicht alle davon sind sinnvoll, eindeutig oder faktisch vertreten worden. Wie Haack zu Recht hervorhebt, wäre etwa die Aussage, moralische Werte (8) seien relativ zu wissenschaftlichen Paradigmen (d), nicht sinnvoll. Trotzdem sind zahlreiche dieser relativistischen Kombinationen von bekannten Denkern vertreten worden. So kombiniert etwa Benjamins Whorfs linguistischer Relativismus (1), (5) und (6) mit (a), Richard Rortys epistemischer Relativismus (7) mit (f) und (g), Paul Feyerabends szientischer Relativismus (1) mit (c) und (d).

In Hinsicht auf die rechte Reihe, also die in der Formel *aRb* nicht-relative Variable *b*, kann man, genauer als Haack, differenzieren zwischen *Abstrakta* wie Sprache, Kultur, Paradigma, Begriffsschema, und *Konkreta*, die – wie (g) und (h) – ein Individuum oder eine Gemeinschaft usw. bezeichnen. Anzumerken ist weiterhin, dass bei der Relation *aRb* die nicht-relative Variable *b* auf einer weiteren Reflexionsebene wieder als relativ angesetzt werden kann. Beispielsweise kann eine Relativistin behaupten, die Erkenntnis *a* sei relativ zu einem Paradigma *b* (*aRb*), und dieses Paradigma *b* wiederum sei relativ zu einem Weltbild *c* (*bRc*) usw., bis die Relativistin zu einer letzten, nicht weiter relativierbaren subjektiven Setzung gelangt. Insofern ist die Relation *R* auch transitiv, denn aus *aRb* und *bRc* folgt auch *aRc*.

Wichtig sind weiterhin Differenzierungsmöglichkeiten im Hinblick auf die Relation *R*, die bei Haack nicht berücksichtigt werden. Ich möchte vier Differenzierungen herausstellen:

1. Man kann zwischen einer *deskriptiven* und *normativen* Relativierung unterscheiden. Bei der deskriptiven Relativierung wird die Beziehung der Variablen nur im Sinne einer bloßen Beschreibung von Sachverhalten festgehalten. Diese Beschreibung geschieht meistens auf der Basis empirischer Belege und gibt keine Wertung über das Beschriebene. Ein Beispiel wäre etwa folgende Aussage: „Es gibt unterschiedliche Verständnisse von Wahrheit in den asiatischen Kulturen."

Bei der normativen Relativierung dagegen drückt die Relation *aRb* eine Norm für die Beziehung von *a* zu *b* aus. Normative Relativierungen enthalten ein Urteil, wie diese Relation gedacht werden soll. Ein Beispiel wäre folgende Aussage: „Wahrheit ist immer nur relativ zu einem Begriffsschema." Das „immer" drückt eine aus der Sicht des Sprechers notwendige Beziehung von *a* zu *b* aus: Es gibt kein *a*, das nicht in dieser spezifischen Relation zu *b* steht. Diese Unterscheidung ist wichtig für die Analyse und Kritik des Relativismus. Aus philosophischer Perspektive ist es vor allem der normative Relativismus, der eine intensive Auseinandersetzung erforderlich macht. In einer Hinsicht jedoch ist auch der deskriptive Relativismus von philosophischem Interesse. Nehmen wir an, der deskriptive Relativist behauptet, es gebe kulturell oder anthrop0logisch unterschiedliche Entstehungsbedingungen menschlicher Erkenntnis. Hier kann man, etwa in Rückbezug auf Kant, kritisch fragen, ob es nicht doch so etwas wie universale kognitive Fähigkeiten des Menschen gibt. Auf die damit verbundene Diskussion gehe ich jedoch nicht ein.[5] Im Zentrum der Analyse dieses Buches stehen allein Konzepte, die eine normative Relativierung von Überzeugungen behaupten.

2. Weiterhin gibt es verschiedene Möglichkeiten, die Bedeutung der Relativität, das heißt der Abhängigkeitsbeziehung von *a* zu *b*, zu verstehen. Ohne den Anspruch, damit alle Möglichkeiten zu benennen, möchte ich hier zwischen einer *perspektivischen, semantischen, kausalen* und *ontologischen* Abhängigkeit unterscheiden. Bei der perspektivischen Abhängigkeit in *aRb* gilt *a* nur dann als wahr, wenn man es in der Sichtweise von *b* sieht. Beispiel: „Dass Shiva existiert, ist immer nur wahr in der Perspektive von Gläubigen einer bestimmten Religion." Bei der semantischen Abhängigkeit sind die Bedeutung und damit auch die Geltung von *a* abhängig von der Bedeutung von *b*: „Der Begriff der Vernunft ergibt sich nur relativ zur Grammatik einer bestimmten Sprachfamilie." Die kausale Abhängigkeit bezieht die Relativität auf ein Ursache- und Folgeverhältnis zwischen *b* und *a*: „Die Vorstellung des Göttlichen entsteht allein in den Projektionen von religiösen Menschen und hat keine objektive Realität." Die kausale ist eng verbunden mit der ontologischen Abhängigkeit, die auf die Existenzabhängigkeit von *a* auf *b* verweist: „Es gibt nicht die absolute Wahrheit, denn Wahrheit ist ausnahmslos subjektiv." Diese Grundtypen der Relativität sind nicht trennscharf voneinander zu unterscheiden. Sie beschreiben die Relation *aRb* in Bezug auf unterschiedliche, sich teils überlagernde Aspekte.

3. Weiterhin ist hinsichtlich des Relativismus zu unterscheiden, ob die behauptete Abhängigkeit in *aRb lokal* oder *global* ist. Der lokale Relativismus behauptet die Abhängigkeitsbeziehung nur für eine bestimmte Klasse von Aussagen, etwa aus dem Bereich der Moral, Religion, Wissenschaft, Ästhetik etc. Beispiele für einen lokalen Relativismus wären die Aussagen (a) „Moralische Überzeugungen sind stets relativ zu einer Kultur" oder (b) „Wissenschaftliche

Erkenntnisse sind immer relativ zu einem bestimmten Paradigma". Der globale Relativismus behauptet dagegen die generelle und uneingeschränkte Abhängigkeit von Geltungsansprüchen von bestimmten Parametern. Ein Beispiel für einen globalen Relativismus wäre Aussage (c) „Wahrheit ist immer nur relativ". Ein lokaler Relativist kann Aussage (a) behaupten, ohne deshalb auch (b) oder (c) zu vertreten. Der lokale Relativismus bezüglich einer Klasse von Aussagen kann also einhergehen mit nicht-relativistischen Einstellungen bezüglich anderer Klassen von Aussagen. Je nach Kombination von relativistischer und nicht-relativistischer Einstellung ergeben sich dabei besondere Konstellationen. So ist es leicht denkbar, dass jemand zugleich ästhetischer Relativist und moralischer Absolutist ist; wenig plausibel wäre dagegen etwa die Vorstellung, dass jemand zugleich einen moralischen Absolutismus und einen epistemischen Relativismus vertritt.

4. Weiterhin ist zu unterscheiden zwischen einer Relativierung in Bezug auf die *Genese* einer Überzeugung und einer Relativierung in Bezug auf die *Geltung* einer Überzeugung. Darauf habe ich schon im ersten Abschnitt dieses Kapitels hingewiesen. Offenkundig impliziert nicht jede Relativität einen Relativismus. Die Aussage „Das Bild von Rembrandt ist schön" drückt ein Urteil relativ zu einem bestimmten ästhetischen Geschmacksempfinden oder Urteilsvermögen aus. Damit ist natürlich nicht automatisch ein Relativismus verbunden. Man könnte hier etwa von „Relationismus" sprechen. Um ein Kriterium für den Unterschied zwischen Relativismus und Relationismus zu finden, muss man in Rekurs auf Relativierungstypen zwischen der Relativierung hinsichtlich der Genese und hinsichtlich der Geltung einer Überzeugung unterscheiden: Die Herausbildung einer Überzeugung setzt offenkundig einen bestimmten Entstehungskontext voraus. Die Aussage „Wahrheit ist die Übereinstimmung einer Aussage mit einer Tatsache" mag von ihrer Genese her relativ zum philosophischen Kontext des Abendlandes und nicht etwa zum zen-buddhistischen Denken sein. Die damit angesprochene Relativierung in Bezug auf die Genese dieser Überzeugung ist zu unterscheiden von der Relativierung in Bezug auf ihre Geltung. Dass diese Überzeugung von ihrer Genese her abhängig von einem bestimmten intellektuellen, sprachlichen und geographischen Kontext ist, bedeutet nicht zwangsläufig, dass auch ihre Geltung relativ zu diesem Kontext sein muss. Der Absolutist kann behaupten, dass diese Aussage auch für den zen-buddhistischen Kontext gilt, obwohl dort möglicherweise noch überhaupt keine diesbezügliche Reflexion angestellt worden ist. Das gilt natürlich auch von naturwissenschaftlichen Erkenntnissen, die von ihrer Genese her von einem abendländisch geprägten Wissenschaftsverständnis abhängig sein mögen, von ihrer Geltung her jedoch in der Regel das irrelative Bestehen von bestimmten Sachverhalten behaupteten. Das heißt, der Relativismus in einem starken und normativen Sinne schließt

immer eine Relativierung bezüglich der Geltung und nicht allein der Genese von Überzeugungen ein.

2.3 Varianten

Durch Kombinationsmöglichkeiten zwischen den Variablen in der vorgestellten Klassifikation ergeben sich zahlreiche Spielarten des Relativismus. Wie die Unterscheidungen hinsichtlich der Relativität deutlich gemacht haben, können diese Kombinationen erstens auf unterschiedlichen Ebenen liegen, je nachdem, ob der Relativismus lokal oder global gemeint ist, und zweitens unterschiedlich starke Formen des Relativismus zum Ausdruck bringen. Ich skizziere in diesem Abschnitt in vereinfachter und zusammengefasster Weise einige zentrale Varianten des Relativismus, die in den philosophischen Debatten besonders prominent sind. Diese Spielarten des Relativismus sind semantisch nicht exakt voneinander abgrenzbar und überschneiden sich teilweise.

1. alethischer Relativismus (Wahrheitsrelativismus): Im Relativismus der Wahrheit kommt die Grundidee relativistischer Positionen zum Ausdruck. Dabei geht es im Kern um zwei miteinander verwandte Ideen. Idealtypisch wird erstens behauptet, dass es keine objektive Wahrheit gibt, sondern dass die Wahrheit einer Behauptung, je nach Konzeption, von unterschiedlichen Parametern oder Kontexten wie Kultur, Sprache, Moral usw. abhängig ist. Wie schon das relativistische Grundmodell zum Ausdruck bringt, gibt es dieser Position zufolge für Menschen keine Wahrheit unabhängig von dieser Standpunktgebundenheit, keinen nicht-relativen Blickwinkel, von dem aus mit autoritativer Gewalt entschieden werden könnte, welche von allen konkurrierenden Wahrheitsansprüchen in objektivem Sinne wahr und welche falsch sind. Der alethische Relativismus vertritt tendenziell einen globalen Anspruch: Wenn Wahrheit immer relativ zu etwas anderem ist, dann ist ein Zugeständnis von Ausnahmen für diese Relativität nicht möglich. Der globale Anspruch zeigt sich auch darin, dass alle folgenden Varianten des Relativismus sich wahrheitsrelativistisch reformulieren lassen. Zweitens behaupten manche Wahrheitsrelativisten, dass es nicht nur absolute Wahrheitswerte gebe und eine Aussage damit nicht allein wahr oder falsch sein müsse. Für solche Relativisten müssen die Wahrheitswerte von Aussagen nicht allein davon abhängen, wie eine denkunabhängige Welt beschaffen ist und damit also entweder wahr oder falsch sein, sondern sie können sich auch auf zusätzliche Faktoren wie graduelle Geschmacksinstanzen, Wissenszustände, Interesselagen usw. beziehen. Diese Position führt zur These, dass es auch relative, abgestufte Wahrheitswerte zwischen wahr und falsch geben könne. Sie wird von ihren Verteidigern als „true relativism" bezeichnet[6] und zurzeit, mit je eigener Akzentuierung, von Crispin Wright, John MacFarlane, Max Kölbel und anderen vertreten. Auf diese Position werde ich im Kapitel über den Wahrheitsrelativismus noch genauer eingehen. Zudem gibt es relativistische Strategien, die das Prinzip der Zweiwertigkeit aufgeben wollen, indem sie auf der Grundlage von mehrwertigen Logiken argumentieren. In diesem Falle wäre der alethische Relativismus auch als logischer Relativismus beschreibbar.

2. *logischer Relativismus*: Gemäß dem Bivalenzprinzip der klassischen Logik hat jede Aussage genau einen von zwei Wahrheitswerten und ist entweder wahr oder falsch. Nun gibt es auch mehrwertige logische Systeme, die mehr als zwei Wahrheitswerte verwenden; neben „wahr" und „falsch" wird zum Beispiel „unbestimmt", „möglich" oder „inkongruent" als dritter Wert angesehen. Vor diesem Hintergrund behaupten logische Relativisten die Abhängigkeit von Aussagen vom jeweilig verwendeten logischen System. Es gibt logische Systeme, die davon ausgehen, dass zwei kontradiktorische Aussagen bezüglich desselben Sachverhalts sich nicht zwangsläufig wechselseitig ausschließen, so dass, entgegen dem Satz vom Widerspruch, aus der Wahrheit der einen nicht zwangsläufig die Falschheit der anderen Aussage folgen muss. Aussagen können für den logischen Relativisten im Sinne eines dritten Wahrheitswerts auch „inkongruent" oder „unbestimmt" sein. Joseph Margolis beispielsweise vertritt die Auffassung, dass man nicht ein einziges logisches System, wie die zweiwertige Logik, universalisieren sollte. Es gelte, genau das logische System zu verwenden, das zum untersuchten Feld oder Gegenstand passe. In Bezug auf ästhetische Streitfragen erachtet Margolis eine mehrwertige Logik als weitaus besser geeignet als eine zweiwertige. Auf die Position von Margolis werde ich näher im Kapitel über den Wahrheitsrelativismus eingehen.

3. *sprachlicher Relativismus*: Ausgangspunkt dieser Form des Relativismus ist die These, dass sich die Bedeutung von Ausdrücken nur im Kontext der Zugehörigkeit zu einer bestimmten Sprache verstehen lässt. Geschichtlicher Hintergrund für die Fokussierung auf die Bedeutung und Besonderheit der Sprache war vor allem der *linguistic turn* im 20. Jahrhundert.[7] Sprachliche Ausdrücke sind dieser Variante des Relativismus zufolge nicht ohne Bedeutungsveränderung in eine andere Sprache übersetzbar. Beispiele für einen semantischen oder linguistischen Relativismus wären der postmoderne Konstruktivismus (gegen die Idee einer Metasprache) oder linguistische Theorien, die davon ausgehen, dass die Art des Denkens durch die Struktur der jeweiligen Muttersprache bedingt wird. Nach der Theorie von Benjamin Lee Whorf gliedern wir die Natur auf in Kategorien, die vom Struktursystem der jeweiligen Muttersprache abhängen. Wie die Natur unabhängig von dieser Konzeptualisierung ist, wissen wir nicht, insofern wir sie stets gemäß unserem linguistischen System kategorisieren.[8] Ein weiteres Beispiel für einen zumindest impliziten sprachlichen Relativismus wäre die Behauptung,

die Bedeutung von Begriffen sei immer nur relativ in Bezug auf eine bestimmte Sprache anzusetzen. So sei etwa die Bedeutung des hebräischen Begriffs für Wahrheit „*emet*" radikal zu unterscheiden von der Bedeutung von „Wahrheit" im Sinne des griechischen Begriffs „*aletheia*", wie er in der antiken Philosophie verwendet wurde. Eine solche Relativierungsstrategie hätte zur Folge, dass der Begriff der Wahrheit abhängig wäre von den unterschiedlichen Ausdrücken, die in einer jeweiligen Sprache verwendet würden. Das hätte wiederum die problematische Konsequenz, dass es einen spezifischen hebräischen, griechischen und neuzeitlichen Wahrheitsbegriff gäbe.[9]

4. *epistemischer/konzeptueller Relativismus*: Diese Spielart des Relativismus behauptet, es gebe keine Erkenntnis, die unabhängig von Begriffsschemata, Theorien, Weltbildern usw. gelte. Ein universales, objektives Beurteilungskriterium für die Wahrheit einer Erkenntnis sei deshalb nicht verfügbar. Wie kein Gottesstandpunkt im Hinblick auf eine vermeintlich objektive Wahrheit über allen Wahrheitsansprüchen möglich sei, so gebe es angesichts der endlichen menschlichen Erkenntnisfähigkeit auch keinen archimedischen Punkt für die Epistemologie, sondern immer nur Erkenntnisbehauptungen, die abhängig von bestimmten Begriffssetzungen, Theorien oder Weltbildern seien. Das heißt, der epistemische Relativismus geht davon aus, dass jede Einschätzung oder Bewertung von Argumenten oder Theorien selbst wieder ein Produkt von bestimmten Konzepten oder Weltbildern sei. Ein universales, objektives Beurteilungskriterium für die Wahrheit einer Erkenntnis sei demzufolge nicht verfügbar. So behauptet beispielsweise Nelson Goodman, es gebe eine Vielzahl von Welten, die jeweils relativ zu einer bestimmten Version oder Erkenntnisweise existierten. Der Vergleich einer dieser Versionen der Welt mit einer unerkannten und nicht wahrgenommenen Welt außerhalb aller Bezugsrahmen sei nicht möglich.[10] Ein weiterer Vertreter des epistemischen Relativismus ist Richard Rorty, dessen Ansatz ich im vierten Kapitel diskutieren werde.

5. *wissenschaftstheoretischer Relativismus*: Diese Form des Relativismus geht davon aus, dass die Gültigkeit von wissenschaftlichen Gesetzen und Theorien nicht objektiv sei, sondern von einem jeweiligen Paradigma abhänge. „Paradigma" kommt vom griechischen Wort „*paradeigma*" und heißt soviel wie „Muster" und „Beispiel". Übertragen in den wissenschaftstheoretischen Bereich steht „Paradigma" für ein bestimmtes Denkmuster bzw. Bezugssystem, für einen Orientierungsrahmen, der dem jeweils historisch gültigen Konsens der *scientific community* entspricht. Der Kerngedanke dieser Variante des Relativismus lautet, dass – ähnlich wie beim epistemischen Relativismus – wissenschaftliche Erkenntnisse nicht unabhängig von historischen Bezugssystemen bzw. Paradigmen gelten. Entscheidungen für oder gegen ein bestimmtes wissenschaftliches Paradigma, so der Wissenschaftstheoretiker Thomas S. Kuhn, sind

immer Entscheidungen in einem anderen Paradigma mit dessen besonderen Voraussetzungen.[11] Ein Paradigma, das in eine Krise gerät aufgrund etwa neuer Erkenntnisse, wird von einem neuen Paradigma in einer wissenschaftlichen Revolution abgelöst. Kuhn geht davon aus, dass ein Paradigma inkommensurabel mit einem anderen Paradigma ist, wenn beide Bezugssysteme konkurrieren und zentrale Begriffe des einen Systems nicht in das andere übersetzt werden können. Befürworter inkommensurabler Theorien üben für Kuhn ihre Tätigkeit „in verschiedenen Welten" aus.[12] Es wäre ihm zufolge also falsch anzunehmen, es gebe ein einziges objektives wissenschaftliches Paradigma, das im Laufe der Wissenschaftsgeschichte kumulativ immer weiter verfeinert und verbessert werde. Obwohl sich Kuhn selbst nicht als Relativist verstanden hat, werden er und Paul Feyerabend oft als Vertreter eines wissenschaftstheoretischen Relativismus angeführt. Im vierten Kapitel werde ich auf den Entwurf von Feyerabend eingehen.

6. vernunftkritischer Relativismus: Die Grundannahme dieses Typus von Relativismus lautet, es gebe nicht *die* Vernunft als eine universale Reflexionsinstanz, sondern bestenfalls eine Vielzahl von eigenständigen und unverbundenen Rationalitäten oder Rationalitätstypen, die abhängig von bestimmten Kontexten wie Kulturen oder Denkformen seien. So behauptet beispielsweise Richard Rorty, dass die „Vorstellung einer von allen geteilten Quelle der Wahrheit namens ,Vernunft'" auf einer metaphysischen Irreführung beruhe und fälschlicherweise eine Allgemeinheit der Bezugnahme behaupte.[13]

7. religiöser Relativismus: Aus der Sicht des religiösen Relativisten gelten religiöse Überzeugungen allein im Kontext und abhängig von bestimmten religiösen Glaubenssystemen. Demnach ist die Zugehörigkeit zu einer solchen religiösen Gemeinschaft nicht oder kaum bedingt durch rationale Entscheidung, sondern durch den Zufall der geographischen, kulturellen oder sozialen Herkunft des religiösen Menschen. Religiöse Wahrheitsansprüche sind dann wahr entweder in einem geltungslogisch reduzierten, „mythologischen" Sinne, wie bei John Hick, oder relativ zu einem zugrunde liegenden Weltbild, wie bei Joseph Runzo. Ich werde im vierten Kapitel auf die pluralistische Religionstheologie von Hick und den „Religious Relativism" von Runzo näher eingehen.

8. moralischer Relativismus: Moralische Überzeugungen, Urteile, Wertvorstellungen oder Normen gelten nach diesem Relativismus nicht universal, sondern nur abhängig von bestimmten Kontexten wie Kultur, Traditionen, Weltbildern usw. In der Diskussion werden drei Formen des ethischen Relativismus unterschieden: eine deskriptive, normative und metaethische Spielart. Die genauen Abgrenzungen sind umstritten, jedoch kann man vereinfachend festhalten: Gemäß dem deskriptiven moralischen Relativismus gibt es faktisch eine Vielzahl von unvereinbaren moralischen Wertvorstellungen mit je spezifischen ethischen Problemstellungen und Konflikten. Der normative ethische Relativismus ergänzt dazu, dass moralische Urteile stets relativ seien und es keine universellen moralischen Grundsätze gebe. Ethische Entscheidungen könnten nur in Abhängigkeit vom jeweiligen Kontext getroffen werden und insofern sei es möglich und geboten, widerstreitende moralische Überzeugungen als relativ wahr zu akzeptieren. Der metaethische moralische Relativismus vertritt die generelle Behauptung, dass die Wahrheit oder Falschheit moralischer Urteile nicht objektiv sei, sondern abhängig von Traditionen, Kulturen oder Praktiken. Ein prominenter Vertreter dieser Position ist Gilbert Harman, der davon ausgeht, dass moralische Urteile immer relativ seien, da es keinen objektiv gültigen ethischen Rahmen („framework") der Entscheidung für die Wahrheit oder Unwahrheit solcher Urteile gebe.[14]

9. ästhetischer Relativismus: Ästhetische Überzeugungen, Urteile und Wertvorstellungen (wie „Schönheit") gelten nicht universal, sondern nur abhängig von bestimmten Kontexten wie Kultur, Traditionen, Weltbildern usw.

2.4 Motive für den Relativismus

Warum wird der Relativismus als eine Herausforderung für die Vernunft und für die Philosophie angesehen? Bevor es darum geht, im Detail einzelne Argumente von Relativisten für ihre Position zu untersuchen, ist es sinnvoll, sich in einem größeren Zusammenhang mögliche Vorzüge relativistischer Ansätze und Haltungen klar zu machen. Verteidiger des Relativismus weisen darauf hin, dass es zahlreiche gute philosophische Gründe gibt, die für relativistische Konzepte angeführt werden können. Zudem werden auch politische Gründe genannt, die angesichts einer Welt von Konflikten und gewalttätigen Auseinandersetzungen für eine Relativierung von Geltungsansprüchen sprächen. Ich möchte exemplarisch drei Motive vorstellen, die immer wieder für eine relativistische und gegen eine absolutistische Haltung angeführt werden: *Pluralismus* versus Partikularismus, *Toleranz* versus Fundamentalismus, *Skeptizismus* versus Objektivismus.

1. Pluralismus versus Partikularismus: Die Erfahrung der globalisierten Welt mit einer Vielzahl von unterschiedlichen und oft unvereinbaren Denk- und Lebensformen deutet für viele Menschen darauf hin, dass einstmals unhinterfragte Geltungsstandards der Politik, Kultur oder Religion nicht länger als universal angesehen werden können, sondern nur vertretbar und annehmbar sind in Rückbezug auf den partikularen Kontext, aus dem sie stammen. Angesichts der faktischen Pluralität von Weltanschauungen und der Notwendigkeit eines friedlichen Zusammenlebens von Menschen mit unterschiedlichen Lebensdeutungen scheint es unverzichtbar zu sein, Wahrheitsansprüche grundsätzlich zu relativieren auf Kontexte der Herkunft und der Geltung.

2. Toleranz versus Fundamentalismus: Toleranz bedeutet, fremde Geltungsansprüche und Lebensformen zu dulden und zu achten, auch dann, wenn sie der eigenen Überzeugung widersprechen. Im Zusammenhang einer Pluralität von Weltbildern und Überzeugungssystemen scheint eine solche Fähigkeit ohne die Bereitschaft, die eigene Überzeugung hinsichtlich ihres Geltungsanspruchs zu relativieren, kaum möglich zu sein. Relativisten weisen darauf hin, dass sonst ein intoleranter Fundamentalismus droht, der partikulare Geltungsansprüche ohne Rückbezug auf ihren Kontext als für alle verbindlich vorschreiben und oft auch gewaltsam durchsetzen will. Dabei wird gefragt, ob der Versuch, trotz der Vielheit von unvereinbaren Weltbildern und Überzeugungssystemen ein irrelatives Wahrheitsverständnis zu verteidigen, überhaupt ohne eine Form der Gewaltsamkeit, ohne den „Preis des Terrors" zu haben ist.[15] Zudem scheint der Relativismus auch in politisch sensiblen Kontexten die angemessenste Haltung für Meinungsdissense und Konflikte. Für viele Menschen ermöglicht die Offenheit eines relativistischen Denkens viel eher einen Dialog mit einer fremden Position als eine autoritäre Einstellung, die auf ihrem absoluten Wahrheitsanspruch insistiert. Wie lassen sich fremde Überzeugungen tatsächlich als wertvoll und bereichernd erachten ohne den epistemischen Freiraum, der durch die Relativierung der eigenen Überzeugungen erst entstehen kann? Repräsentiert der Relativismus also nicht eine weitaus pluralitätsfreundlichere und empathischere Haltung als jede Form des Absolutismus?

3. Skeptizismus versus Objektivismus: Der Skeptizismus in seinen verschiedenen Spielarten gründet im Zweifel an der Möglichkeit sicherer und objektiver Erkenntnis. Ausgangspunkt dieses Zweifels ist die Einsicht, dass alles menschliche Wissen endlich und die Wahrheit letzter Aussagen über das menschliche Leben epistemisch unerreichbar und damit unbekannt ist. Kann es unter diesen erkenntnisbezogenen Einschränkungen überhaupt berechtigte objektive bzw. irrelative Wahrheitsansprüche geben? Ist nicht jede behauptete Wahrheit ausnahmslos relativ? Wenn es keinen „Gottesstandpunkt" für die menschliche Erkenntnis geben kann, scheint ein sicheres Wissen darüber, welche der miteinander unvereinbaren Wahrheitsansprüche tatsächlich wahr und welche falsch sind, nicht möglich zu sein. Liegt dem Relativismus insofern nicht eine plausible Skepsis oder zumindest eine epistemische Bescheidenheit zugrunde, die sich vom Prinzipiellen verabschiedet hat, da sie dessen Abhängigkeit und Relativität erkannte? Ist nicht der Zweifel am vermeintlich Wahren und nicht das vermeinte Wissen der Wahrheit die sowohl philosophisch als auch politisch angemessenere Haltung? Angesichts der Grenzen des Wissens scheint die relativistische Skepsis gegenüber allen nicht-relativen Geltungsbehauptungen die einzige überzeugende Position zu sein.

Pluralismus, Toleranz, Skeptizismus: Den Einsichten und Fragen, die sich aus diesen Motiven ergeben, kommt eine hohe Plausibilität zu. Darin spiegeln sich nicht nur bestimmte philosophische Auffassungen etwa von postmodernen Philosophinnen und Philosophen, sondern auch vorphilosophische Meinungen und Haltungen zahlreicher Menschen vor allem in der westlichen Welt. Ich gehe in diesem Buch davon aus, dass diese Einsichten und Fragen wichtige Probleme benennen, für die der Relativismus jedoch nicht die richtige Lösung ist. Insofern nötigen die Fragen zu Pluralismus, Toleranz und Skeptizismus zu einer genauen und kritischen Auseinandersetzung mit dem relativistischen Denken. Dies ist eine genuin philosophische Aufgabe. Dabei gilt es, Theorien und Denkmuster zu hinterfragen und begriffliche Unterscheidungen zu treffen, um zu verstehen, wo relativistische Ansprüche unproblematisch oder sogar berechtigt sein können, und wo sie dem Anspruch der Wahrheit ausweichen und subversiv sind. Vor einer solchen detaillierten Auseinandersetzung empfiehlt es sich jedoch, relativistische Positionen historisch und systematisch genauer zu analysieren.

2.5 Fazit

Der Relativismus ist keine einheitliche Theorie. Undifferenziert von *dem* Relativismus zu sprechen, führt leicht zu philosophischen Missverständnissen. Die Grundintuition relativistischer Positionen lautet, etwas (Aussagen, Überzeugungen, Sachverhalte) sei nicht in einem absoluten Sinne gültig, sondern nur relativ, in Abhängigkeit von etwas anderem (Weltbilder, Erkenntnisschemata, Kulturen, Sprachen etc.). Im Hinblick auf diese Grundintuition lassen sich relativistische Positionen vielfältig differenzieren. Eine zentrale Unterscheidung ist die zwischen dem deskriptiven und dem normativen Relativismus. Insbesondere der normative Relativismus erfordert eine genaue philosophische Auseinandersetzung. Aus der Grundintuition des relativistischen Denkens ergeben sich verschiedene lokale Varianten des Relativismus. Dabei kommt dem Wahrheitsrelativismus eine zentrale Bedeutung zu, insofern alle normativen Spielarten des Relativismus objektive Wahrheitsansprüche in Frage stellen. Angesichts des gegenwärtigen Pluralismus, des Gebotes der Toleranz und der epistemischen Selbstbescheidung in Form des skeptischen Denkens scheint es für eine solche Relativierung auch gute Gründe zu geben. Es wird Aufgabe der folgenden Untersuchung sein zu prüfen, inwieweit der Relativismus einen Denkansatz darstellt, der sowohl vom Konzept her konsistent als auch durch die Motive, die für ihn sprechen, gerechtfertigt ist.

3 Entstehung

Wenn in diesem Abschnitt die Entstehung des Relativismus im Vordergrund steht, dann geht es nicht darum, so etwas wie eine kurze Geschichte des relativistischen Denkens zu schreiben. Da der Relativismus kein einheitliches Phänomen darstellt und auch der Begriff als solcher erst im 19. Jahrhundert auftaucht, wäre die Vorstellung irreführend, es gebe eine durch die Jahrhunderte hindurch greifbare Kontinuität miteinander verwobener relativistischer Positionen. Allerdings haben sich gegenwärtige relativistische Konzepte nicht allein aus den zeitgeschichtlichen Konstellationen der Moderne heraus entwickelt, sondern führen Intuitionen und Argumente früherer relativistischer oder relativismusnaher Positionen weiter oder modifizieren sie. In diesem Sinne lassen sich entwicklungsgeschichtliche Abhängigkeiten ausmachen, bei denen bestimmte erkenntnistheoretische und metaphysische Argumente, die relativistisch sind oder zumindest einen relativistischen Einschlag aufweisen, immer wieder neu reflektiert werden.

Eine genauere Rekonstruktion solcher Verweisungslinien, vor allem im Blick auf die Philosophiegeschichte des 19. Jahrhunderts mit einem Fokus auf den Zusammenhang von Historismus und Relativismus, ist bislang noch nicht geschrieben worden.[1] In diesem Kapitel geht es allein darum, einzelne ausgewählte Argumente und Diskussionen in der antiken und neuzeitlichen Philosophie vorzustellen, die teils zusammenhängen und die Entwicklung gegenwärtiger relativistischer Ansätze maßgeblich beeinflusst haben. Im ersten Abschnitt geht es einleitend um Pluralitätserfahrungen im antiken Griechenland. Der zweite Abschnitt thematisiert das Entstehen relativistischer Ideen bei den Sophisten und dabei insbesondere den *Homo-mensura*-Satz des Protagoras. Im dritten und vierten Abschnitt wird Platons und Aristoteles' Kritik am Ansatz von Protagoras vorgestellt. Im fünften und sechsten Abschnitt geht es um das Verhältnis von Skeptizismus und Relativismus, zuerst im Rahmen der pyrrhonischen Skepsis, dann bei Montaigne. Der siebte Abschnitt untersucht den Zusammenhang zwischen Kants Transzendentalphilosophie und dem für die meisten relativistischen Entwürfe der Gegenwart zentralen Antirealismus. Im achten Abschnitt wird diskutiert, inwiefern Nietzsches Perspektivismus als Relativismus verstanden werden kann. Das Kapitel schließt mit einem kurzen Fazit im neunten Abschnitt.

3.1 Historischer Hintergrund

Der historische Kontext für die Herausbildung relativistischer Ideen findet sich im antiken Griechenland. Gerade in den Kolonien Griechenlands hatten sich rege Handelsbeziehungen mit fremden Völkern und Kulturen aus Vorderasien und dem Mittelmeerraum entfaltet. Dadurch wurden unterschiedliche Denkweisen, verschiedene moralische, politische und religiöse Ordnungen bekannt, die die eigene Kultur mit ihren Prinzipien als eine unter vielen erkennbar machte. Das Bewusstwerden dieser Pluralität von Denkweisen und Weltbildern scheint in Teilen der gebildeten Schichten einen relativierenden Einfluss auf die Geltung der eigenen Ordnung und Orientierung gehabt zu haben und provozierte die Frage nach dem universalen Geltungsgrund für alles Seiende. Dadurch kam es zur Herausbildung der abendländischen Philosophie als rationaler Nachfrage nach den Prinzipien der Wirklichkeit und der lebensweltlichen Orientierung.[2]

Wie man bei einigen vorsokratischen Philosophen sehen kann, liegt im begründeten Zweifel, dass Meinungen und Denkweisen nur relativ für bestimmte Völker und Kulturen gelten könnten, ein zentrales Motiv für den Beginn des philosophischen Fragens nach der *archē*, das heißt nach einem letzten, nicht-relativen Grund für die pluralen und teils widerstreitenden Wahrheitsansprüche. Xenophanes gilt als der erste Denker, der im Hinblick auf religiöse Gottesbilder eine dem Relativismus nahestehende Position zu vertreten scheint, indem er anthropomorphe Gottesbilder kritisiert. So heißt es in einem berühmten Fragment von Xenophanes, wenn Rinder, Pferde und Löwen Hände hätten und wie Menschen malen könnten, dann würden sie ihre Göttergestalten so malen und gestalten, wie sie selbst aussehen. In einem weiteren Fragment ist die Rede davon, dass die Äthiopier ihre Götter für stumpfnasig und schwarz halten, die Thraker dagegen ihren Göttern blaue Augen und rote Haare zuschreiben.[3] Die relativierende Kritik mythischer Gottesbilder dient Xenophanes jedoch nicht dazu, ansatzweise eine Version des religiösen Relativismus zu entwerfen, sondern in philosophischer Weise ein monotheistisches Gottesverständnis herauszustellen, das in seiner Rationalität unabhängig von den kontextrelativen Götzenbildern sein soll. Das heißt, Xenophanes vertritt gerade nicht die Position eines religiösen Relativismus, wenn er die vorphilosophischen Gottesbilder relativiert und das philosophische Modell einer nicht-relativen Gottesrede skizziert.

3.2 Der ‚Homo-mensura'-Satz des Protagoras

Der eigentliche historische Ausgangspunkt der philosophischen Auseinandersetzung mit dem Relativismus ist der berühmte *Homo-mensura*-Satz des Sophisten Protagoras (ca. 480-410 v. Chr.). Das Aufkommen der Sophistik in der athenischen Demokratie war verbunden mit der Infragestellung objektiver Normen und der wachsenden Bedeutung individualistischer Perspektiven, die mit den Mitteln der Rede und des Arguments in öffentlichen Foren Geltung beanspruchten. Die Sophisten waren zumeist Wanderlehrer, die gegen Bezahlung rhetorische

Fähigkeit und Tüchtigkeit vermittelten. Das griechische Wort „*sophos*" bedeutet ursprünglich „sachkundig". Sophisten traten als „sachkundige" Männer auf, und zwar in den Bereichen Logik, Rhetorik, und Erkenntnislehre. Das von ihnen vermittelte Wissen war jedoch nicht bloß das strategische Erfordernis eines bestimmten Bildungskanons, sondern Ausdruck einer erkenntnisrelativistischen Position, die führende Sophisten entwickelt hatten. Allerdings kann man nicht allen Sophisten eine relativistische Position, die der des Protagoras nahe kommt, zuschreiben.[4]

Es ist die Kritik Platons, die den Sophisten den negativen Ruf einträgt, eine Gefahr für die Gesellschaft, Zerstörer der Moral und Meister der rhetorischen Täuschung zu sein. Jedoch gilt es aus heutiger Sicht auch, die Bedeutung dieser Bewegung zu sehen, indem sie zum ersten Mal so etwas wie Autonomie im Sinne einer freien Entscheidungsfähigkeit des Menschen betonte, die unabhängig von seiner Herkunft und seinem gesellschaftlichen Stand sei.

Die Schriften von Protagoras sind verloren gegangen und nur indirekt und stückweise durch Zitate von Platon, Aristoteles und der hellenistischen Philosophie bekannt. Platon überliefert den *Homo-mensura*-Satz in seinem Dialog *Theaitetos*. Sokrates, Theaitetos und Theodoros diskutieren darin die Frage, was Wissen bzw. wahre Erkenntnis (*episteme*) sei. Theaitetos wagt eine erste Definition und sagt, Wissen bedeute so viel wie Wahrnehmung. Sokrates nimmt diesen Vorschlag auf und behauptet, dies sei doch auch die Meinung des Protagoras gewesen:

> Er [Protagoras; B. I.] sagt nämlich, „Maßstab aller Dinge" sei der Mensch, „der seienden, daß sie sind, der nicht seienden, daß sie nicht sind."[5]

Die von Sokrates angeführte Behauptung diente Protagoras wohl als Einleitung für ein später verloren gegangenes Buch, dem Protagoras den Titel „*Alétheia*" („Wahrheit") gegeben haben soll. Sokrates versucht im Anschluss eine an die Definition von Theaitetos anknüpfende Interpretation des Satzes. Protagoras scheine damit die Ansicht zu vertreten, dass für den einen alles so sei, wie es ihm erscheine, für einen anderen dagegen so, wie es diesem erscheine. So heißt es in *Theaitetos* 152a-b, das Wehen des Windes bringe den einen zum Frieren, den anderen nicht.

Angesichts der dürftigen Quellenlage ist es schwierig, die Konturen der relativistischen Position von Protagoras genauer zu umreißen. Schon die antiken Kommentatoren bieten unterschiedliche Deutungen und Ansatzpunkte. Zunächst ist umstritten, wie weit der Relativismus des *Homo-mensura*-Satzes reicht: Bezieht dieser Satz sich nur auf Objekte der Sinnes-Erfahrung, etwa in der Weise, dass alles, was der Mensch wahrnimmt, so und nicht anders ist, als es ihm seine

Wahrnehmung zeigt, und dass die Unbestreitbarkeit dieser individuellen Wahrnehmung den Grund für das jeweilige Urteil abgibt? Oder impliziert er auch die stärkere ontologische These, dass nichts ohne das Wahrnehmen und Beurteilen des Menschen existiert? Diese Fragen lassen sich nicht beantworten ohne die Berücksichtigung des Kontextes, in dem Platon den *Homo-mensura*-Satz zitiert.

3.3 Platons Kritik des Relativismus

Schon in der antiken Auseinandersetzung mit dem relativistischen Standpunkt von Protagoras gibt es verschiedene Schwerpunkte der Kritik. Platons *Theaitetos* stellt nicht nur die erste verlässliche Quelle für die Philosophie des Protagoras dar; in diesem Gespräch wird auch zum ersten Mal versucht, die Selbstwidersprüchlichkeit des Relativismus aufzuzeigen. Dabei lassen sich unterschiedliche Aspekte der Rekonstruktion und Interpretation des Relativismus erkennen:

Zum einen scheint Platon den Ansatz des Protagoras im Ausgang des *Homo-mensura*-Satzes als subjektivistischen Relativismus zu verstehen. In dieser Linie heißt es etwa in *Theaitetos* 178b, dass Protagoras zufolge der Mensch das Kriterium für das von ihm Beurteilte allein in sich trage. Nach dieser subjektivistischen Deutung wäre es also immer nur der jeweilige Mensch, der aus seiner Erfahrung heraus die Wirklichkeit beurteilt, ohne dafür ein externes Maß zu benötigen. Nach *Theaitetos* 171a-b gäbe es demnach keine gemeinsame, von allen geteilte Welt, sondern nur individuelle Perspektiven der Wirklichkeit.

In engem Zusammenhang damit versteht Platon den Standpunkt des Protagoras an einer weiteren Stelle in einem Sinne, für den man den heutigen Begriff „kulturrelativistisch" verwenden könnte. Sokrates stellt in *Theaitetos* 172a-b fest, dass Protagoras auch behaupten würde, in den Angelegenheiten einer Polis verhalte es sich mit dem Angemessenen und Unangemessenen, Heiligen und Unheiligen so, wie diese Polis selbst es festlege. So könne sich Protagoras zufolge die Wahrheit einer Polis von der einer anderen Polis unterscheiden, was aber auch für Protagoras nicht ausschlösse, dass eine Wahrheit nützlicher sei als die andere. Aber all diese Begriffe, das Angemessene, Unangemessene etc., würden, so Sokrates weiter, für die Sophisten nicht an sich, von Natur aus gelten, sondern nur aus Übereinkunft, wenn und solange eine Polis eben diese oder jene Wahrheit habe. Gemäß dieser Interpretation wäre der *Homo-mensura*-Satz auf die Einheit einer Polis bezogen, die in ihrer je spezifischen Kultur selbst das Maß für das von ihr als wahr und angemessen Erachtete wäre. Aus heutiger Sicht hätte ein so verstandener Relativismus kulturrelativistische Züge, in dem das Wahre, Angemessene oder Religiöse nicht an sich gelten würde, sondern allein relativ auf eine bestimmte kulturelle Lebensform.

3.3 Platons Kritik des Relativismus — 23

Zudem interpretiert Platon die Position des Protagoras auch als Modell eines alethischen Relativismus. Man kann die Kritik Platons so umschreiben: Wenn jeder Mensch das Maß für die Wahrheit in sich selbst trage, dann könne es keine objektive Wahrheit geben, die normativ wäre für die Beurteilung von konfligierenden Wahrheitsansprüchen. Wahrheit wäre damit stets abhängig von individuellen Urteilen und es gäbe kein standpunktungebundenes, nicht-relatives Wahrheitsverständnis. Da Platons Argument bis heute die klassische Vorlage für die Auseinandersetzung mit dem Relativismus bleibt, möchte ich die entscheidende Stelle anführen, an der Sokrates im Dialog mit Theodoros seine Argumentation ausführt:

> Protagoras gibt doch zu, daß die Auffassung derjenigen, die über seine Auffassung eine andere Meinung haben, insofern sie glauben, daß er sich irrt, wahr sei; denn er gibt doch zu, daß alle etwas meinen, das *ist*. – Sicher. – Also würde er auch die Falschheit seiner These einräumen, wenn er zugibt, daß die Meinung derjenigen wahr ist, die glauben, daß er sich irrt? – Notwendigerweise. – Die anderen aber geben von sich selbst nicht zu, sich zu irren? – Auf keinen Fall. – Er gibt aber auf Grund seiner Schrift zu, daß auch diese Meinung wahr ist? – Offensichtlich. – Alle also, bei Protagoras angefangen, werden die Gegenbehauptung aufstellen, oder vielmehr wird es von ihm zugegeben: Wenn Protagoras demjenigen, der eine gegenteilige Behauptung aufstellt, einräumt, Wahres zu meinen, dann muß auch er selber zugeben, daß weder ein Hund noch jeder beliebige Mensch Maßstab auch nur für ein Gebiet ist, das er nicht gelernt hat. Stimmt es nicht? – Ja. – Da nun alle diese Gegenbehauptung aufstellen, dürfte die Protagoreische „Wahrheit" für niemanden wahr sein, weder für irgendeinen anderen noch für ihn selbst.[6]

Platon scheint hier folgende Thesen zu behaupten:
(1) Protagoras' Lehre, zusammengefasst im *Homo-mensura*-Satz, wird von Protagoras selbst als wahr angesehen, sonst hätte er sie nicht vertreten.
(2) Protagoras' Auffassung wird von anderen Menschen als falsch angesehen, da die meisten Menschen nicht wie der *Homo-mensura*-Satz davon ausgehen, dass der Mensch das Maß aller Dinge sei.
(3) Gemäß seiner Lehre muss Protagoras dann auch zugeben, dass die Auffassung der anderen Menschen, die seine Lehre als falsch beurteilen, wahr ist.
(4) Dann muss Protagoras zugeben, dass seine Lehre falsch ist, wenn er zugibt, dass die Auffassung der anderen Menschen, die diese als falsch beurteilen, wahr ist.

Wie in der Forschung angemerkt worden ist, ist dieses Argument nicht stichhaltig.[7] Es kann den Relativismus des *Homo-mensura*-Satzes nicht entkräften, da Platon in (3) die relativistische Einschränkung oder Indizierung von Protagoras nicht angeführt hat: Protagoras muss nur einräumen, dass die Auffassung

anderer Menschen, die mit seinem Satz nicht übereinstimmen, *für sie* wahr ist. Das kann man leicht an folgender Rekonstruktion erkennen:
(5) *P* behauptet *s*: „Jede Wahrheitsbehauptung ist wahr für denjenigen, der sie behauptet."
(6) *A*, *B*, *C* behaupten, *s* sei falsch.

Aus (5) und (6) folgt jedoch nicht (7), wie in Sokrates' Argument, sondern nur (8):
(7) *P* muss zugeben, dass *s* falsch ist.
(8) *P* stellt fest, dass *s* wahr ist für *P* und falsch ist für *A*, *B*, *C*.

Warum Platon in *Theaitetos* 171a-c die relativistische Einschränkung nicht in seine Argumentation einbezogen hat, obwohl sie ihm – wie beispielsweise *Theaitetos* 161d zeigt – offensichtlich bekannt war, bleibt unklar.[8] Trotzdem ist erkennbar, dass seine Auseinandersetzung mit dem Relativismus auf ein Problem abzielt, das normativen relativistischen Standpunkten bis heute Schwierigkeiten bereitet: die Rückbezüglichkeit bzw. Selbstanwendung ihrer relativistischen These. Dabei geht es um die Frage, welche Konsequenzen von dem als relativ Behaupteten für die Behauptung selbst und ihren Status erwachsen. Ist der *Homo-mensura*-Satz also nur eine subjektive Behauptung relativ zum Maß des Protagoras, oder beansprucht der Satz universale Geltung? Eine Kritik des *Homo-mensura*-Satzes wäre etwa dann stichhaltig, wenn Protagoras damit einen universalen Wahrheitsanspruch vertreten hätte, dessen Möglichkeit der Satz allerdings gerade verneint. Nun hätte Protagoras sagen können, nur für den *Homo-mensura*-Satz gelte, dass er nicht relativ auf das urteilende Subjekt, sondern von universaler Gültigkeit sei; alle anderen Urteile dagegen würden entsprechend diesem Satz nur für den Urteilenden gelten. Dadurch hätte Protagoras formal eine Rückbezüglichkeit der Geltung des *Homo-mensura*-Satzes abgewendet. Den erhaltenen Texten, die sich mit der Sophistik auseinandersetzen, lässt sich jedoch nicht entnehmen, dass Protagoras diese – wenig überzeugende – Unterscheidung gemacht hätte. Insofern trifft ihn Sokrates' Einwand in *Theaitetos* 171a-c also nicht.

Andererseits gilt es aber auch zu fragen, welche Plausibilität dem Protagoreischen Relativismus unter den Bedingungen der Rückbezüglichkeit zukommt. Genau darin scheint für Platon ein erhebliches Problem dieser Position zu liegen. Zwei Aspekte lassen sich hier festhalten. Zum einen ist unklar, welche Relevanz ein sujektivistischer Relativismus besitzt, der Wahrheit relativiert allein auf das Urteil eines Individuums. Ginge es etwa um eine Relativierung der Wahrheit auf Kulturen, Paradigmen oder Lebensformen, so ließen sich weitaus leichter mögliche Begründungen für einen solchen Standpunkt finden. Dagegen wirkt die Variante von Protagoras eher trivial: Wenn für jeden nur das wahr ist, was er oder sie als wahr erachtet, dann scheint faktisch nicht nur jegliche Überzeugung legitimiert zu sein, sondern auch der Wahrheitsbegriff wäre ausgehöhlt. Es bliebe unklar, wie ein Begriff des Falschen und ein echter Dissens über divergierende Wahrheitsansprüche möglich wären. Zum anderen wäre fraglich, wie wissenschaftlicher Erkenntnisfortschritt ohne den Satz vom ausgeschlossenen Widerspruch gedacht werden könnte, wenn „*x* ist wahr für *Z*" und „*nicht-x* ist wahr für *N*" gleichzeitig wahr sein könnten. Unter der Voraussetzung des *Homo-mensura-*Satzes schiene jede Theorie so gut oder schlecht wie die konkurrierende zu sein, selbst wenn sie sich wechselseitig ausschließen.[9]

Nun könnte man folgenden Einwand gegen diese Kritik am Relativismus machen: Selbst wenn es in Rekurs auf den Relativismus von Protagoras keine Auseinandersetzung über die Wahrheit einer Position geben könne, sei doch immerhin eine Auseinandersetzung über deren Nützlichkeit möglich. Mit anderen Worten, auch wenn es gemäß Protagoras keinen Widerspruch geben kann zwischen „*x* ist wahr für *Z*", „*nicht-x* ist wahr für *N*", „*w* ist wahr für *Y*", so könnte man doch zahlreiche Gründe dafür anführen, warum *x* besser als *nicht-x* oder *w* ist. So habe beispielsweise diejenige, die *x* behaupte, eventuell bessere Gründe für ihre Position oder sie sei glaubwürdiger oder habe die meisten Befürworter.

Platon sieht jedoch in *Theaitetos* 166d-167e hinsichtlich dieses Einwandes ein Problem für Protagoras: Wie können *x* und *nicht-x* in gleichem Sinne wahr, aber nicht in gleichem Sinne nützlich sein? Mit welchem Ziel könnte dann der Sophist Erziehung für einen Ungebildeten anbieten, wenn dessen Position genauso wahr wäre wie die des Gebildeten? Eine Auseinandersetzung um die Nützlichkeit von Standpunkten setzt das Geben von Gründen für und gegen bestimmte Geltungsansprüche voraus. Das scheint aber nur sinnvoll zu sein, wenn es auch falsche Behauptungen geben kann. Ist dies aber in Rekurs auf den *Homo-mensura*-Satz nicht möglich, wird die vom Sophisten angebotene Erziehung zu einem widersprüchlichen Unterfangen.

Nun gäbe es allerdings hypothetisch noch eine mögliche Verteidigung gegen diesen Einwand Platons: die These, dass eine Position graduell „wahrer" als die andere sein könne. Unter dieser Zusatzprämisse wäre eine Auseinandersetzung um die jeweils bessere, „wahrere" Position denkbar, ohne dass Standpunkte als falsch bezeichnet werden müssten. Allerdings stellt sich die Frage, wie sinnvoll diese Prämisse ist, wenn der Unterschied zwischen der am wenigsten wahren und der am meisten wahren Position so groß wäre, dass man ihn auch nicht-relativistisch einfach als den Unterschied zwischen wahr und falsch bezeichnen könnte. Eine solche Verteidigungslinie liefe letztlich wohl nur auf die bloß formale Vermeidung des Begriffs „falsch" hinaus. Allerdings scheint diese Strategie weder Protagoras gewählt noch Platon bedacht zu haben.

3.4 Aristoteles' Verteidigung des Kontradiktionsprinzips

Aristoteles hat sich ebenfalls intensiv mit dem Relativismus des Protagoras auseinandergesetzt. Stärker als Platon hat er diese Position als logischen Relativismus interpretiert und im Rahmen seiner Überlegungen zum Satz vom ausgeschlossenen Widerspruch kritisiert. Ein Hinweis auf die logische Problematik des Relativismus findet sich bereits in Platons *Euthydemos* 286c, wo Sokrates anführt, die Schule des Protagoras sei der Auffassung gewesen, dass man sich nicht widersprechen und insofern auch nichts Falsches sagen könne. Mit dem Beispiel aus dem *Theaitetos* lässt sich die These des logischen Relativismus so beschreiben: Wenn der Wind für den einen kalt, für den anderen warm ist, können sich die Aussagen „Der Wind ist zum Zeitpunkt t_1 kalt für F" und „Der Wind ist zum Zeitpunkt t_1 warm für Z" nicht logisch widersprechen. Beide beziehen sich zwar auf denselben Sachverhalt, den Wind, von dem Konträres ausgesagt wird, jedoch verhindert der relativierende Bezug zur Empfindung einer bestimmten Person den logischen Widerspruch. Wenn jeder Mensch das Maß für die Beurteilung der Wahrheit allein in sich trägt, könnte man weder zu einem Widerspruch kommen, insofern eine Überzeugung immer nur gültig für eine jeweilige Position wäre, noch könnte man etwas für andere Menschen Falsches sagen, da Wahrheit stets subjektiv wäre. Genau genommen, gäbe es formal natürlich die Möglichkeit des Widerspruchs, aber immer nur in Bezug auf denselben Maßstab. Im Kontext eines solchen subjektivistischen Relativismus wäre das Kontradiktionsprinzip ausgehebelt, insofern kontradiktorische und konträre Aussagen über denselben Sachverhalt möglich wären. Vor diesem Hintergrund rückt Aristoteles die Auseinandersetzung mit dem Relativismus des Protagoras in den Kontext der Diskussion des Prinzips vom ausgeschlossenen Widerspruch:

> Daß nämlich dasselbe demselben in derselben Beziehung [...] unmöglich zugleich zukommen und nicht zukommen kann, das ist das sicherste unter allen Prinzipien; denn es paßt darauf die angegebene Bestimmung, da es unmöglich ist, daß jemand annehme, dasselbe sei und sei nicht.[10]

Dieses Prinzip ist für Aristoteles der Ausgangspunkt jedes vernünftigen Denkens und jeder Argumentation. Ihm zufolge kann das Kontradiktionsprinzip weder bewiesen noch widerlegt werden, da jeder Beweis und jeder Widerlegungsversuch es schon voraussetzen müssten. Aristoteles zufolge käme es einem Mangel an Bildung gleich, wenn man dafür einen Beweis verlangte.[11] Um das Kontradiktionsprinzip zu verteidigen, ist es daher für Aristoteles von größter Bedeutung, Ansätze genau zu untersuchen und zu kritisieren, die sich unmittelbar oder mittelbar gegen dessen Geltung richten.

Aristoteles bietet in seiner *Metaphysik* verschiedene Argumente gegen solche Ansätze an. Wenn Protagoras sage, der Mensch sei das Maß aller Dinge und damit meine, was einem jedem erscheine, das sei auch so, dann behaupte er gegen das Prinzip vom ausgeschlossenen Widerspruch, dass dasselbe zugleich sei und nicht sei.[12] Nun könnte man Protagoras verteidigen, indem man – wie oben schon angedeutet – darauf hinweist, dass sich „x ist zu t_1 wahr für F" und „$nicht\text{-}x$ ist zu t_1 wahr für Z" logisch nicht widersprechen, da Protagoras gerade nicht behauptet, dass dasselbe demselben in derselben Beziehung zukommt. Trotzdem bleibt es für Aristoteles widersprüchlich, zwei sich widerstreitenden Meinungen das gleiche Gewicht beizumessen.[13] Eine von zwei sich kontradiktorisch widersprechenden Meinungen muss falsch sein. Das wird Aristoteles zufolge schon aus der Sinneswahrnehmung erkennbar: Wenn dem einen etwas süß, dem anderen aber sauer erscheint, dann heißt das nicht, dass beide Urteile wahr sind, sondern, dass bei dem einen das Sinnesorgan angemessen, bei dem anderen aber beschädigt ist. Das vergleicht Aristoteles mit der Situation, in der man den Finger unter das Auge legt und behauptet, die sichtbaren Dinge erschienen doppelt, und daraus schließt, die Dinge seien auch wirklich verdoppelt, weil es einem eben so erscheine. Aristoteles weist hier auf einen Aspekt hin, der schon an früherer Stelle als Kritik des Protagoreischen Relativismus angeführt wurde:[14] Der Relativist kann keinen sinnvollen Unterschied mehr machen zwischen *recht haben* und *glauben, recht zu haben*, wenn der Maßstab des Urteils allein bei dem Urteilenden und nicht bei dem zu Beurteilenden, der Sache selbst, liegt.

Aristoteles stellt mit seiner Kritik vor allem die generelle Plausibilität des Relativismus in Frage. Unter Missachtung des Kontradiktionsprinzips, so ein zweites Gegenargument aus seiner Substanzlehre, müsste letztlich alles, was jemand meint, wahr sein, wodurch wiederum Denken und Wahrheit aufgehoben würden. Das Wort „Mensch" beispielsweise bezeichnet für Aristoteles etwas bestimmtes, ein zweibeiniges Lebewesen. Nun müsste es für die Anhänger des Protagoras wahr sein, wenn gegen das Prinzip vom Widerspruch von ein und demselben Gegenstand Kontradiktorisches behauptet würde. So könnte einer vom Menschen behaupten, er sei Mensch, und der andere, er sei nicht Mensch. Damit würde mit „Mensch" nicht nur die eine substantielle Bestimmung ausgesagt, sondern potentiell zugleich alle möglichen Bestimmungen, wie auch die des Nicht-Menschseins. Damit wäre aber die *ousía*, die Wesenheit, und alles substantielle Sein aufgehoben; denn wenn das Wesen des Menschen darin läge, sowohl Mensch als auch Nicht-Mensch zu sein, dann wären alle Bestimmungen nur als Akzidenzien prädizierbar. Das ist aber Aristoteles zufolge nicht möglich, unter anderem deshalb, da Akzidenzien immer Prädikate eines Subjekts sind und ein substantielles Sein voraussetzen.

Grundsätzlich geht Aristoteles davon aus, dass eine Missachtung des Kontradiktionsprinzips die Möglichkeit begrifflichen Denkens aufheben würde.[15] Dabei geht es ihm nicht darum, ob einer etwas als „wahr" bezeichnet, das der andere „falsch" nennt. Aristoteles zufolge steht ein ontologisches Problem zur Debatte, das jedoch diejenigen, die den Satz vom Widerspruch bestreiten, nicht kennen:

> Aber das ist gar nicht der Fragepunkt, ob dasselbe Mensch und Nicht-Mensch heißen, sondern ob es beides zugleich sein kann. Wenn nun also Mensch und Nicht-Mensch nichts Verschiedenes bezeichnen, so würde offenbar auch das Nicht-Mensch-sein von Mensch-sein nicht verschieden sein, also Mensch-sein würde heißen Nicht-Mensch-sein; denn es würde Eins sein.[16]

Die Missachtung des Widerspruchsprinzips hat metaphysische Folgen, die den Bezug des begrifflichen Denkens auf die Wirklichkeit in Frage stellt. Etwas zu denken heißt, etwas *als* etwas, das heißt in einer Bestimmtheit, zu denken. Damit werden – gemäß dem neuzeitlichen Prinzip *omnis determinatio negatio* – notwendig andere unvereinbare Bestimmungen für dieses Gedachte ausgeschlossen. Wären alle und damit auch widersprüchliche Bestimmtheiten einer Sache wahr, könnte also etwas gleichzeitig „Mensch" und „Nicht-Mensch" sein, dann verlöre das begriffliche Denken seinen Bezug zur Wirklichkeit und die philosophische Suche nach der Wahrheit wäre, wie Aristoteles einmal bemerkt, „nichts anderes ... als nach Vögeln haschen."[17]

3.5 Antike Skepsis und Relativismus

Aristoteles zufolge vertritt Protagoras die Auffassung, dass eine objektive und standpunktfreie Wahrheit erkenntnistheoretisch nicht möglich sei. Diese Ansicht ist auch für die antike Skepsis bestimmend. Der Skeptizismus in seinen zahlreichen Spielarten bestreitet die Möglichkeit objektiver Erkenntnis. Einen wichtigen Grund dafür sieht der Skeptiker in der Relativität aller Wahrnehmung und Erkenntnis. Einige Skeptiker behaupten, für jedes Argument gebe es ein gegenteiliges Argument, das mit derselben Evidenz und Begründung vertreten werden könne – diese Gleichwertigkeit widerstreitender Argumenten wird „*isosthéneia*" genannt. Deswegen gelte es sich eines dogmatischen Urteils zu enthalten (*epoché*) und durch diese Einstellung zu einem Seelenfrieden zu gelangen. Für diese Urteilsenthaltung gab es in der auf den Philosophen Pyrrhon von Elis (ca. 360-270 v. Chr.) zurückgehenden pyrrhonischen Skepsis bestimmte Argumentationsfiguren, „Tropen" (*trópoi*) genannt. Sextus Empiricus überliefert in seinem *Grundriss der pyrrhonischen Skepsis* zehn solcher Tropen eines älteren Skeptikers. Die achte Argumentationsfigur lautet:

Der *achte* Tropus argumentiert aus der Relativität. Nach ihm folgern wir, daß, weil alles relativ ist, wir uns darüber, was absolut und der Natur nach ist, zurückhalten müssen. Dabei muß man wissen, daß wir hier wie auch anderswo das „ist" anstelle von „erscheint" gebrauchen und dem Sinne nach sagen: „Alles erscheint relativ." Dieser Satz meint zweierlei: einmal die Bezogenheit auf die urteilende Instanz (denn der beurteilte äußere Gegenstand erscheint bezogen auf die urteilende Instanz) und in anderer Weise die Bezogenheit auf das Mitangeschaute, so wie rechts auf links bezogen ist.[18]

Weiterhin heißt es:

Wenn wir nun in dieser Weise zeigen, daß alles relativ ist, so ist mithin klar, daß wir nicht sagen können, wie jeder der Gegenstände nach seiner eigenen Natur und an sich beschaffen ist, sondern nur, wie er in seiner Relativität erscheint. Daraus folgt, daß wir uns über die Natur der Dinge zurückhalten müssen.[19]

Die pyrrhonische Skepsis hat nicht die Dinge im Blick, wie sie an sich sind, sondern allein in der Weise, wie sie jemandem erscheinen. Ähnlich wie bei Protagoras ist damit die urteilende Instanz das Maß für die Feststellung, wie der Gegenstand als erscheinender ist. „x erscheint für F als z" würde dann auf „x ist z für F", eventuell sogar auf „z ist wahr für F" hinauslaufen. Aus diesem Modell der Relativität leitet der von Sextus vorgestellte zehnte Tropus eine Form des ethischen oder kulturellen Relativismus ab. Mit zahlreichen Beispielen macht Sextus auf die Unterschiedlichkeit und Gegensätzlichkeit von Lebensformen, Praktiken, Sitten und Riten in jeweiligen Kulturen aufmerksam. Aus dieser als gleichwertig angesehenen Gegensätzlichkeit wird dann gefolgert, es sei unmöglich, die Natur der Dinge zu erkennen und es gelte sich insofern eines Urteils zu enthalten.[20]

Durch die Betonung der Relativität aller Erkenntnis scheint der Skeptizismus *prima facie* eine dem epistemischen Relativismus des Protagoras zumindest ähnliche Position zu vertreten. Dazu findet sich in der pyrrhonischen Skepsis eine Klärung über das Verhältnis der eigenen Relativitätsthese zum Relativismus des Protagoras:

Auch Protagoras will, daß der Mensch das Maß aller Sachen sei, der seienden, daß sie sind, der nichtseienden, daß sie nicht sind [...]. Damit erkennt er nur an, was jedem erscheint, und führt so die Relativität ein, weshalb er auch Gemeinsamkeit mit den Pyrrhoneern zu haben scheint. Er unterscheidet sich jedoch von ihnen, und wir werden den Unterschied erkennen [...].[21]

Sextus hebt bei seiner Unterscheidung zwischen seinem Ansatz und dem von Protagoras nicht etwa auf die Differenzierung zwischen Relativität und Relativismus ab. Er verweist vielmehr darauf, dass Protagoras gesagt habe, alle Materie sei im Fluss. Damit habe dieser ein Urteil über die Natur der Dinge behauptet, was für die Skepsis nicht möglich sei.

Für das Verhältnis zwischen Skeptizismus und Relativismus bedeutet das, dass beiden Ansätzen die Kritik an einem nicht-relativen Konzept von Erkenntnis und die Ablehnung einer objektiven Auffassung von Wahrheit gemeinsam sind. Sie unterscheiden sich darin, dass der Relativismus, ausgehend von dieser Kritik, immerhin noch die Wahrheit relativer Urteile behauptet, während der Skeptizismus auch diese Auffassung als nicht radikal erkenntniskritisch ablehnt und eine generelle Urteilsenthaltung empfiehlt.[22] Die Relativierung der Erkenntnis durch den pyrrhonischen Skeptiker schließt also keinen Erkenntnisrelativismus ein.

Das heißt, schon in der Antike gab es, ausgelöst durch Protagoras' Philosophie, Argumente für eine Relativierung von Wahrheit und Erkenntnis. Aufgrund der dürftigen Überlieferung ist es aus heutiger Sicht jedoch kaum möglich einzuschätzen, wie radikal der Relativismus des Protagoras ausgefallen ist und ob die Rezeption von Platon, Aristoteles und Sextus seine Position tatsächlich trifft.

3.6 Relativismus und Skeptizismus bei Montaigne

Im Kontext der abendländischen Christianisierung dürfte Augustinus' kritische Auseinandersetzung mit der antiken Skepsis und seine Betonung der zweifelsfreien Erkennbarkeit der göttlichen Wahrheit dazu beigetragen haben, dass im weiteren Verlauf der mittelalterlichen Geistesgeschichte relativistische Überlegungen und Konzepte nicht aufgekommen sind. Augustinus' Hochschätzung der Vernunft begründet sich darin, dass er diese als fähig ansieht, die Wahrheit Gottes zu erreichen. Diese Sicht bleibt für das durch das Christentum bestimmte mittelalterliche Denken bestimmend. So betont etwa Thomas von Aquin in *De veritate*, dass es im menschlichen Verstand zwar mehrere Wahrheiten gebe, diese aber abgeleitet seien von der einen göttlichen Wahrheit.[23] Damit ist jede Form eines alethischen Relativismus ausgeschlossen. Neuere Untersuchungen zeigen, dass auch bei einem mittelalterlichen Autor wie Wilhelm von Crathorn, der für skeptische Argumente empfänglich war, keine relativistische Prägung vorgelegen hat.[24] Erst in der Renaissance kommen mit der lateinischen Übersetzung der erhaltenen Schriften des Sextus Empiricus und einer dadurch neu beginnenden Rezeption des antiken Skeptizismus wieder relativistische Intuitionen auf.[25]

Der bekannteste davon beeinflusste Denker in dieser Zeit ist Michel de Montaigne. In seinen *Essais* vertritt er eine Position, die man heute als ethischen oder kulturellen Relativismus, an manchen Stellen auch als Vernunftrelativismus beschreiben könnte. Allerdings bleiben seine Analysen unsystematisch und, bedingt durch die Vielzahl an Beispielen, eher narrativ als argumentativ.[26]

Erkennbar wird jedoch in den *Essais*, dass Montaigne in seinem Zeitalter der außereuropäischen Expeditionen und der Wiederentdeckung der Antike besonders von der Erfahrung der interkulturellen Pluralität von Meinungen, Sitten und Lebensweisen geprägt ist. Montaigne knüpft an den zehnten Tropus der pyrrhonischen Skepsis an und versucht, ihn mit empirischen Belegen zu plausibilisieren. Ein berühmtes Zeugnis dafür ist Montaignes kulturrelativistische Sicht auf das für die meisten seiner Zeitgenossen unzivilisierte und barbarische Denken und Verhalten überseeischer Völker und Sitten in seinem Essay *Von den Cannibalen*. In Bezug auf ein solches Volk heißt es:

> Ich befinde ... bey dieser Nation, so viel man mir davon erzählt hat, nichts wildes oder barbarisches: ausgenommen, weil ieder dasienige Barbarey nennt, was bey ihm nicht gebräuchlich ist. Denn, wir haben auch in Wahrheit keine andere Richtschnur der Wahrheit und Vernunft, als das Beyspiel und die Vorstellung der Meynungen und Gebräuche, die in unserm Lande üblich sind.[27]

Die bunte Darbietung verschiedenartiger Sichtweisen aus antiken und außereuropäischen Kulturen, die sich nicht nur im Aufsatz über die Kannibalen, sondern in den gesamten *Essais* findet, soll nicht bloß den Erfahrungshorizont der Leserschaft erweitern und den Reiz des Fremden hervorheben. Montaignes Absicht dabei ist vom Motiv der pyrrhonischen Figur der *isosthéneia* geprägt; er will deutlich machen, dass man für jede Kultur von Sitten und Denkweisen auch andere, abweichende kulturelle Sitten und Denkweisen finden könne, deren Befürwortung im Vergleich zu jener gleichwertig seien. Die These der Gleichwertigkeit ist bei Montaigne differenziert zu verstehen: Da ihm zufolge Praktiken und Moralvorstellungen sich nur innerhalb bestimmter Kulturen ergeben und auch bloß dort verständlich sind, kann der Skeptiker allein nahelegen, dass Auffassungen, die der eigenen Sichtweise widersprechen, nicht als zwangsläufig schlechter, sondern eben als anders konditioniert im Vergleich zum eigenen Standpunkt erachtet werden müssen. In der Betonung der Vielheit epistemisch gleichberechtigter Denkformen und sittlicher Ordnungen liegt die Basis für Montaignes kulturrelativistische Überzeugung. Diese eher vage und nicht weiter reflektierte Version eines deskriptiven Kulturrelativismus speist sich aus der Pluralitätserfahrung fremder Lebensweisen und verzichtet bewusst darauf, eigene Maßstäbe für die Beurteilung des Fremden anzulegen. Montaignes Ansichten weisen voraus auf einzelne Denker der Aufklärung wie etwa Montesquieu,[28] und von dort zu den zahlreichen expliziten kulturrelativistischen Entwürfen des 19. und 20. Jahrhunderts, die sich die Bekämpfung des Ethnozentrismus auf ihre Fahnen geschrieben haben.

Genau betrachtet, reichen Montaignes relativistische Überlegungen über einen reinen Kulturrelativismus hinaus. Die Entscheidung, die eigenen Maßstäbe nicht an andere Lebensformen und Kulturen anzulegen und diese relativ zu ihren Ursprungsbedingungen zu beurteilen, ist für ihn eine Entscheidung der Vernunft. Interessant ist dabei, dass Montaigne sich gegen den Begriff der Vernunft als ein universales Erkenntnisorgan für die heteromorphe Wirklichkeit wendet. Er radikalisiert die skeptische Figur der Isosthenie, indem er die Verschiedenheit der autonomen Ansichten und die Begründungen für dieselben in die individuelle Urteilskraft selbst legt. Dadurch verbindet sich Montaignes Kulturrelativismus, in aller Vorläufigkeit, mit einer schwachen Version des Vernunftrelativismus. So heißt es etwa in *Von der Unbeständigkeit unserer Handlungen*:

> Wer genau Achtung giebt, wird sich schwerlich zwey mal in einerley Zustande antreffen. [...] Ich finde in mir alle einander entgegen gesetzte Eigenschaften, nach einer gewissen Reihe, und auf gewisse Weise. Ich bin schamhaft, unverschämt, keusch, wollüstig, geschwätzig, verschieden, arbeitsam, weichlich, ... geizig, verschwenderisch. Alles dieses sehe ich gewisser maßen bey mir, nachdem ich mich betrachte. Jeder, der sich aufmerksam ausforschet, findet an sich, und an seiner Urtheilskraft selbst diese Unbeständigkeit und Verschiedenheit.[29]

Mit dieser Radikalisierung der Isothenie wird ein starker Begriff der Vernunft abgelehnt, der diese als übergeordnete Erkenntnisinstanz versteht, die die Vielfalt und Verschiedenheit der subjektiven Erfahrungen und Urteile kategorisiert und damit eine für das Individuum einheitliche Sicht auf die vielgestaltige Wirklichkeit ermöglicht. Die Pluralisierung der Erfahrungswelt zieht eine Pluralisierung der Vernunft nach sich:

> Die menschliche Vernunft gleicht einer Farbe, die mit allen unsern Meynungen und Sitten ungefähr zu gleichen Theilen vermischt ist, von was für eine Art dieselben auch seyn mögen. Sie ist unendlich in Ansehung der Materie und von unendlicher Verschiedenheit.[30]

Die von Montaigne nahegelegte Autonomisierung der unbeständigen und verschiedenartigen Urteile einer Person sprengt die Einheit eines universalen Modells der Vernunft. Damit eröffnet sich ein erster Ansatz für die Relativierung der universalistisch verstandenen Vernunft in unterschiedliche Rationalitätstypen. Bemerkenswert ist, dass Montaigne für Vernunft anfangs „raison" schrieb, dann jedoch dieses Wort gestrichen und dafür „discours" eingesetzt hat.[31] Die Tendenz zur Relativierung eines starken Vernunftbegriffs und zur Konturierung von unterschiedlichen, teils unverträglichen Rationalitätstypen antizipiert die Idee zeitgenössischer relativistischer Konzeptionen, die sich gegen das aus ihrer Sicht metaphysische Modell einer universalen Vernunft als einheitliches Erkenntnisorgan für die von pluralen Sprachspielen geprägte Wirklichkeit wenden. Allerdings unterscheiden sich Montaignes Überlegungen von zeitgenössischen

Modellen eines Vernunftrelativismus durch seinen Rückbezug auf den christlichen Schöpfergott, der dem Menschen, wie Montaigne betont, die Fähigkeit zur Vernunft verliehen hat.[32]

Der Strukturalist Claude Lévi-Strauss sieht bei Montaigne zwei miteinander widerstreitende Perspektiven vereint: Die eine ist die des Kulturrelativismus, den Montaigne „bis in sein Extrem" treibe,[33] indem er unwandelbare Gesetze und absolute Kriterien für die Beurteilung von Kulturen leugne. Die andere Perspektive sei Montaignes Berufung auf die Vernunft, die jedoch für Lévi-Strauss ambivalent bleibt: Einerseits erscheine eine Kultur barbarisch oder zivilisiert, wenn man sie am Kriterium der Vernunft messe; andererseits sei diese Einschätzung wiederum bei Montaigne nicht möglich, da das Kriterium dafür für ihn nur kulturintern gefunden werden könne.[34]

3.7 Kants Transzendentalphilosophie und der Antirealismus

Vorab gilt es klar herauszustellen: Kant hat keine relativistischen Ideen vertreten. Trotzdem ist seine kritische Philosophie grundlegend für ein Verständnis gegenwärtiger (epistemischer bzw. konzeptueller) Relativismen, die auf der Basis einer antirealistischen Ontologie argumentieren. An dieser Stelle ist nur eine grobe Skizze der realistischen und antirealistischen Position nötig, um den Rückbezug auf Kant zu verstehen. Im fünften Kapitel werde ich genauer auf die Debatte um den Realismus und Antirealismus und ihren Bezug zum Relativismus eingehen.

Der Realismus geht, sehr allgemein formuliert, davon aus, dass die Wirklichkeit zu einem großen Teil von unserem Denken und Erkennen unabhängig und uns trotzdem ein epistemischer Zugang zu dieser denkunabhängigen Wirklichkeit möglich ist. Der Antirealismus bestreitet dies und behauptet, dass es keine denkunabhängige Wirklichkeit und folglich auch keinen epistemischen Zugang zu ihr gibt. Manche Realisten sehen im Antirealismus die Voraussetzung für eine relativistische Ontologie und Erkenntnistheorie.[35]

Um dies zu verstehen, muss man sich einen Grundgedanken antirealistischer Entwürfe vor Augen führen, der aus der Sicht einiger gegenwärtiger Realisten auf Kants kritische Philosophie zurückgeht.[36] Antirealistische Positionen greifen die zentrale Idee von Kants kopernikanischer Revolution auf, dass, verkürzt gesagt, das Erkenntnissubjekt die Gegenstände nicht so erfährt, wie sie sind, sondern nur so, wie sie ihm erscheinen. Kants bekanntem Diktum zufolge richtet sich die Erkenntnis nicht mehr nach dem Gegenstand, sondern der Gegenstand nach der Erkenntnis. Kant widerspricht damit einem naiven philosophischen Realismus, für den das Subjekt die Gegenstände der Außenwelt so erkennt, wie sie unabhängig von ihm existieren. Im Gegensatz zu Kants Denken verbinden antirealistische Entwürfe diese Idee nicht mit einem für Kants Transzendentalphilosophie impliziten Dualismus. Kant betont, dass wir Gegenstände „Phaenomena" nennen, „indem wir die Art, wie wir sie anschauen, von ihrer Beschaffenheit an sich selbst unterscheiden".[37] Darin ist für Kant eingeschlossen, dass wir Gegenstände in einem Grenzbegriff zumindest auch als unabhängig von unserem sinnlichen Begreifen, an sich selbst betrachtet, denken können müssen. Mit dieser Auffassung ist zumindest ein schwacher Realismus verbunden. Dieser Realismus, ausgehend von der Denkmöglichkeit eines „Noumenon", markiert den entscheidenden Unterschied zwischen Kants Transzendentalphilosophie und dem gegenwärtigen ontologischen Antirealismus. Die im Grenzbegriff des *Noumenon* behauptete Denkbarkeit einer in ihrem Gehalt denkunabhängigen Wirklichkeit ist für die meisten Anhänger einer antirealistischen oder konstruktivistischen Ontologie ein Widerspruch in sich.

Aber auch für ontologische Realisten stellt Kants Denken eine Herausforderung dar. Ein möglicher Einwand gegen seine Konzeption resultiert aus dem Problem des erkenntnistheoretischen Skeptizismus. Kant selbst hielt den methodischen Skeptizismus für eine hilfreiche heuristische Methode, wogegen er den absoluten Skeptizismus, der alles für Schein ausgibt, für selbstwidersprüchlich und im kritischen Denken überwunden erachtete.[38] Diesen von Kant gezogenen Unterschied gilt es gerade im Hinblick auf Formulierungen von Protagoras und der pyrrhonischen Skepsis festzuhalten, die vordergründig ähnlich klingen wie die Grundidee der kopernikanischen Wende Kants. Wenn Protagoras behauptet, der Mensch sei das Maß alles Seienden, und die Skeptiker betonen – wie etwa im oben zitierten achten Tropus –, dass die Wirklichkeit nicht so erkannt werden könne, wie sie ist, sondern nur so, wie sie relativ auf die urteilende Instanz erscheint, dann könnte es *prima facie* den Anschein haben, als ob ein ähnlicher relativistischer Einschlag auch in Kants „Revolution der Denkart" zu finden sei.

Dieser Anschein ist aus kantischer Sicht unbegründet und irreführend, was man sich leicht klar machen kann. Zum einen wird bei einem solchen Vergleich der bei Kant zentrale Unterschied zwischen dem *Phaenomenon* und *Noumenon* nicht beachtet. Der „empirische Realismus" steht für Kant außer Zweifel.[39] Erkenntnis kann es nicht ohne empirische Wahrnehmung der wirklichen Dinge in ihrem Erscheinungsstatus geben; denn „es correspondirt unseren äußeren Anschauungen etwas Wirkliches im Raume."[40] Zum anderen lässt sich Kants Transzendentalphilosophie nicht auf eine subjektivistische Erkenntnistheorie reduzieren, sondern sie geht von der Möglichkeit objektiver Erkenntnis aus, die für alle menschlichen Subjekte und die von ihnen erkannten Gegenstände der Erfahrung gilt.

Trotz der klaren Distanz von Kants theoretischer Philosophie zu relativistischen Auffassungen kann man aus realistischer Perspektive kritische Fragen an das transzendentalphilosophische Modell stellen. Bei diesen Fragen geht es um die Bedeutung, die man ontologischen Begriffen wie „Wirklichkeit", „Existenz", „Eigenschaft", „Gegenstand" etc. unter den Bedingungen des kantischen Denkens zusprechen kann. Wenn es keinen mentalen Zugang zu einer vom Denken unabhängigen Wirklichkeit gibt, wenn nur noch ein formaler Grenzbegriff als Anzeige des bloßen Vorkommens dieser denkunabhängigen Wirklichkeit möglich ist, wenn Ontologie bei Kant auf Erkenntnistheorie und damit allein auf die von der Erkenntnis konstituierten Gegenstände der Erfahrung reduziert zu werden scheint, folgt dann nicht aus den so markierten menschlichen Erkenntnisgrenzen heraus ein Skeptizismus bezüglich der Außenwelt? Aus Kants Sicht wäre dies eine Fehldeutung. Kant hat an der Möglichkeit objektiver Erkenntnis festgehalten, indem er die apriorischen Voraussetzungen der Erkenntnis in den reinen Formen von Raum und Zeit und in den Kategorien aufzeigt. Die apriorischen Erkenntnisvoraussetzungen beziehen sich auf die von der rezeptiven Sinnlichkeit ermöglichte Anschauung der wirklichen Gegenstände. Insofern wendet sich Kant gegen die Anmutung, die Erkenntnis konstituiere so etwas wie eine fiktive Scheinwelt.

Schon zu Kants Zeiten gab es Kritik an diesem universalistischen Vernunftbegriff, etwa durch Johann Georg Hamann, der auf die sprachliche Rückgebundenheit der Vernunft hingewiesen und damit deren Geschichtlichkeit und Kontextualität betont hat.[41] Auch in der Moderne wurde von antirealistischen Denkern die bei Kant für alle Subjekte notwendige und universale Gültigkeit der apriorischen Formen bestritten. Mit dieser Kritik konnte nicht nur der Grenzbegriff der noumenalen, denkunabhängigen Welt als widersprüchlich und überflüssig angesehen werden. Auch die Apriorizität der Formen konnte bestritten und die Kategorien des Denkens kontextualisiert werden. Dies eröffnete die Vorstellung von verschiedenen Denkformen und Begriffsschemata, die jeweils von unterschiedlichen erkenntnistheoretischen, sprachlichen oder kulturellen Bedingungen abhängen.[42] In dieser Pluralisierung eigenständiger Denkformen und Wirklichkeitsdeutungen ohne die Möglichkeit eines epistemischen Zugangs zu einer konzeptfreien Wirklichkeit kann man den Wurzelgrund für gegenwärtige Formen des Relativismus erkennen.

Insofern wäre es offenkundig absurd, Kants Denken als relativistisch oder als direkte Vorform des Relativismus zu interpretieren. Rekonstruiert man jedoch historisch die antirealistische Tendenz von zahlreichen relativistischen Positionen, spielt Kants Denken ideengeschichtlich eine wichtige Rolle für die Herausbildung relativistischer Entwürfe im 20. Jahrhundert. Indem Kant im Rahmen seiner kritischen Philosophie den Begriff einer denkunabhängigen Wirklichkeit zwar als unverzichtbar verstand, ihn aber dennoch nur als reinen Grenzbegriff ausweisen konnte, eröffnete sein Denken eine Anschlussfähigkeit für antirealistische Positionen, die mit dem Argument, dass Erkenntnisbedingungen stets kontextuell seien, auch noch den kantischen Grenzbegriff verflüssigten und damit jede Vorstellung einer denkunabhängigen Wirklichkeit verabschieden konnten. Gut ist das etwa bei Richard Rorty erkennbar:

> In the context of post-Kantian academic philosophy, replacing knowledge by hope means something quite specific. It means giving up the Kantian idea that there is something called „the nature of human knowledge" or „the scope and limits of human knowledge" or „the human epistemic situation" for philosophers to study and describe.[43]

3.8 Nietzsches relativistischer Perspektivismus

Nietzsches Denken ist von zentraler Bedeutung für verschiedene relativistische Entwürfe des 20. Jahrhunderts. Ob seine Überlegungen selbst als relativistisch interpretiert werden können, ist in der Forschung höchst umstritten.[44] So ist es für seine Verteidiger Ausdruck eines traditionell immer noch gepflegten Vorurteils, dass Nietzsche in der Rezeptionsgeschichte bis heute undifferenziert als maßgeblicher Exponent eines Amoralismus und Elitismus und eben auch als Bahnbrecher eines Relativismus gelte. Kritische und apologetische Einschätzungen in dieser Hinsicht hängen nicht nur davon ab, was unter dem Begriff „Relativismus" jeweils verstanden wird und welche relativistischen Ideen oder Varianten man bei Nietzsche zu finden beansprucht. Es geht auch darum, ob Nietzsches Überlegungen überhaupt als philosophisch konsistente Theorie oder aber, im Gegenteil, als eine jeder Systematisierung widersprechende Vielheit mehrdeutigaphoristischer Auffassungen erachtet werden.[45] Im Sinne der letzten Lesart ist es leicht, jeden „-ismus", den Nietzsche vertreten haben soll, abzuweisen.

Unbestritten ist, dass Nietzsche keinen expliziten Relativismus vertreten und diesen Begriff auch nicht für sein Denken verwendet hat. Überhaupt findet sich der Begriff „Relativismus" nur an wenigen Stellen seines Werkes, meistens in enger Verbindung mit dem Begriff „Skeptizismus". So heißt es zum Beispiel, Menschen, die an den Besitz der „unbedingten Wahrheit" glaubten, hätten „ein tiefes Missbehagen an allen skeptischen und relativistischen Stellungen zu irgendwelchen Fragen der Erkenntnis."[46] Nietzsches Auseinandersetzung mit dem Nihilismus macht deutlich, dass er zuletzt sogar eine bestimmte relativistische Haltung nachdrücklich bekämpfte, die er die „große Müdigkeit" nennt:

> Alles ist gleich, es lohnt sich Nichts, Welt ist ohne Sinn, Wissen würgt.[47]

Eine solche Position, die man als „nihilistischen Relativismus" bezeichnen könnte, hätte die Relativierung von Erkenntnis und Werten so weit getrieben, dass jede Sinnfrage obsolet und eine metaphysische Gleichgültigkeit die letzte noch einnehmbare Haltung wäre. Insofern ist es meines Erachtens irreführend zu behaupten, dass man ein systematisch ausgearbeitetes Konzept eines erkenntnistheoretischen oder ethischen Relativismus in Nietzsches Denken finden kann. Doch trotz seiner Kritik an einem nihilistischen Relativismus hat Nietzsche selbst einflussreiche relativistische Auffassungen vertreten, die bedeutsam für die Entwicklung des alethischen, erkenntnistheoretischen und ethischen Relativismus im 20. Jahrhundert geworden sind. Wenn ich im Folgenden auf solche Auffassungen Nietzsches eingehe, bleiben entwicklungsgeschichtliche Aspekte in seinem Denken unberücksichtigt. Dies mag auf den ersten Blick als Manko erscheinen in Bezug auf gegenwärtige Deutungen Nietzsches, die im Fokus auf diachrone Entwicklungslinien in seinen Texten zwischen dem frühen, mittleren und späten Nietzsche differenzieren, um festgefahrene Klischees seiner Interpretation zu hinterfragen.[48] Allerdings spielt es im hier diskutierten Kontext keine Rolle, ob der frühe Nietzsche einen relativistischen Perspektivismus vertreten hat, der vom mittleren Nietzsche modifiziert und vom späten Nietzsche ganz aufgegeben worden ist.[49] Entscheidend ist, dass sich überhaupt Überlegungen in Nietzsches Werk finden lassen, die relativistisch interpretierbar sind und im Anschluss an Nietzsche auch so verstanden worden sind.

Ausgangspunkt meiner Analyse ist Nietzsches Versuch, selbst einen schwachen philosophischen Realismus und jeden Gedanken an eine denkunabhängige Wirklichkeit als radikal fehlerhaft zu entlarven. Mit dieser Ablehnung der Idee einer erkenntnistranszendenten Wirklichkeit bleibt er einer erkenntniskritischen Intention verhaftet, die sich in unterschiedlichen Schattierungen bei Protagoras, der antiken Skepsis und Kant findet. Nietzsche radikalisiert diese Erkenntniskritik, indem er erstens Kants Unterscheidung zwischen *Phaenomen* und *Noumenon* gänzlich verwirft, zweitens den rein perspektivischen Charakter der Wirklichkeit ohne jeglichen Grenzbegriff einer denkunabhängigen Welt hervorhebt und drittens die jeweilige Interpretation von bestimmten Machtinteressen oder partikularen Bedürfnissen veranlasst sieht. So heißt es im Nachlass:

> Gegen den Positivismus, welcher bei dem Phänomen stehen bleibt „es giebt nur Thatsachen", würde ich sagen: nein, gerade Thatsachen giebt es nicht, nur Interpretationen. Wir können kein Factum „an sich" feststellen: vielleicht ist es ein Unsinn, so etwas zu wollen. „Es ist alles subjektiv" sagt ihr: aber schon das ist *Auslegung*, das „Subjekt" ist nichts Gegebenes, sondern etwas Hinzu-Erdichtetes, Dahinter-Gestecktes. – Ist es zuletzt nöthig, den Interpreten noch hinter die Interpretation zu setzen? Schon das ist Dichtung, Hypothese. Soweit überhaupt das Wort „Erkenntniß" Sinn hat, ist die Welt erkennbar: aber sie ist

anders *deutbar*, sie hat keinen Sinn hinter sich, sondern unzählige Sinne „Perspektivismus". Unsre Bedürfnisse sind es, *die die Welt auslegen* ...⁵⁰

Nietzsche geht davon aus, dass Kant in der Folge seines Kausalitätsbegriffes kein Recht mehr gehabt habe zur Unterscheidung zwischen Erscheinung und „Ding an sich". Darin liege der „faule Fleck des Kantischen Kriticismus".⁵¹ Mit dem Begriff des „Dings an sich" verliere auch der Gegenbegriff „Erscheinung" seinen herkömmlichen Sinn. Die Unterscheidung zwischen einer Welt der Phänomene und einer „hinter" ihr liegenden, anderen Welt – einer metaphysischen „Hinterwelt" – werde hinfällig. Die Idee einer „wahren Welt" hat für Nietzsches relativistischen Perspektivismus keine semantische Tragfähigkeit mehr.⁵² Nietzsche sieht diese Idee als unnütz und *„abgeschafft"*, ebenso die Idee einer scheinbaren Welt.⁵³ Es gibt nur die Welt, die wir in der Vielheit der Perspektiven erfahren. Sie ist eine gedeutete Welt, und zwar relativ zu der Perspektive der jeweiligen Deutungsinstanz. Sie hat keinen universalen Sinn, sondern – wie es im Zitat hieß – „unzählige Sinne". Damit erweist sich der Begriff einer objektiven, nicht-perspektivischen Wahrheit als erkenntnistheoretisch naiv:

> Wenn ich die Definition des Säugethiers mache und erkläre, nach Besichtigung eines Kameels: Siehe, ein Säugethier, so wird damit eine Wahrheit zwar an das Licht gebracht, aber sie ist von begränztem Werthe, ich meine, sie ist durch und durch anthropomorphisch und enthält keinen einzigen Punct, der „wahr an sich", wirklich und allgemeingültig, abgesehen von dem Menschen, wäre.⁵⁴

Nietzsches Überlegungen laufen hier auf eine Form des alethischen Relativismus hinaus. Mit seinen Behauptungen, dass es nur perspektivische Sichtweisen der Wirklichkeit gebe, ohne die Möglichkeit eines „wahr an sich", und dass keine dieser Sichtweisen epistemisch privilegiert sei, ist eine Relativierung des Verständnisses von Wahrheit verbunden. In dem immer wieder zitierten Passus aus *Ueber Wahrheit und Lüge im aussermoralischen Sinn* heißt es:

> Was ist also Wahrheit? Ein bewegliches Heer von Metaphern, Metonymien, Anthropomorphismen, kurz eine Summe von menschlichen Relationen, die, poetisch und rhetorisch gesteigert, übertragen, geschmückt wurden, und die nach langem Gebrauche einem Volke fest, canonisch und verbindlich dünken: die Wahrheiten sind Illusionen, von denen man vergessen hat, dass sie welche sind, Metaphern, die abgenutzt und sinnlich kraftlos geworden sind, Münzen, die ihr Bild verloren haben und nun als Metall, nicht mehr als Münzen, in Betracht kommen. [...] Nun vergisst freilich der Mensch, dass es so mit ihm steht; er lügt also in der bezeichneten Weise unbewusst und nach hundertjährigen Gewöhnungen – und kommt eben *durch diese Unbewusstheit*, eben durch dies Vergessen zum Gefühl der Wahrheit.⁵⁵

Nietzsches Strategie der Entlarvung scheut nicht die logische Selbstwidersprüchlichkeit, um die klassische Wahrheitsfrage als Trieb zu demaskieren, der nicht vom Erkenntnisdrang, sondern von einem Macht- und Überlebensinteresse genährt werde, das sich schon in den Strukturen der Sprache erkennen lasse.[56] Mit diesem Ansatz soll der Begriff „Wahrheit" von jeder Metaphysik befreit werden und als Schwundstufe einer bloß perspektivischen Richtigkeit in einem jeweiligen Deutungssystem erscheinen. Dadurch wird Wahrheit relativiert auf die kontingente Feststellung eines Sachverhalts in einem bestimmten Kontext. Es spielt für Nietzsche keine Rolle, ob man den Begriff „Wahrheit" korrespondenztheoretisch, kohärentistisch oder wie auch immer denkt – aus Nietzsches Metaperspektive kommt der Vorstellung von der Wahrheit ein illusionärer oder suggestiver Charakter zu. Mit Hilfe dieser Vorstellung wird für Nietzsche das Bestehen von Sachverhalten als wahr ausgezeichnet, das sich rein an vorher schon festgelegten Konventionen orientiert. Die Ansicht, es gebe die Wahrheit als eine universale, objektive Bestimmung, ist für Nietzsche so naiv wie illusionär.[57]

Nietzsche beschreibt einmal die Denkweise seiner Zeit als in hohem Maße „*protagoreisch*". Der Fortschritt habe die Sophisten und ihre „erste Wahrheit", dass es nichts Wahres und Gutes „an sich" gebe, rehabilitiert gegenüber ihren Kritikern.[58] Mit diesem Rekurs auf Protagoras zieht Nietzsche eine Verbindung, die sich für ihn aufgrund intellektueller Rechtschaffenheit ergibt. Dieser Rückbezug ist nicht bloß zeitgeschichtlich, sondern auch auf seinen eigenen Perspektivismus bezogen, den Nietzsche in Protagoras' *Homo-mensura*-Satz vorgebildet sieht.[59]

Insgesamt scheint es damit nicht überzogen, die skizzierten Auffassungen Nietzsches als relativistisch zu interpretieren. Diese Deutung wird auch dadurch gestützt, dass alle drei Thesen des im zweiten Kapitel vorgestellten relativistischen Grundmodells mit Nietzsches Auffassungen vereinbar sind. Der ersten These des Grundmodells, dass Überzeugungen nicht objektiv, sondern immer nur relativ zu bestimmten Deutungskontexten gelten, korrespondiert Nietzsches Auffassung, dass es immer „nur Interpretationen" gibt, also allein eine gedeutete Welt in der Vielheit der Auslegungen. Auf die zweite These, dass eine Überzeugung gleichzeitig wahr in einem Deutungskontext und falsch in einem anderen sein kann, deutet Nietzsches Einsicht, dass die Welt „unzählige Sinne" habe, die nicht miteinander vereinbar seien. Auf die dritte These, dass es keinen nicht-relativen Maßstab gibt für die Beurteilung der Wahrheit dieser Deutungskontexte, verweist Nietzsches Behauptungen, dass die Welt, „keinen Sinn hinter sich" habe und kein „wahr an sich" über die einzelnen Perspektiven hinaus möglich sei. Wir können Nietzsche zufolge keine „wahre Welt" und „kein Factum ‚an sich' feststellen"; es wäre für ihn – wie zitiert – „Unsinn, so etwas zu wollen."

Das heißt, nach den eher fragmentarisch bleibenden Überlegungen von Protagoras, den erkenntniskritischen Entwürfen des Skeptizismus und den deskriptiv-relativistischen Beschreibungen Montaignes finden sich ideengeschichtlich bei Nietzsche zum ersten Mal Auffassungen, in denen zwar kein ausgearbeitetes Konzept, wohl aber die vage Kontur eines erkenntnistheoretischen und alethischen Relativismus erkennbar ist – unabhängig davon, wie ambivalent, paradox und uneinheitlich sein Perspektivismus auch gewesen sein mag. Möglicherweise hätte Nietzsche selbst den Relativismus als vordergründiges oder triviales Konzept abgelehnt, das für ihn zuletzt immer noch von der Idee einer „wahren Welt", und zwar der in Form des Relativismus, geprägt wäre. Nietzsches letztes Ziel der „Umwertung aller Werte" mit der Bekämpfung des passiven Nihilismus scheint mit der Annahme eines relativistischen Ansatzes kaum vereinbar zu sein. Auch wenn Nietzsches Perspektivismus darin zweideutig bleibt, so zeigt die Rezeptionsgeschichte einen maßgeblichen Einfluss seines Denkens auf relativistische Entwürfe des 20. Jahrhunderts in den Bereichen der Kulturwissenschaften, Ethik und Erkenntnistheorie.

3.9 Fazit

Im Blick auf die Entstehung des Relativismus kann man festhalten, dass es bis zum 20. Jahrhundert keine eigenständigen, sich selbst als relativistisch verstehenden Positionen gegeben hat. Dabei muss man sich darüber bewusst sein, dass der Begriff „Relativismus", wie oben schon betont, erst in der zweiten Hälfte des 19. Jahrhunderts aufgekommen ist. Von Protagoras' *Homo-mensura*-Satz ausgehend, finden sich allerdings immer wieder Argumente und Auffassungen, die schon in der Antike, ohne den Begriff „Relativismus" zu verwenden, in einem relativistischen Sinn interpretiert worden sind. Die Verwandtschaft und die internen Unterschiede zwischen Relativismus und Skeptizismus werden im Kontext der pyrrhonischen Skepsis erstmals reflektiert. Montaigne versucht, den Gedanken der Gleichwertigkeit kulturell verschiedener Praktiken und Anschauungen mit Hilfe empirischer Vergleiche zu begründen. Obwohl Kant keine relativistischen Thesen vertreten hat, spielt sein Denken für gegenwärtige Versionen des Relativismus eine wichtige Rolle, die auf einem ontologischen oder epistemologischen Antirealismus gründen und davon ausgehen, dass es keine denkunabhängige, für uns epistemisch zugängliche Wirklichkeit gibt. Nietzsche kritisiert Kants Grenzbegriff eines *Noumenon* und wendet sich in seinem relativistischen Perspektivismus gegen die Vorstellung einer objektiven Wahrheit. Seine Auffassungen zur Pluralität und Relativität von Perspektiven und Interpretationen spielen eine wichtige Rolle für verschiedene Entwürfe des Relativismus im 20. Jahrhundert.

4 Entwürfe

Nach dem ideengeschichtlichen Überblick über einflussreiche relativistische Überlegungen und Ansätze der Antike und Neuzeit geht es in diesem Kapitel um die Diskussion zeitgenössischer Entwürfe des Relativismus. Diese Entwürfe greifen Annahmen vormoderner relativistischer Ansätze auf, beschränken den eigenen relativistischen Anspruch jedoch auf eine bestimmte Klasse von Geltungsansprüchen. Wie im zweiten Kapitel deutlich wurde, ergeben sich durch diese Eingrenzung verschiedene Varianten des Relativismus. Exemplarisch werden in diesem Kapitel Entwürfe des epistemischen, religiösen, vernunftkritischen und moralischen Relativismus diskutiert. Diese Varianten stellen lokale Relativismen dar. Formal gehen sie davon aus, dass die relative Variable a in der Relation aRb nur für eine bestimmte Klasse von Aussagen eine Abhängigkeitsbeziehung bezüglich b behauptet, hier exemplarisch für Aussagen aus dem Bereich der Erkenntnis, Religion, Vernunftkritik und Moral. Die Analyse wird zeigen, dass den vorgestellten lokalen Varianten des Relativismus die Idee der Relativierung der Wahrheit und damit ein alethischer Relativismus zugrunde liegt.

Die Auswahl der hier vorgestellten Entwürfe begründet sich zum einen durch deren besonderen Einfluss auf philosophische Debatten und zum anderen, mit Ausnahme der Modelle von Rorty und Hick, durch das ausdrückliche Selbstverständnis als relativistischer Ansatz. Da man natürlich auch andere Vertreter und Spielarten hätte auswählen können, bleibt diese Auswahl subjektiv. Im ersten Abschnitt soll Richard Rortys Pragmatismus als Variante des epistemischen Relativismus vorgestellt werden. Im zweiten und dritten Abschnitt geht es um die Diskussion von zwei miteinander verwandten Entwürfen des religiösen Relativismus: John Hicks Ansatz, der trotz seines Widerspruchs immer wieder als Relativismus interpretiert wird, und Joseph Runzos Entwurf, der sich in Weiterführung von Hicks Theorie als explizit relativistisch versteht. Im vierten Abschnitt möchte ich Paul Feyerabends Position in seinem Buch *Farewell to Reason* als Variante eines vernunftkritischen Relativismus interpretieren. Im fünften Abschnitt soll der Entwurf eines moralischen Relativismus von Max Kölbel vorgestellt werden. Im sechsten Abschnitt ziehe ich ein kurzes Fazit.

4.1 Epistemischer Relativismus: Richard Rorty

Richard Rorty gehört wohl zu den prominentesten Figuren der Philosophie, deren Denken mit dem Schlagwort „Relativismus" versehen wird. Er selbst lehnt diese Bezeichnung für seine Philosophie jedoch ab und versteht sich als einen Anti-Dualisten in der Tradition des Pragmatismus. Ich werde Rortys Denken hier trotzdem als Relativismus interpretieren. Seine Ablehnung des Begriffs „Relativismus" für sein Denken ist nicht bloß die formale Zurückweisung eines unbeliebten Etiketts, sondern geschieht Rorty zufolge aus philosophischen Gründen. Eine nähere Analyse dieser Gründe zeigt jedoch, dass Rorty eine radikalere Version des Relativismus vertritt, indem er eine weniger radikale Version kritisiert.

Rortys Ansatz als Variante des epistemischen Relativismus zu bezeichnen, ist vom Grundgedanken seines frühen Buches *Philosophy and the Mirror of Nature* her motiviert. Genauso wäre es auch möglich, Rortys Denken als vernunftkritischen oder konzeptuellen Relativismus zu interpretieren.[1] In *Philosophy and the Mirror of Nature* kritisiert Rorty die Idee, dass Erkennen als genaues Darstellen einer externen Wirklichkeit zu verstehen sei. Rorty will das für ihn metaphysische und vor allem auf Descartes und Kant zurückgehende Bild vom Bewusstsein als einem großen Spiegel, der desto genauere Darstellungen der Wirklichkeit zeigt, je sorgfältiger er poliert ist, aufgeben.[2] Dass das Mentale bzw. der Geist ein inneres, immaterielles Reich mit einem Schatz von Repräsentationen über die extramentale Wirklichkeit sei, ist für Rorty eine Erfindung von Descartes. Dieser Mentalismus mit dem regulativen Ideal klarer und exakter Erkenntnis sei vom 17. Jahrhundert bis zum Anfang des 20. Jahrhunderts äußerst produktiv gewesen, dann aber, vor allem durch Wittgenstein,[3] Heidegger und Dewey, verabschiedet worden. Der Dualismus zwischen Geist und Körper stellt für Rorty ein Scheinproblem dar, das wegfällt, sobald die ganze Theorie vom erkenntnistheoretischen Fundament des Mentalen und der Idee objektiver Rationalität aufgegeben wird. Als Ersatz dafür empfiehlt Rorty einen pragmatistischen Begriff von Erkenntnis, der ohne die traditionellen Dualismen auskomme und als begründet ansehe, was sich in der sozialen Praxis als problemlösend und somit erfolgreich erweise.

In dieser Deutungslinie verändert sich für Rorty zum einen der Begriff der Philosophie: Nicht Sätze oder Aussagen als Medien des genauen Darstellens, sondern Bilder und Metaphern dominieren den größten Teil philosophischer Überzeugungen.[4] Zum anderen verändert sich das Verständnis von Wahrheit. In Rekurs auf die Kritik an der Korrespondenztheorie der Wahrheit durch den Pragmatismus von William James betont Rorty, wir sollten die Vorstellung aufgeben, dass die Wahrheit „dort draußen ist und darauf wartet, von uns entdeckt zu werden".[5] In *Kontingenz, Ironie und Solidarität* heißt es:

> Wahrheit kann nicht dort draußen sein – kann nicht unabhängig vom menschlichen Geist existieren –, weil Sätze so nicht existieren oder dort draußen sein können. Die Welt ist dort draußen, nicht aber Beschreibungen der Welt. Nur Beschreibungen der Welt können wahr oder falsch sein.[6]

Das korrespondenztheoretische Konzept einer Übereinstimmung zwischen Gedanken und Wirklichkeit führt Rorty zufolge wieder zur essentialistischen Idee zurück, es gebe so etwas wie ein immanentes Wesen der Welt und des Selbst. Wahrheit, so zitiert Rorty aus William James' Vorlesung *Pragmatism's Conception of Truth*, sei dagegen einfach als das zu verstehen, „was zu glauben für uns besser ist."[7] Dass Wahrheit nicht mehr als „tiefe Angelegenheit" zu verstehen sei, habe auch schon Nietzsche deutlich gemacht mit seiner Einsicht, dass Wahrheiten nichts anderes als Metaphern und nützliche Lügen seien.[8] Rorty nennt die Ideen, dass die Welt und das Selbst eine innere Natur hätten, ein Überbleibsel der theistischen Vorstellung, dass die Welt eine göttliche Schöpfung mit einem immanenten Plan sei. Diese Ideen aufzugeben heiße, die Welt radikal zu „entgöttern" und damit der Kontingenz, dass alles zufällig sei und immer auch anders sein könnte, Raum zu geben.[9]

Rortys Verständnis der Wahrheit bildet den Hintergrund seiner Auseinandersetzung mit dem Relativismus. In *Objectivity, Relativism and Truth* unterscheidet er drei Bedeutungen des Begriffs „Relativismus":

> The first is the view that every belief is as good as every other. The second is the view that „true" is an equivocal term, having as many meanings as there are procedures of justification. The third is the view that there is nothing to be said about either truth or rationality apart from descriptions of the familiar procedures of justification which a given society – *ours* – uses in one or another area of inquiry. The pragmatist holds the ethnocentric third view.[10]

Die Frage nach der Wahrheit von Überzeugungen ergibt sich nach dieser Aussage nur relativ zu den spezifischen Rechtfertigungsstrategien einer bestimmten Deutungsgemeinschaft. Diese Sicht ist jeweils die eigene, weshalb Rorty diese Form des Relativismus als „ethnocentric" bezeichnet.[11]

In seinem Aufsatz *Relativism: Finding and Making* von 1996 setzt sich Rorty näher mit dem Vorwurf auseinander, sein Denken sei relativistisch.[12] Für den Ausgang seiner Analyse ist die im Titel seines Beitrags vorkommende Unterscheidung zwischen Entdecken („Finding") und Erfinden („Making") entscheidend. Sie bildet für Rorty den Kern des Vorwurfs, seine Position und auch andere Konzepte seien relativistisch. Rorty zufolge geht der Vorwurf von folgendem Verständnis des Relativismus aus: Relativisten behaupten gemäß dem Vorwurf, viele Dinge, von denen der *common sense* sagte, sie würden entdeckt, würden in Wirklichkeit erfunden. Diese antirealistische Sicht unterstellen philosophische Realisten, so Rorty, relativistischen Entwürfen, zu denen sie auch den Pragmatismus zählen.[13] Während Realisten beispielsweise wissenschaftliche oder moralische Wahrheiten als objektiv beschreiben, das heißt als extramentale und zu entdeckende Sachverhalte, unabhängig vom menschlichen Fürwahrhalten, seien Relativisten – weiterhin gemäß dem Vorwurf des Relativismus – reine Subjektivisten, die das, was man früher als objektiv angesehen habe, nun für subjektiv hielten.[14]

Wichtig ist nun, dass Rorty mit dieser Beschreibung des Relativismus im Ausgang der Unterscheidung zwischen Entdecken und Erfinden kein Problem hat. Das heißt, er lehnt den Vorwurf des Relativismus an sein pragmatistisches Denken nicht deswegen ab, weil er mit dem unterstellten Verständnis des Relativismus nicht einverstanden wäre. Er lehnt die Bezeichnung „Relativismus" für sein Denken deshalb ab, weil er grundsätzlich die Unterscheidung zwischen Entdecken und Erfinden und die damit verbundenen metaphysischen Voraussetzungen aufgeben will. Rorty versteht sich als „Anti-Dualist" und „Anti-Platoniker", der die metaphysischen Unterscheidungen zwischen *mind* und *brain*, Außen und Innen, Entdecken und Erfinden, Realismus und Antirealismus, Absolutem und Relativem von vornherein verabschieden will. Rorty zufolge entstammen diese Dualismen einer überkommenen philosophischen Position in der Linie von Platon, Descartes und Kant, deren gesamtes Begriffssystem verfehlt und untauglich sei und nur Scheinprobleme aufwerfe:

> I think it is important that we who are accused of relativism stop using the distinctions between finding and making, discovery and invention, objective and subjective. [...] We pragmatists shrug off charges that we are „relativists" or „irrationalists" by saying that these charges presuppose precisely the distinctions we reject. If we had to describe ourselves, perhaps it would be best for us to call ourselves anti-dualists.[15]

Diese Kritik gilt auch einem starken metaphysischen Modell der Vernunft, das, so Rorty, für die erwähnten Dualismen verantwortlich sei. Die Vorstellung der Vernunft als einer von allen geteilten Quelle der Wahrheit („The idea of a universally shared source of truth called ‚reason'") sei mit dem metaphysischen Modell von Philosophie aufzugeben.[16] Die Unterscheidung zwischen der Rationalität und Irrationalität von Überzeugungen stellt sich für Rorty nur innerhalb eines Sprachspieles oder bestimmten „Vokabulars", nicht jedoch irrelativ im Fokus eines universalen Maßstabs der Vernunft. Habe man dies eingesehen, erweise sich die Unterscheidung zwischen Rationalität und Irrationalität als überkommen und wenig nützlich.[17]

Welche Rolle bleibt dann noch für die Philosophie? Denken von einem pragmatistischen Standpunkt bedeutet für Rorty, das fundamentalphilosophische Begriffssystem aufzugeben und zur Lösung philosophischer Probleme dessen metaphysische Dualismen durch die Unterscheidung zwischen „the more useful" und „the less useful" zu ersetzen.[18] Dieser Neopragmatismus mit seinem Nützlichkeits-Kalkül begreift den Menschen biologistisch als ein Tier, das sein Bestes tut, um in seiner Lebensumwelt zurechtzukommen und dazu Werkzeuge zum Überleben und Problemlösen entwickelt. Die Frage, ob es eine Wirklichkeit

„dort draußen" gibt, ist im Rahmen von Rortys Modell eine metaphysische Frage, die sich nicht sinnvoll beantworten lässt und auch keinen Nutzen hat für die Interaktion des Menschen mit seiner Umwelt. Überzeugungen besitzen dieselbe Bedeutung wie andere Werkzeuge, mit denen sich Menschen in der Welt orientieren. Überzeugungen sind keine Ausdrucksformen eines verschlossenen inneren Bewusstseins, sondern Handlungsdispositionen, mit denen wir unserer Umwelt klar machen können, was wir tun wollen. Der Körper ist für Rorty wie die „hardware" eines Computers, deren „software" Überzeugungen und Wünsche sind.[19] Ob diese Software die Wirklichkeit so darstellt, wie sie ist, spielt keine Rolle; entscheidend ist, ob sie hilft, unsere konkreten Bedürfnisse zu befriedigen. Es gibt für Rorty keinen übergeordneten erkenntnistheoretischen Standpunkt, von dem aus gesagt werden könnte, eine Überzeugung repräsentiere die Wirklichkeit in exakter oder angemessener Weise. Insofern wäre es falsch anzunehmen, es gebe nur eine einzige Weise der angemessenen Repräsentation der Wirklichkeit.[20]

Dies gilt auch für die Frage nach der Wahrheit solcher Überzeugungen. Wie angedeutet, ist Rorty zufolge das als „wahr" zu erachten, was sich in einem jeweiligen Kontext als nützlich erweist und als solches rechtfertigen lässt.[21] Die Pragmatisten verfügen ihm zufolge über keine Theorie der Wahrheit.[22] Für die Menschen des vorkopernikanischen Zeitalters ist es, so Rorty, zu Recht wahr gewesen, dass sich die Sonne um die Erde dreht, da sie keine anderen Werkzeuge hatten, dies festzustellen, und dieser Glaube sich im Kontext der christlichen Metaphysik als hilfreich erwies. Rorty verwendet das Kriterium der Nützlichkeit in einem komparativen Sinne, um unterschiedliche Stufen der Wahrheit im Sinne des Nutzbringenden unterscheiden zu können. In Bezug auf das pragmatistische Nützlichkeits-Kalkül ist beispielsweise die naturalistische Weltsicht heutzutage nützlicher und wahrer als eine religiöse Interpretation der Wirklichkeit:

> Our ancestors might rejoin that their tool enabled them to believe in the literal truth of the Christian Scriptures, whereas ours does not. Our reply has to be, I think, that the benefits of modern astronomy and of space travel outweigh the advantages of Christian fundamentalism.[23]

Rorty betont in dieser Hinsicht, dass unsere Vorfahren eine Leiter benutzt hätten, die man nun, unter heutigen Erkenntnisbedingungen, wegwerfen könne.[24]

Wie ist Rortys Entwurf in Bezug auf den Relativismus-Vorwurf zu beurteilen? Wenn die Unterscheidung zwischen Entdecken und Erfinden im Sinne Rortys überflüssig ist und aufgegeben werden soll, stellt sich die Frage, warum der Neopragmatismus nicht einfach einen radikalen Pluralismus befürwortet, in dessen Rahmen es legitim ist, dass verschiedene Lebensformen das als wahr anerkennen, was je nach ihrem Begriffs- oder Deutungssystem für sie als nützlich erscheint.

Ein Grund dafür mag sein, dass die Anerkennung eines solchen relativistischen Pluralismus den kritischen Anspruch und Verabschiedungsgestus in Rortys Philosophie delegitimieren würde. Rortys vehementer Einspruch gegen alles noch irgendwie Metaphysische wäre nicht länger sinnvoll, wenn jegliche Lebensform im Rahmen eines solchen Pluralismus sich als berechtigt ansehen könnte, das als nützlich und wahr anzuerkennen, was sich für sie jeweils als nützlich und wahr erweist. Unter dieser Voraussetzung schiene es für Rorty nicht länger möglich zu sein, in Rückbezug auf das neopragmatistische Nützlichkeits-Kalkül graduell zwischen Überzeugungen, die die Wirklichkeit angemessen repräsentieren, und solchen, die das nicht bzw. nur in schwächerem Maße tun, zu unterscheiden. Rorty behauptet jedoch genau dieses Modell von unterschiedlichen Nützlichkeits- und Wahrheitsgraden, wie seine Kritik an der Metaphysik und religiösen Weltdeutungen zeigt. Der Preis dafür scheint jedoch zu sein, dass im Hinblick auf das Nützlichkeits-Kalkül unklar wird, von welcher Position aus Rorty berechtigt ist, sich der Unterscheidung zwischen Graden der Wirklichkeits-Repräsentanz zu bedienen und eine Repräsentation als nützlich und eine andere, wie im letzten Zitat, als unnütz zu bezeichnen.

Die Rückfrage nach den impliziten Voraussetzungen und der Kriteriologie des Nützlichkeits-Kalküls markiert nicht die einzige Schwierigkeit, die Rortys Überlegungen aufwerfen. Er lehnt das Modell des Relativismus für sein Denken ab, da es ihm in der Ausmerzung metaphysischer Restbestände nicht radikal genug ist. Sein pragmatistisches Ersatzprogramm ist aber nicht minder relativistisch; man kann sogar sagen, es vertritt eine stärkere Version des Relativismus im Vergleich zu dem Ansatz, den Rorty als relativistisch beschreibt und als Etikett für sein Denken ablehnt. Rortys Modell lässt sich in dieser Hinsicht als Variante eines Erkenntnisrelativismus reformulieren. Wie aus den bisherigen Zitaten hervorgeht, findet man in Rortys Schriften folgende Annahmen:

- Es gibt keine Welt „da draußen", keine extramentale Wirklichkeit, die darauf wartet, von uns entdeckt zu werden. Es gibt ganz verschiedene und teils miteinander unvereinbare Beschreibungen der Wirklichkeit.
- Erkennen ist kein inneres Vermögen eines Geistes, das in seinen Beschreibungen darauf abzielt, die Wirklichkeit genau zu repräsentieren. Erkennen ist nicht mehr als ein praxistaugliches Werkzeug, eine Software, die dem Menschen nützlich ist, um sich in der Welt zur Befriedigung der eigenen Bedürfnisse zu orientieren.
- Es gibt keine privilegierte Erkenntnisquelle namens Vernunft und keine universalen Erkenntnisstandards. Erkenntnis ist als Software mit ihrer Beschreibung der Wirklichkeit stets sowohl historisch als auch kulturell kontextuell und kontingent.

– Wahrheit meint keine Korrespondenz zwischen einer extramentalen Wirklichkeit und unserer Erkenntnis. Wahr ist in ethnozentrischer Perspektive das, was eine bestimmte Gemeinschaft jeweils für sich als nützlich erkennt und rechtfertigt.
– Unter bestimmten zeitgeschichtlichen Bedingungen, etwa denen der Naturwissenschaft, erweist sich das „Vokabular" der einen Beschreibung der Wirklichkeit als angemessener als das andere, das in Bezug auf diese Bedingungen überholt ist.

Trotz seiner Kritik an relativistischen Positionen, die mit dem Begriffspaar „relativ" und „absolut" operieren, ist auch Rortys Pragmatismus von einem relativistischen Grundzug geprägt. Das wird erkennbar, wenn man folgende drei Aspekte zusammen betrachtet: Erstens lehnt Rorty einen realistischen Begriff von Wirklichkeit, Erkenntnis und Wahrheit entschieden ab (was allein natürlich noch keinen Relativismus impliziert). Zweitens wird die Geltung von Überzeugungen und Wahrheitsansprüchen ausnahmslos relativiert auf die jeweilige nützlichste Deutung im Kontext einer bestimmten Gemeinschaft. Drittens lehnt er jeden nicht-relativen oder privilegierten Standpunkt für die Zuerkennung von Nützlichkeitsgraden für die jeweilige Deutung ab. Damit ergibt sich eine Problemlage, die symptomatisch für die meisten erkenntnisrelativistischen Positionen ist: Es ist unklar, wie im Rahmen solcher Entwürfe noch ein echter Dissens zwischen widerstreitenden Überzeugungen möglich ist. Warum eine Deutung der Wirklichkeit besser oder nützlicher als eine andere sein soll, lässt sich mit Rortys Modell nicht von einer privilegierten Metaebene über den Diskursen, sondern allein aus der konkreten Praxis nachweisen. Allerdings kann man damit, in Rückbezug auf Rortys Ethnozentrismus, allein die Nützlichkeit einer Deutung für eine spezifische Gemeinschaft ausweisen, nicht jedoch ihre Wahrheit gegenüber konkurrierenden Deutungen und auch nicht ihre praktische Tauglichkeit in anderen Kontexten. Ohne die Möglichkeit eines echten Dissenses scheint Erkenntniszuwachs und Wissenschaftsfortschritt in einem objektiven Sinne, also über Nützlichkeits-Kalküle innerhalb bestimmter Paradigmen oder *scientific communities* hinaus, nicht erklärbar zu sein.

Dass Rortys Ansatz nicht nur eine erkenntnisrelativistische Prägung besitzt, sondern auch als Wahrheitsrelativismus interpretiert werden kann, lässt sich leicht daran erkennen, dass er alle drei Aspekte des relativistischen Grundmodells bestätigen müsste: Erstens gelten Überzeugungen nicht objektiv, sondern immer nur relativ zum bestimmten Nützlichkeitskontext einer Gemeinschaft. Zweitens kann eine Überzeugung gleichzeitig wahr oder nützlich sein in einem Deutungskontext und falsch oder unnütz in einem anderen. Drittens lehnt Rorty jeden nicht-relativen Maßstab für die Beurteilung der Wahrheit dieser Deutungskontexte ab, weshalb es für ihn auch falsch oder naiv im Sinne einer überkommenen Metaphysik wäre, so etwas wie eine objektive bzw. nicht-relative Wahrheit zu behaupten.

4.2 Religiöser Relativismus I: John Hick

Die Grundidee des normativen religiösen Relativismus lautet, dass religiöse Aussagen nicht objektiv, sondern immer nur relativ zu einem jeweiligen religiösen Glaubenssystem gelten, da es keinen objektiven Maßstab gibt, um über die Wahrheit solcher Geltungsansprüche zu entscheiden. Der religiöse Relativismus kann verschiedene Facetten haben. Geht er von einer antirealistischen Position aus, beschreiben religiöse Aussagen über Gott keine denkunabhängige göttliche Wirklichkeit, sondern nur Konstrukte der Denkform einer spezifischen religiösen Gemeinschaft.[25] Kommt zu dieser Position noch eine nonkognitivistische Einstellung, wie etwa in der frühen Phase der analytischen Religionsphilosophie, hinzu,[26] werden religiöse Aussagen als nicht verifizierbar und deshalb als weder wahr noch falsch erachtet. Religiöse Aussagen erfüllen für Nonkognitivisten bestenfalls eine motivationale, expressive, spirituelle oder rein gemeinschaftsbildende Rolle innerhalb religiöser Systeme. Unter diesen Voraussetzungen kann die Geltung religiöser Aussagen nur relativ zum jeweiligen Sprachspiel oder Deutungssystem einer Religion sein.

Nun gibt es aber auch Positionen, die sich ausdrücklich einem philosophischen Realismus verpflichten, den religiösen Nonkognitivismus kritisieren und trotzdem als relativistisch bezeichnet werden. Dies betrifft vor allem den viel diskutierten Ansatz von John Hick. Seine pluralistische Religionstheologie steht seit ungefähr drei Jahrzehnten unter intensiver Kritik. Dabei wurde sein Entwurf immer wieder in die Nähe des Relativismus gebracht oder direkt mit dem Etikett „relativistisch" versehen,[27] ohne dass diese Zuschreibungen, wenn ich recht sehe, genauer im Rahmen seines Entwurfs geprüft worden wären. Hick hat die Interpretation seines Denkens als relativistisch energisch zurückgewiesen. So heißt es etwa in seinem Aufsatz *Religious Pluralism and Islam*:

> Religious pluralism is emphatically not a form of relativism. That would be a fundamental misunderstanding of the critical realist principle which requires criteria for distinguishing between perception and delusion. In contrast to this, for relativism anything goes. The religions themselves include essentially the same criteria, which are ethical, distinguishing between, for example, Islam and Christianity, on the one hand, and such movements as, for example, the Aum Shinrikyo sect which put sarin gas in the Tokyo underground system in 1995, or the Order of the Solar Temple in Canada in 1997, and many others, as well of course as the dark places and evil moments within the history of the world religions themselves.[28]

Um eine Grundlage für die Überprüfung dieses Vorwurfs zu haben, möchte ich Hicks komplexen Ansatz in neun Thesen zusammenfassen:[29]

(1) Das Universum kann religiös und nicht-religiös interpretiert werden.
(2) Es ist im Prinzip rational, religiöser Erfahrung zu vertrauen.
(3) Religiöse Erfahrung ist stets bedingt durch ein bestimmtes religiöses Glaubenssystem oder eine bestimmte Kultur.
(4) Es gibt eine Pluralität von zum Teil sich widerstreitenden religiösen Glaubenssystemen mit unterschiedlichen religiösen Erfahrungen.
(5) Thesen (2) und (4) sind nur dann vereinbar, wenn man, im Sinne eines Postulats, davon ausgeht, dass die höchste göttliche Dimension eine transkategoriale noumenale Realität beschreibt.
(6) Dieses Postulat geschieht auf der Grundlage eines kritischen Realismus,[30] für den es eine noumenale Realität jenseits aller Beschreibungen und Kategorien („ineffability") gibt, die, auf einer phänomenalen Basis, unterschiedlich erfahren wird in den pluralen religiösen Glaubenssystemen.
(7) Bedingt durch die Unangemessenheit menschlicher Kategorien für die Bestimmung der noumenalen Wirklichkeit, ist kein religiöses Glaubenssystem in der Lage, exklusivistisch die höchste und einzige Wahrheit für sich zu beanspruchen.
(8) Aufgrund von (6) und (7) sind religiöse Wahrheitsansprüche nur in einem mythologischen Sinne wahr („mythologically true"), nicht wörtlich verstanden („literally true").
(9) Ein religiöses Glaubenssystem ist nur dann eine authentische Rezeption dieser noumenalen Wirklichkeit, wenn es bei seinen Anhängern darauf abzielt, eine Transformation von der Ichzentriertheit zur Zentriertheit auf diese höchste Wirklichkeit („Reality-centredness") zu bewirken.

Hick betont im Sinne von (6), dass seine Theorie ein kritischer Realismus sei und man sie deshalb als eine philosophische Version des religionstheologischen Pluralismus ansehen müsse.[31] In Rekurs auf diesen kritischen Realismus sieht Hick sich in der Lage, zwischen der authentischen Erfahrung der noumenalen Wirklichkeit („perception") einerseits und einer bloß pseudoreligiösen Wahnvorstellung („delusion") andererseits unterscheiden zu können. Da für Hick, in Bezug auf das Kriterium von These (9), nicht jede behauptete Religion tatsächlich auch eine solche ist – manche entsprechen ihm zufolge eher einer Sekte mit religiösem Selbstverständnis –, ist die Gleichsetzung seiner pluralistischen Religionstheologie mit einem religiösen Relativismus für Hick eine gravierende Fehldeutung. In Hicks Perspektive müsste für einen Relativismus gelten, dass alle religiösen Geltungsansprüche relativ zu einem jeweiligen Glaubenssystem wahr sind. Genau diese Position lehnt er jedoch ab.

Ist der Vorwurf dann berechtigt, Hicks Pluralismus sei relativistisch? Hick würde gemäß seiner Aussage aus *Religious Pluralism and Islam* folgende Version eines religiösen Relativismus ablehnen:

(R1) Religiöse Wahrheitsansprüche sind relativ, insofern sie (im Kontext eines religiösen Glaubenssystems) nur verschiedene phänomenale Rezeptionen einer ihren Begriffen gegenüber transkategorialen göttlichen Wirklichkeit sind.

Als Kritik könnte Hick zunächst in Rückbezug auf These (9) darauf hinweisen, dass nicht jeder religiöse Wahrheitsanspruch auf einer authentischen Rezeption der göttlichen Wirklichkeit basiere. Gilt dann (R1) nicht auch für diejenigen religiösen Wahrheitsansprüche, die sich gemäß These (9) als genuin religiöse herausgestellt haben? Hick könnte dagegen argumentieren, die religiösen Erfahrungen mit ihren Wahrheitsansprüchen seien Rezeptionen der einen noumenalen Wahrheit und stellten insofern eben keine bloß relativen Konstrukte dar. Doch es ist zweifelhaft, ob diese Verteidigung Hicks erfolgreich wäre; denn sie machte den Relativismus-Vorwurf an seinen Pluralismus auch in einer anderen Hinsicht nicht gegenstandslos. Die Wahrheitsansprüche, die man gemäß Hicks Schema als genuin religiöse verstehen könnte, wären trotz seines Einspruchs laut (R1) relativ. „Relativ" ist in (R1), wie in Hicks Ansatz, vor allem geltungslogisch und nicht bloß entstehungsgeschichtlich bzw. genetisch zu verstehen. Insofern kann man Hicks Pluralismus im Sinne von (R1) durchaus als relativistisch verstehen. Ergänzt man (R1) noch mit weiteren Thesen aus Hicks Entwurf, wird der relativistische Einschlag seiner Theorie deutlicher:

(R2) Religiöse Wahrheitsansprüche gelten nicht objektiv, sondern immer nur relativ zu bestimmten religiösen Deutungssystemen.

(R3) Es gibt unter endlichen Bedingungen keinen gültigen nicht-relativen Maßstab für die Beurteilung dieser religiösen Deutungssysteme und ihrer Wahrheitsansprüche bezüglich ihrer Angemessenheit.

(R4) Die Behauptung einer nicht-relativen religiösen Wahrheit ist geltungslogisch nicht möglich, weshalb (a) religiöse Wahrheitsansprüche mythologisch und nicht wörtlich zu verstehen sind (vgl. These 8) und es (b) keine Exklusivität der Wahrheit gibt.

Es scheint zweifelhaft, ob Hick den Vorwurf des Relativismus im Sinne von (R1) bis (R4) von sich weisen könnte. Auch der philosophische Realismus seiner Theorie, dem gemäß es eine denkunabhängige göttliche Wirklichkeit gibt, zu der Religionen einen referentiellen Zugang haben, kann Hick nicht vor dem Relativismus-Vorwurf schützen. Im Gegenteil, der noumenale und transkategoriale Charakter dieser göttlichen Wirklichkeit legitimiert in seinem Entwurf gerade die Relativierung religiöser Wahrheitsansprüche. Man kann sogar von einer doppelten oder zweistufigen Relativierung sprechen: Erstens werden religiöse Wahrheitsansprüche gemäß These (3) relativiert auf den Interpretationskontext einer jeweiligen religiösen Tradition; zweitens werden sie gemäß These (8) relativiert auf eine bloß mythologische Bedeutungsebene. Beide Stufen der Relativierung betreffen die Geltung religiöser Wahrheitsansprüche. Sie unterscheiden sich, insofern die Abhängigkeit religiöser Wahrheitssprüche bei der ersten Relativierung auf die Grenzen eines Interpretationskontexts und bei der zweiten Relativierung auf die Grenzen eines Bedeutungskontexts eingeschränkt wird.

Mit diesen Relativierungen dürfte im Rahmen von Hicks Modell eine echte Auseinandersetzung um Fragen der Wahrheit und Angemessenheit religiöser Aussagen nicht mehr möglich sein. Was bleibt, beschreibt Hick als Forderung an jede Weltreligion, „to de-emphasise its own absolute and exclusive claim".[32] Vor diesem Hintergrund, so scheint es, dürfte es schwierig sein, eine relativistische Prägung von Hicks religionstheologischem Pluralismus zu bestreiten.

4.3 Religiöser Relativismus II: Joseph Runzo

Im Kontext gegenwärtiger Religionsphilosophie und Theologie ist Joseph Runzo wohl der prominenteste Denker, der seinen antirealistischen Entwurf ausdrücklich als „religious relativism" bezeichnet. Runzo möchte Aporien der pluralistischen Religionstheologie Hicks überwinden und eine angemessene Antwort auf das Problem von konfligierenden religiösen Wahrheitsansprüchen bieten. Dabei versteht er seinen Entwurf als eine relativistische Version des religiösen Pluralismus. Zu Unrecht, so betont Runzo, werde sein religiöser Relativismus immer wieder mit dem religiösen Pluralismus von Hick verwechselt.[33]

Welche Gründe hat Runzo für sein Vorhaben, den religiösen Pluralismus zu einem religiösen Relativismus weiterzuentwickeln? Runzo sieht es als Problem an, dass es für den Pluralismus Hicks keinen echten Konflikt um unvereinbare religiöse Wahrheitsansprüche geben könne. Dadurch würden faktisch bestehende Differenzen zwischen den Religionen nivelliert. Runzo zählt drei Kritikpunkte am Modell Hicks auf:[34]
(a) Hicks Pluralismus berücksichtigt nicht ausreichend die Bedeutung der kognitiven Gehalte innerhalb der einzelnen Religionen. Die in den Religionen unterschiedlichen und teils unvereinbaren Inhalte der jeweiligen Erfahrung der noumenalen Wirklichkeit sind in Hicks Ansatz letztlich soteriologisch bedeutungslos, wenn nur gesichert ist, dass diese Religionen – im Sinne von Hicks These (9) – zur Transformation von der Ichzentriertheit zur Wirklichkeitszentriertheit anstiften.

(b) Der Pluralismus von Hick relativiert die genuinen Differenzen zwischen den Religionen und damit auch die Bedeutsamkeit der einzelnen religiösen Traditionen und ihrer unterschiedlichen Bezogenheit auf das Absolute.

(c) Durch Hicks Betonung, dass der geglaubte Gott nur eine phänomenale Rezeption der an sich unerreichbaren noumenalen göttlichen Wirklichkeit sei, depotenziert der Pluralismus ungewollt die Bedeutung der religiösen Annahme, dass das Göttliche so existiert, wie es in einer bestimmten religiösen Tradition geglaubt oder angebetet wird.

Gerade (c) sieht Runzo als besonderes Problem an für Hick. Denn dadurch unterminiere der Pluralismus die Wirklichkeitsbezogenheit des Glaubens, die für Gläubige konstitutiv sei und nach der sie ihr Leben ausrichteten. Die Antwort des religiösen Relativisten auf diese Schwierigkeiten von Hicks Pluralismus lautet:

> different religions have different constitutive sets of truth-claims, and that – while these sets of core truth-claims are mutually incompatible – each set of truth-claims is probably adequate in itself. This is the Religious Relativist response to the problem of religious pluralism.[35]

Diese Aussage ist bezüglich der Differenz zu Hicks Pluralismus nicht leicht zu verstehen. Entscheidend scheint im Zitat die Wendung „probably adequate in itself". In Bezug auf Kritikpunkt (c) erachtet Runzo die fehlende Angemessenheit der religiösen Wahrheitsansprüche in Hicks Pluralismus als entscheidendes Problem. Runzo macht gewissermaßen mit den relativistischen Implikationen in Hicks Theorie ernst, indem er sie ausdrücklich herausstellt und dann modifiziert, um dadurch der pluralistischen Marginalisierung der religiösen Wahrheitsansprüche zu entgehen.

Wie Hick geht Runzo davon aus, dass der religiöse Exklusivismus falsch ist: Es gibt für ihn keinen überzeugenden Grund, an der Rationalität und Angemessenheit von fremden religiösen Wahrheitsansprüchen zu zweifeln. In gut relativistischer Manier und in Übereinstimmung mit Hicks Thesen (2) bis (4) versteht er die jeweilige religiöse Orientierung als „largely an accident of birth".[36] Weiterhin hält Runzo mit Hick an zwei Einsichten fest: Erstens die Unterscheidung zwischen der noumenalen göttlichen Dimension und der phänomenalen Rezeption derselben in den religiösen Erfahrungen, zweitens die Einsicht in die Relativität der religiösen Erfahrung im Hinblick auf ihre Einbettung in jeweils unterschiedlich ausgeprägte Weltbilder.[37] Hier meint Runzo, dass sowohl Hicks Pluralismus wie sein eigener Relativismus einer idealistischen Epistemologie verpflichtet seien, der gemäß die von uns erfahrene Wirklichkeit nicht eine extramental vorhandene Welt sei, sondern, zumindest in zentralen Teilen, von unseren epistemischen Strukturen bedingt sei. Pluralismus und Relativismus

> share a basic *idealist epistemology*: i. e., they share the basic assumption that the world we experience and understand is not the world independent of our perceiving but a world at least in part structured by our minds.[38]

Wie man diese idealistische Wendung in Bezug auf die Unterscheidung der noumenalen Dimension des Göttlichen und der phänomenalen Rezeption derselben denken soll, bleibt bei Runzo ungeklärt. In jedem Fall würde Hick dieser antirealistischen Sicht gemäß seiner These (6) nicht zustimmen. Der Dissens mit Hick beginnt aber bereits dort, wo dessen Pluralismus *de facto* die Inhalte der einzelnen Religionen und die starke Bindung der Gläubigen an religiöse Überzeugungen relativiert. Interessanterweise setzt Runzos relativistische Revision von Hicks Pluralismus an dessen – aus Runzos Sicht – falsch konzipierter Relativierung religiöser Wahrheitsansprüche an. Vor dem Hintergrund seiner Kritik am Exklusivismus und an Hicks Pluralismus fragt Runzo:

> How then can we both remain fully committed to our most basic truth-claims about God, and at the same time take full account of religious pluralism?[39]

Den ersten Aspekt sieht Runzo bei Hick nicht mehr ausreichend gewürdigt. Um aber trotzdem an der pluralistischen Anerkennung aller religiösen Wahrheitsansprüche festhalten zu können, geht Runzo von folgenden Annahmen aus: Alle unsere Überzeugungen sind notwendig bedingt durch und relativierbar auf ein jeweiliges Weltbild. Die Frage nach Wahrheit und Unwahrheit stellt sich nicht außerhalb, sondern nur innerhalb des Weltbildes. Dies gilt auch für interreligiöse Konflikte. Wahr oder falsch sind Geltungsansprüche allein innerhalb eines jeweiligen religiösen Weltbildes. Auch wenn die Weltreligionen darin übereinkommen, dass es eine transzendente Wirklichkeit gibt, die die Naturordnung übersteigt und sinnstiftend für das Leben ihrer Anhänger ist, bleiben zahllose Konflikte von unvereinbaren religiösen Wahrheitsansprüchen bestehen. Mit anderen Worten: Interreligiöse Konflikte geschehen Runzo zufolge auf der Basis von miteinander unvereinbaren religiösen Wahrheitsansprüchen, die wiederum aus unvereinbaren Weltbildern abstammen:

> Thus, because they make essentially different truth-claims, different religious traditions are structured by *essentially* different world-views, offering *essentially* different paths to what is perceived as Ultimate Reality.[40]

Unter religiösem Relativismus versteht Runzo dann:

> *Religious Relativism*: at least one, and probably more than one, world religion is correct, and the correctness of a religion is relative to the worldview(s) of its community of adherents.[41]

In Bezug auf dieses Zitat ergeben sich zahlreiche kritische Nachfragen. Zunächst wäre zu klären, ob „correct" für Runzo synonym ist mit „true" bzw. „wahr". Falls dies der Fall wäre, entstünde für Runzos Relativismus das Problem, dass es dann eine weltbildinterne und eine weltbildexterne Wahrheit gäbe. Unklar wäre dabei unter anderem, wie sich diese beiden Verwendungsweisen von „wahr" zueinander verhielten. Zudem wäre zu fragen, inwiefern der religiöse Relativist wissen kann, dass zumindest eine der Weltreligionen „correct" ist? Würde diese Annahme der Korrektheit oder Wahrheit einer Religion universal und damit auch religionsextern gelten, wäre dies ein offenkundiger Widerspruch zu Runzos relativistischem Grundkonzept auf der Basis der Weltbild-Abhängigkeit. Würde sie nur religionsintern gelten, also allein im Kontext spezifischer Weltbilder, könnten alle Religionen beanspruchen, „adequate in itself" und damit wahr zu sein, weil keine Metaposition möglich wäre, die von außen solche Ansprüche als unwahr bzw. inkorrekt erweisen könnte.

Runzo behauptet, dass der Hick'sche Pluralist „one set of truths" ansetze, wobei diese Wahrheiten in eingeschränkter Weise in jeder religiösen Perspektive rezipiert würden. Dem gegenüber gehe der religiöse Relativist von der Annahme aus: „truth itself is relative and plural."[42] In diesem Unterschied soll die entscheidende Neuerung des religiösen Relativismus gegenüber Hicks pluralistischer Religionstheologie liegen. Das heißt, Runzo zufolge relativiert auch Hicks Pluralismus die Wahrheit in dem oben schon skizzierten Sinne, allerdings in einem für Runzo nur unzureichenden Maße. Zum einen, weil der Pluralismus Hicks die kognitiven Inhalte der Religionen und die existenzielle religiöse Bindung der Gläubigen vernachlässigt, zum anderen, weil Hicks Pluralismus die Pluralität von Weltbildern nicht wirklich anerkennt, indem er, im Fokus auf die noumenale Wahrheit des Göttlichen, die phänomenalen Rezeptionsweisen dieser Wahrheit marginalisiert zu mythologischen Ausdrucksformen. Aus dieser Kritik am Pluralismus ergeben sich für Runzos Relativismus mehrere programmatische Konsequenzen. Ich erwähne fünf:

(A) Der religiöse Relativismus anerkennt in besonderer Weise die kognitiven Gehalte der einzelnen Religionen, den ontologischen Status des Referenzobjekts der religiösen Gottesrede („on Religious Relativism the God of theology can be *real* God") und auch die Glaubensbindung ihrer Anhänger.[43]

(B) Für den religiösen Relativismus ist es möglich, „that each distinct religious world-view delineates a distinct possible divine reality". Daraus ergibt sich eine mögliche Vielheit von phänomenalen göttlichen Wirklichkeiten („a possible plurality of phenomenal divine realities").[44]

(C) Für den religiösen Relativismus ist es wahrscheinlich, „that more than one of the conflicting sets of *specific* truth-claims, which adherents of the different world religions themselves regard as vital to their faith, is correct."[45] Insofern ist Wahrheit notwendig relativ zu einem jeweiligen Weltbild.

(D) Für den religiösen Relativismus gibt es eine Pluralität von aktualen Welten relativ zur Pluralität von unterschiedlichen Weltbildern. Ein weltbildexterner Standpunkt ist nicht möglich.[46]

(E) Der religiöse Relativismus behauptet im Gegensatz zur pluralistischen Theorie Hicks keine religionstheologische Metaposition, sondern einen „internal approach to assessing other faiths". Weder für die Theorie des Relativismus noch für die einzelne religiöse Perspektive gibt es einen externen, das jeweilige Weltbild transzendierenden Standpunkt.

Halten wir fest: Runzos religiöser Relativismus zielt darauf ab, eine im Vergleich zum Pluralismus Hicks angemessenere Relativierung religiöser Wahrheit vorzunehmen: religiöses Wahrsein sei relativ zu einem jeweiligen Weltbild. In Bezug auf die zweistufige Relativierung Hicks radikalisiert Runzo also die erste Stufe und betont die notwendige Rückgebundenheit religiöser Aussagen an ein jeweiliges Weltbild. Dabei will er die zweite Relativierungsstufe Hicks vermeiden und religiöse Wahrheit nicht mehr auf eine bloß mythologische Geltungsebene reduzieren, sondern in ihrer unhintergehbaren Pluralität anerkennen. Wie bei der Analyse des Entwurfs schon angedeutet, bleiben zahlreiche kritische Nachfragen an Runzo. Ich erwähne kursorisch zwei Kritikpunkte:[47]

(a) Mindestens drei Unterscheidungen des religiösen Relativismus sind klärungsbedürftig: die Unterscheidung zwischen „correct" und „true", zwischen dem noumenalen Göttlichen und den phänomenalen Gottesbegriffen, und zwischen Meta- und Binnenperspektive. Ich greife exemplarisch nur die letzte Unterscheidung heraus: Der religiöse Relativismus schwankt zwischen der Metaperspektive eines religionsphilosophischen Modells und der weltbildgebundenen Binnenperspektive einer theologischen Reflexion zur Herausforderung der religiösen Pluralität. Auf die Schwierigkeiten dieser Doppelperspektive – Runzo beansprucht, je nach Abschnitt, beide Sichtweisen zu vertreten[48] –, weise ich nur kurz hin: Sind Perspektiven ausnahmslos rückgebunden an Weltbilder, wie es hieß, dann kann es die erste Perspektive nicht ohne Selbstwiderspruch und die zweite Perspektive nicht ohne Selbstrelativierung und insofern ohne Anspruch auf Erkenntnisgewinn geben.

(b) Da die notwendige Weltbildgebundenheit in Runzos Modell nicht bloß entstehungsgeschichtlich (was im Sinne eines deskriptiven Relativismus durchaus berechtigt wäre), sondern geltungslogisch angesetzt ist, bleibt auch bei ihm das schon bei Hick virulente Problem ungelöst, ob die Relativierungsstrategie nicht letztlich auch zu einer Marginalisierung religiöser Wahrheitsansprüche führt. Selbst wenn diese Wahrheitsansprüche in Runzos religiösem Relativismus nicht mythologisch zu verstehen sind wie im Pluralismus von Hick, sind sie doch von nur sektoraler Bedeutung und bedingt durch die jeweilige Ausprägung eines zugrunde liegenden Weltbildes. Damit bleibt der religiöse Mensch im Käfig seines geographisch oder kulturell zufällig erworbenen religiösen Weltbildes gefangen. Ob dieser reduktionistische Relativismus tatsächlich eher als die pluralistische Religionstheologie Hicks dem Selbstverständnis religiöser Menschen entspricht, wie Runzo behauptet, kann man mit guten Gründen bezweifeln. Es scheint, dass beide Entwürfe ihre radikale Anerkennung der Bedeutung religiöser Pluralität mit der Aberkennung der Bedeutung religiöser Wahrheitsansprüche bezahlen und dabei deren Relativierung als die entscheidende Voraussetzung verstehen. In dieser Hinsicht wird deutlich, dass der religiöse Relativismus von Runzo im Kern ein alethischer Relativismus ist, der religiöse Wahrheitsansprüche relativiert auf jeweilige Weltbilder.

4.4 Relativismus der Vernunft: Paul Feyerabend

Ähnlich wie schon bei Rorty kann man den Ansatz Paul Feyerabends als Version verschiedener Spielarten des Relativismus darstellen. Dass er hier als Version eines vernunftkritischen Relativismus interpretiert wird, geht insbesondere zurück auf den Titel und die Ideen von Feyerabends Buch *Farewell to Reason* von 1987.[49] Ich werde mich primär auf dieses Werk und dessen erstes Kapitel „Bemerkungen zum Relativismus" konzentrieren.[50] Umstritten ist, ob Feyerabend vor seinem Tod noch manche Ideen dieses Buches verworfen hat und skeptischer gegenüber seinen früheren überschwänglichen relativistischen Ideen geworden ist.[51] Die Frage nach einer möglichen Wandlung seiner Ansichten kann aber hier offen bleiben, da es nicht um Feyerabends Denkweg, sondern allein um einen exemplarischen Entwurf des Vernunftrelativismus geht.

Feyerabend ist als anarchischer und undogmatischer Kritiker des Objektivismus der Wissenschaft bekannt geworden. Immer wieder zitiert wird sein folgendes Plädoyer:

> To those who look at the rich material provided by history, and who are not intent on impoverishing it in order to please their lower instincts, their craving for intellectual security in the form of clarity, precision, „objectivity", „truth", it will become clear that there is only one principle that can be defended under *all* circumstances and in *all* stages of human development. It is the principle: *anything goes*.[52]

Feyerabend geht davon aus, dass es eine Pluralität eigenständiger und unvereinbarer Lebensformen, Kulturen und Traditionen gibt und es einer Unterdrückung gleichkäme, diese Vielfalt etwa durch eine Monopolisierung der Wissenschaft als Deutungsmodell beschneiden zu wollen.[53]

In seinem Plädoyer für eine solche Vielfalt und gegen jede Form der Monotonie im westlichen Denken wendet sich Feyerabend in *Farewell to Reason* vor allem gegen zwei Ideen, die „Idee der Objektivität" und die „Idee der Vernunft".[54] Beide Ideen sieht er als prägend an für die westliche, von der Uniformität bestimmte Zivilisation, und beide Ideen tragen aus seiner Sicht dazu bei, die Dominanz der westlichen Denkform in anderen Kulturen zu stärken. Die Idee der Objektivität behaupte, dass eine bestimmte Verfahrens- oder Sichtweise unabhängig von menschlichen Vorstellungen und Erwartungen gültig sei. Diese Idee trete vor allem dann auf, wenn eine Nation oder eine Institution ihre Denk- und Lebensweise mit den Gesetzen des Universums identifiziere. Der Objektivismus behaupte dann, dass alle Menschen, gleich welcher Kultur oder Tradition, in ein und derselben Welt lebten. Objektivität sei insofern das „Resultat einer erkenntnistheoretischen Kurzsichtigkeit".[55] Die Idee der Vernunft bzw. der Rationalität bedeute, davon auszugehen, dass es allgemeingültige und verbindliche Richtlinien des Wissens und Handelns gebe, wodurch sich eine einzige Lebensweise als rational und die ihr widersprechende als irrational ergebe:

> Der Glaube ... läßt sich in Worte fassen, indem man sagt, daß es eine Lebensweise gibt, die allein die rechte ist, und daß die Welt dazu gebracht werden muß, sie anzunehmen.[56]

Die Monopolisierung einer einzigen Sichtweise oder Lebensform und die Stigmatisierung anderer stellt für Feyerabend ein Relikt aus der Zeit dar, in der ein eifersüchtiger Gott nur eine einzige Weltanschauung duldete. Die Vernunft verkörpert Feyerabend zufolge eine gottähnliche Macht; sie ist gewissermaßen ein Säkularisat des Gottesglaubens: „Der Inhalt ist verschwunden, die Aura bleibt und trägt bei zum Überleben der Mächte."[57]

Feyerabend sieht beispielsweise die von ihm positiv gedeutete abendländische Freiheitsgeschichte nicht oder nur in seltenen Ausnahmefällen von der Vernunft befördert. Im Blick auf die Herausbildung dieser Geschichte spricht Feyerabend von zahllosen lokalen Kämpfen und Kompromissen, die verschiedene historische Aspekte berücksichtigen mussten. Eine wirklich freie und aufgeklärte Gesellschaft ist für ihn in dieser Hinsicht nur mit pluralen, dezentralisierten Erkenntnis- und Lebensformen möglich, nicht aber mit einem monologischen Rationalismus und der Vorherrschaft von Expertenwissen, dem es einsichtslos zu folgen gilt. Jeder Mensch habe das Recht, so zu leben, wie er das für richtig halte, auch wenn es anderen Menschen „dumm, bestialisch, obzön, gottlos erscheint."[58]

Die Vorstellung der einen Vernunft versteht Feyerabend als ein Modell der Uniformität und Objektivität, das aus einer spezifisch westlichen Weltsicht erwachsen sei, das aber keinesfalls als ein universales Ordnungsprinzip für Denken überhaupt verstanden werden dürfe. Die Rationalität sei keine objektive Instanz zwischen oder gar über den Kulturen, sondern nur ein Aspekt innerhalb einer ganz bestimmten Tradition.[59] Feyerabend fasst seine vernunftkritische Diagnose so zusammen: „vieles wurde trotz der Vernunft erreicht, nicht mit ihrer Hilfe."[60] Da die Vernunft für ihn nichts weiter ist als ein Prinzip, das Monotonie befördert und Pluralität verhindert, sei es „hohe Zeit, daß wir die Vernunft von dieser Aufgabe lösen und uns von ihr verabschieden."[61]

Die entscheidende Reaktion auf die Vorherrschaft der Ideen der Objektivität und der Vernunft sieht Feyerabend im Relativismus. Dieser habe viele Spielarten und sei viel verbreiteter als seine Kritiker annehmen würden. Relativismus bedeute ganz allgemein, dass Überzeugungen, Sitten oder Kosmologien nicht wahr an sich, sondern nur wahr für bestimmte Gesellschaften seien, unwahr oder nutzlos, ja manchmal sogar gefährlich für andere.[62] In Weiterführung wahrheits- und kulturrelativistischer Ideen skeptischer Philosophen betont Feyerabend:

> Der Relativismus ist eine populäre Doktrin. Angewidert von der Anmaßung derer, die sich einbilden, die Wahrheit zu kennen, und beeindruckt von dem Urteil, das der Drang nach Einförmigkeit angerichtet hat, glauben heute viele Menschen, daß das, was für eine Person, eine Gruppe, eine Kultur wahr ist, für andere nicht wahr zu sein braucht. Dieser praktische Relativismus wird unterstützt durch den Pluralismus, der den modernen Gesellschaften innewohnt, und besonders durch die Entdeckungen von Historikern [...] Die Evolution liefert ein weiteres Argument: jede Abteilung, jede Klasse, jeder Stamm und jede Art entwickelte ihre eigene Weise des In-Der-Welt-Seins, die weitgehend ihr eigenes Werk ist, mit zweckmäßigen Sinnesorganen, Interpretationsmechanismen und ökologischen Nischen.[63]

Bemerkenswert ist nun, dass es für Feyerabend gerade die Idee des Relativismus ist, „die die Grundlagen der Vernunft selbst untergräbt".[64] Der Relativismus in seinen verschiedenen Versionen erscheint in *Farewell to Reason* als das Gegenmodell zu einem vernunftbestimmten Objektivismus. Feyerabend will dabei zeigen, „daß der Relativismus human, angemessen und viel verbreiteter ist, als allgemein angenommen wird."[65] Die beanspruchte Humanität des Relativismus begründet sich in dessen Fähigkeit der Anerkennung fremder Sichtweisen und der Bescheidenheit bezüglich der Beurteilung fremder Sitten und Praktiken. Wichtig ist dabei, dass Feyerabend den Relativismus nicht als eine spitzfindige intellektuelle Alternative zur philosophischen Theoriebildung versteht, sondern als eine praktische, alltägliche Haltung von Bürgern in einer freien und pluralistischen Gesellschaft. In dieser Richtung zielen seine vernunftkritischen Überlegungen auf eine Version des Relativismus ab, die er „praktischen Relativismus" nennt.[66]

Um dieses Anliegen umzusetzen, differenziert Feyerabend den Begriff „Relativismus" und stellt elf verschiedene relativistische Versionen vor, die sich wechselseitig ergänzen und jeweils unterschiedliche Aspekte der Idee des Relativismus zum Ausdruck bringen sollen. Es ist hier nicht nötig, im Detail darauf einzugehen, da vieles eher trivial klingt. Die ersten vier Versionen gehen davon aus, dass Individuen und Zivilisationen vom Studium fremder Kulturen und Ideen profitieren können.[67] Demokratische Gesellschaften sollten allen Traditionen gleiche Chancen und Rechte einräumen. Die Wissenschaft habe keine Legitimation, Kriterien anzugeben, um fremde Traditionen als nichtwissenschaftlich oder irrational aus dem Diskurs auszuschließen. Die vierte Version behauptet, die Gültigkeit von religiösen Überzeugungen gründe auf ihrer Macht und sei rein auf den Herrschaftsbereich einer Religion begrenzt.[68] Diese Einsicht findet Feyerabend vorgeprägt nicht nur bei Montaigne und Herodot, sondern schon bei Protagoras, weshalb er den *Homo-mensura*-Satz als fünfte Version des Relativismus bezeichnet. Die sechste Fassung wird als „demokratischer Relativismus" verstanden:

> *R6*: Bürger, und nicht spezielle Gruppen, haben das letzte Wort in Fragen von Wahrheit und Falschheit, Nutzen und Nutzlosigkeit für die Gesellschaft.[69]

R6 sei relativistisch, da eine Vielzahl von Sichtweisen von Staaten, Gesellschaften und Traditionen behauptet werde. *R6* sei demokratisch, weil grundlegende Antworten nur von Bürgern diskutiert und entschieden würden. Dieser Relativismus schließe die Suche nach Wahrheit, Rationalität und Objektivität nicht aus; jedoch sei gemäß dem demokratischen Relativismus eine Tradition, die sich diesen drei Begriffen verpflichtet fühle, nur eine unter vielen Traditionen. Die Behauptung einer universalen Wahrheit ist Feyerabend zufolge mit *R6* nicht vereinbar. Sie habe nur zu „Katastrophen" im sozialen Leben und „Formalismen" im wissenschaftlichen Bereich geführt. Die Bestimmung der Wahrheit sei als „wahr für" einen einzelnen Bereich oder Kontext mit bestimmten Voraussetzungen und Methoden zu verstehen.[70] In *R8* und *R9* heißt es in diesem Sinne:

> *R8*: Die Idee einer objektiven Wahrheit oder einer objektiven Wirklichkeit, die von den Wünschen der Menschen unabhängig ist, durch ihre Anstrengungen aber entdeckt werden kann, ist Bestandteil einer besonderen Tradition, die, nach dem Urteil der ihr Angehörenden selbst, Erfolge ebenso wie Fehlschläge enthält ... *R8* ist eine empirische These. Ein Empirist schließt daraus, daß *R9*: die Idee einer situationsunabhängigen, objektiven Wahrheit nur begrenzt gültig ist ...[71]

Feyerabend geht auf logische Probleme in *R9* nicht ein. Zur klassischen Herausforderung des alethischen Relativismus, der Frage nach der Geltung des Widerspruchsprinzips, heißt es unter *R11*:

> *R11*: Für jede Aussage, Theorie oder Auffassung, die aus guten Gründen geglaubt wird (für wahr gehalten wird), *gibt es* Argumente, die zeigen, daß eine zu ihr in Widerspruch stehende Alternative zumindest ebenso gut ist, wenn nicht besser.[72]

Für Feyerabend ist an dieser Stelle allein wichtig, auf die friedensstiftende Kraft von *R11* im Kontext des praktischen Relativismus hinzuweisen: Wenn widerstreitende Argumente gleich überzeugend sind, gebe es keinen Grund mehr für gewaltsame Auseinandersetzungen.

Im Rahmen einer ausführlicheren Auseinandersetzung wäre genauer zu klären, welche Folgen die von Feyerabend postulierte Verabschiedung der Vernunft und der Bestimmung der Objektivität nach sich ziehen. Ich möchte hier nur kurz auf ein klassisches Problem dieser vernunftkritischen Variante des Relativismus hinweisen, und zwar auf die Frage, wie es um die Selbstbezüglichkeit der relativistischen Theorie Feyerabends steht. Natürlich ist Feyerabend mit antirelativistischen Argumenten vertraut und sich auch der Gefahr der Selbstwidersprüchlichkeit der eigenen Thesen bewusst. An mehreren Stellen von *Farewell to Reason* setzt sich Feyerabend mit diesem Problem auseinander. Dabei versucht er, eine nicht nur subjektive Gültigkeit seiner Fassungen des Relativismus zu verteidigen, ohne dafür die von ihm vehement bekämpfte Vorstellung der Objektivität in Anspruch zu nehmen. Die elf Fassungen seines Relativismus sollen keine „,objektiven' Züge der Welt enthüllen"[73] und „keine ‚universellen' Wahrheiten" offerieren:

> sie sind Aussagen, die ein Mitglied des Stammes westlicher Intellektueller, nämlich ich, seinen Stammesbrüdern unterbreitet (zusammen mit zweckdienlichen Argumenten), um ihnen die Objektivität und, in der einen oder anderen Form, auch die Durchführung der Idee einer objektiven Wahrheit zweifelhaft erscheinen zu lassen.[74]

Wie soll man diese Aussage verstehen? Trotz des anarchischen Anstrichs seiner Thesen und der oft teils polemischen, teils ironischen Attacken gegen seine Kritiker kommt Feyerabend nicht um die sachliche Nachfrage nach dem Geltungsstatus seiner Überlegungen herum. Würden seine Thesen tatsächlich nur traditionsintern gelten, also nur innerhalb der westlichen Kultur, in der er schreibt, könnten andere Traditionen sie für mehr oder weniger irrelevant erachten. Würden Feyerabends relativistische Thesen auch traditionsextern gelten, stünde dies im Widerspruch zu seiner Kritik an der Objektivität.

Feyerabends relativistischer Standpunkt scheint mir letztlich inkonsequent und, trotz seiner mühsamen Verteidigungsversuche, wenig plausibel zu sein. Dafür kann man verschiedene Argumente anführen. So könnte etwa seine Theorie von der fiktiven Position eines radikalen Relativismus wegen ihrer Inkonsequenz kritisiert werden. Eine radikale Relativistin könnte die bei Feyerabend immer noch beanspruchte interne Objektivität von Traditionen kritisieren und zeigen, dass es in einem konsequent durchgeführten, radikalen Relativismus gar keinen „Stamm" und keine „Stammesbrüder" geben könne, wie Feyerabend behauptet, sondern nur noch Individuen mit nicht universalisierbaren Überzeugungen. In diesem Sinne könnte die radikale Relativistin monieren, dass Feyerabends Relativismus eine Pluralisierung der Geltungsansprüche von Traditionen und Überzeugungen zwar begonnen, aber eben nicht konsequent genug durchgeführt habe. Für einen radikalen Relativismus müsste das in Bezug auf Überzeugungen pluralisierte „wahr für" zuletzt das „wahr für eine Person P zum Zeitpunkt t" sein. Dass ein solcher, konsequent durchgeführter Relativismus letztlich auf einen Subjektivismus hinauslaufen würde, der weder echten Dissens noch den Unterschied zwischen wahren und falschen Überzeugungen angemessen abbilden kann, scheint unvermeidbar.

Die fiktive Kritik aus der Perspektive der radikalen Relativistin macht auf ein Grundproblem in Feyerabends Ansatz aufmerksam: die Behauptung einer nicht-relativen, allein kontextinternen Objektivität von Traditionen. Feyerabend vertritt zwar nicht die These, alle Traditionen seien „*gleich wahr*", und greift stattdessen, wie schon Rorty, auf die pragmatistische Idee unterschiedlicher Nützlichkeitsgrade von Theorien zurück.[75] Trotzdem bleibt folgendes Problem bestehen: Um den Objektivismus zu relativieren, muss Feyerabend den Subjektivismus verobjektivieren, das heißt, er muss zumindest implizit eine Objektivität für seine elf Relativismus-Fassungen in Anspruch nehmen, um diese vor einem radikalen Relativismus oder Subjektivismus zu bewahren. Der Preis für diese Strategie liegt darin, dass die Konturen von Feyerabends Relativismus angesichts seiner expliziten Kritik *und* impliziten Inanspruchnahme des Objektivismus undeutlich werden.

4.5 Moralischer Relativismus: Max Kölbel

Im Hinblick auf Konzeptionen des moralischen Relativismus werden gewöhnlich drei Untersuchungsebenen unterschieden: erstens die deskriptive Ebene mit der Feststellung und Erklärung faktisch unversöhnlicher Differenzen von moralischen Normen und Werten; zweitens die metaethische Ebene, bei der es um den relativen Status der Moral als solcher und um Argumente gegen einen moralischen Objektivismus und Realismus geht; drittens die normative Ebene, bei der spezifische Argumente gegen universelle moralische Grundsätze, etwa gegen natur- oder menschenrechtliche Denkfiguren, untersucht werden.[76]

Im Zentrum der philosophischen Auseinandersetzungen steht meistens der metaethische moralische Relativismus, da es auf dieser Ebene um grundsätzliche Fragen nach der Bedeutung und Tragweite von Moral geht. Dem metaethischen moralischen Relativismus gemäß ist die Wahrheit oder Falschheit von moralischen Urteilen relativ zu einem bestimmten Maßstab oder einer bestimmten Bezugsgröße wie Kultur, Weltbild, Individuum etc. Der Entwurf, der dabei in den letzten Jahren immer wieder diskutiert worden ist, ist der moralische Relativismus von Gilbert Harman.[77] Da dessen Überlegungen aber bereits breit rezipiert und kritisiert worden sind,[78] möchte ich hier eine aktuellere Version des moralischen Relativismus vorstellen, und zwar die von Max Kölbel in seinem Beitrag *Sittenvielfalt und moralischer Relativismus*. Kölbel behauptet, über das Modell von Harman hinauszugehen.[79] Seit seinem Buch *Truth without Objectivity* von 2002 hat sich Kölbel in zahlreichen Beiträgen mit bedeutungstheoretischen Überlegungen zur Relativierung der propositionalen Wahrheit beschäftigt und dabei, mit anderen Relativisten, eine neue Version des alethischen Relativismus vertreten. Bei dieser neuen Version geht es, vereinfacht gesagt, um die These, dass Wahrheitsbedingungen von Aussagen nicht eindeutig feststehen, sondern von bestimmten (temporalen, modalen, präferentiellen) Umständen und Kontexten der Äußerung abhängen.[80] Auf der Grundlage dieses alethischen Relativismus hat Kölbel das Modell eines moralischen Relativismus entwickelt.

Kölbel gibt zu Beginn seines Aufsatzes noch keine Definition des Relativismus, sondern versucht zunächst, durch eine Kritik der auf Frege zurückgehenden Standardsemantik die Auffassung in Frage zu stellen, dass Propositionen absolute Wahrheitswerte haben. So sei etwa die von dem Satz „Die Pest ist in Europa ausgerottet" ausgedrückte Proposition zu manchen Zeitpunkten wahr und zu anderen Zeitpunkten falsch. Solche Sätze sind für Kölbel „indexikalisch", da die von ihnen ausgedrückten Propositionen von den Umständen der Äußerung abhängen.[81] Kölbel verweist auf vier solcher Indizes für die Relativierung von Wahrheitswerten: erstens zeitliche Propositionen, die temporale Umstände berücksichtigen; zweitens Modalausdrücke, die Wahrheitswerte relativ zu möglichen Welten haben (zum Beispiel ist es nicht in allen möglichen Welten wahr, dass München die Hauptstadt Bayerns ist); drittens präferentielle Relativierungen über die Unterschiedlichkeit von geschmacklichen Maßstäben („Picasso ist besser als Matisse"); viertens epistemische Relativierungen, je nachdem welche Kriterien für Wissen verlangt werden (zum Beispiel ist die Proposition „Ich weiß, dass ich in diesem Moment Hände habe" nur wahr, wenn schwache Kriterien für die Zuschreibung von Wissen vorausgesetzt sind; bei strengeren Kriterien könnte es sich zeigen, dass ich Opfer einer Täuschung bin).

Vertreter der Sichtweise, dass Propositionen relative Wahrheitswerte haben können, bezeichnet Kölbel als „neue Relativisten".[82] Dazu zählt er sich selbst, weiterhin John MacFarlane, Mark Richard, Manuel García-Carpintero; man könnte noch Crispin Wright ergänzen. Ich möchte hier nur so weit auf den „neuen" Relativismus eingehen, als es für ein Verständnis von Kölbels Version eines moralischen Relativismus notwendig ist; im fünften Kapitel werde ich das Thema im Kontext des alethischen Relativismus noch einmal aufgreifen. Den „neuen" Relativisten zufolge haben Propositionen also ihre Wahrheitswerte nicht unbedingt und ausnahmslos in einem absoluten Sinne. „Neu" ist dieser Relativismus nach Auffassung Kölbels, da er die traditionelle, auf Frege zurückgehende Sicht der Standardsemantik zur Objektivität von Wahrheitswerten in Frage stellt und durch die Betonung der Pluralität von Maßstäben und Kontexten für das Wahrsein von Propositionen die Annahme von relativen Wahrheitswerten behauptet:

> Die neuen Relativisten behaupten also, dass Propositionen ... Wahrheitswerte haben, die nicht nur davon abhängen, wie die Welt ist, sondern auch noch von zusätzlichen Faktoren, wie zum Beispiel Wissenszuständen, Geschmacksmaßstäben, Interessenlagen usw.[83]

Kölbel geht im Folgenden näher auf alethische Relativierungen bedingt durch unterschiedliche geschmackliche Präferenzen ein, um die Motive für seine nicht-traditionelle Sicht der propositionalen Wahrheit genauer herauszuarbeiten. Das kann hier nicht nachgezeichnet werden. Das Fazit seiner Überlegungen lautet, dass „neue" Relativisten gute Gründe haben, „den Wahrheitswert von Propositionen nicht immer als absolut aufzufassen."[84]

Auf der Grundlage dieses alethischen Relativismus entwickelt Kölbel im zweiten Teil seines Beitrags das Modell eines moralischen Relativismus. Er nennt drei Gründe, die für diese Position sprechen: Erstens ließen sich epistemologische Bedenken gegen die Erkennbarkeit objektiver Werte anführen. Zweitens könne man das Problem des motivierenden Charakters moralischer Urteile anführen und betonen, dass solche Urteile nicht kognitiver, sondern konativer (begehrender) Natur seien. Diese Sicht würde gegen einen moralischen Realismus und die Existenz objektiver, erkennbarer Werte sprechen. Allerdings erfordere ein moralischer Relativismus auch eine Abgrenzung gegen radikale non-kognitivistische Theorien, damit überhaupt relative Wahrheitsansprüche verhandelt werden könnten. Drittens könne man die kulturübergreifende Vielfalt von Sitten als Anzeichen dafür sehen, dass moralische Werte nicht objektiv seien. Dieses Argument steht im Mittelpunkt von Kölbels Konzept. Entscheidend ist dabei seine zusätzliche Annahme, es gebe gute Gründe dafür, dass die aus einer solchen Pluralität von Sitten entstehende Meinungsverschiedenheit nicht durch den bloßen Irrtum einer Seite erklärbar ist, sondern dadurch, dass beide Seiten bei einem moralischen Dissens Recht haben und, wie Kölbel sagt, „kompetent" sind.[85] Die Basis für diese zusätzliche Annahme liefert ihm eine „anthropologische Einsicht", die sich seit den dreißiger Jahren des letzten Jahrhunderts unter den Anthropologen zu einer Grundeinsicht entwickelt habe. Gegen das bis dahin herrschende Stufenmodell kultureller Bedeutung mit der westlichen Zivilisation an der Spitze setzte sich laut Kölbel die Einsicht durch, dass kulturelle Verschiedenheit nicht aus entwicklungsgeschichtlichem Rückstand, sondern durch die je eigene Lebensform der Menschen einer Kultur erklärt werden müsse.

Kölbel diskutiert das fiktive Beispiel einer amerikanischen Anthropologin „Ruth", die im Gespräch mit dem Inder „Arvind" das indische Kastensystem erforscht. Im Gegensatz zu Arvinds Ansicht dürfen Ruth zufolge Shudras, also Angehörige einer niederen Kaste, Sanskrit lernen. Wie beurteilt Ruth nun den Widerspruch zu Arvinds aufrichtigem und bezüglich des Kastensystems angemessenem Urteil? Gemäß der semantischen Standardtheorie wäre es ein Fehler, etwas zu glauben, was – hier aus Ruths Sicht – nicht wahr ist. Allerdings würde es in diesem Falle der „anthropologischen Einsicht" und auch Ruths Forschungsabsicht widersprechen, wenn sie, von der Standardtheorie ausgehend, bloß folgerte, dass Arvind ein Fehlurteil fällt oder epistemisch inkompetent ist. Kölbel skizziert den Widerspruch in vier Thesen:
(1) Arvind glaubt, dass Shudras kein Sanskrit lernen dürfen.
(2) Shudras dürfen Sanskrit lernen (Ruths eigenes Urteil).
(3) Arvinds Urteil ist richtig (ist nicht fehlerhaft).
(P) Für alle p: Es ist ein Fehler zu glauben, dass p, falls es nicht wahr ist, dass p.

Die vier Thesen sind nicht kompatibel: (1), (2) und (P) sind nicht mit (3) vereinbar. Kölbel unterscheidet vier Versuche, den enthaltenen Widerspruch zu lösen. Drei davon scheitern seiner Ansicht nach; deshalb bleibe einzig sein Modell des moralischen Relativismus übrig.

(a) Nach dem „Kolonialismus" gilt es, (3) aufzugeben und zu behaupten, dass Arvind einen Fehler gemacht hat. Diese Position setzt voraus, dass Hindus denselben Begriff des Sollens verwenden wie Ruth, aber in diesem Fall andere Regeln benutzen, die angeben, warum eine Handlung gesollt oder nicht gesollt ist. Auch wenn der Kolonialist einwenden kann, dass es durchaus Gründe gibt, den zu interpretierenden Subjekten nicht immer Recht zu geben, so bleibt doch für Kölbel das Grundproblem des Kolonialismus, warum gerade Ruth recht hat in der Verwendung der begrifflichen Regeln und Arvind nicht. Letztlich neigt der Kolonialismus deshalb, so Kölbel, zum „Chauvinismus", mit der zuletzt willkürlichen Präferenz des eigenen Maßstabs.

(b) Der „Kontextualismus", den Kölbel auch als „Revisionismus" oder „indexikalischen Relativismus" bezeichnet,[86] revidiert die übliche Ansicht, dass die Meinungsverschiedenheit, die in (1) und (2) zum Ausdruck zu kommen scheint, tatsächlich eine ist. Der Kontextualist behauptet, dass Ruth und Arvind zwar denselben Begriff des Sollens verwenden, aber dieser Begriff jeweils kontextabhängig verwendet wird. So setzen (1) und (2) für den Revisionisten verschiedene Moralkodizes voraus. Deshalb gibt es aus der Sicht des Kontextualisten keinen echten Widerspruch zwischen (1) und (2), und sowohl Ruth als auch Arvind sind im Recht. Das Problem an dieser Position liegt für Kölbel darin, dass der klare Unterschied verloren geht zwischen (1) und dem kontextualistisch modifizierten Urteil (1*):
(1) Arvind glaubt, dass Shudras kein Sanskrit lernen dürfen.
(1*) Arvind glaubt, dass Shudras *gemäß Arvinds Moralkodex* kein Sanskrit lernen dürfen.

Während man (1) verneinen kann, ist das bei (1*) nicht möglich. Diese Differenz kann der Kontextualist aus Kölbels Sicht nicht angemessen berücksichtigen. Für den Kontextualisten, so Kölbel, widersprechen sich Ruths und Arvinds Urteil gar nicht, da sie auf unterschiedliche Moralkodizes referieren. Insofern scheitere der Kontextualismus dabei, den Widerspruch zwischen (1) bis (3) zu lösen.

(c) Der „Inkommensurabilismus" behauptet, dass in (1) und (2) nicht derselbe Begriff des Sollens verwendet wird und beide Aussagen insofern inkommensurabel und widerspruchsfrei sind. Das Problem dieser Position sieht Kölbel darin, dass sie, unter der Voraussetzung unvereinbarer Begriffssysteme, keinen oder nur einen äußerst vagen Zugang zur Beurteilung fremder Kulturen ermöglicht.

(d) Da Kölbel zufolge alle drei Positionen scheitern, den Widerspruch zwischen (1) bis (3) zu lösen, bleibt einzig die Position des „moralischen Relativismus". Kölbel präsentiert sein Modell dieses Relativismus als eine Art Kompromiss. Der moralische Relativist teilt mit dem Kolonialisten und dem Revisionisten die Ansicht, dass Ruth und Arvind denselben Begriff des Sollens verwenden. Der Relativist behauptet gegen den Kolonialisten und mit dem Revisionist, dass (1) und (2) sich nicht notwendig widersprechen müssen. Im Gegensatz zum Kontextualisten relativiert er dafür aber nicht (1) und (2), sondern das – bislang noch gar nicht thematisierte – Prinzip (P). Dieses Prinzip gilt für Kölbel nur für objektive Propositionen. Moralische Urteile jedoch sind, Kölbels Ansatz zufolge, in interkultureller Hinsicht nicht objektiv, da moralische Normen nicht als denkunabhängige Entitäten verstanden werden dürfen. Moralische Urteile haben für Kölbel keine objektiven, sondern nur „relative Wahrheitswerte". Deshalb gelte es, (P) zu präzisieren:

(P*) Für alle Propositionen *p*: Es ist ein Fehler zu glauben, dass *p*, wenn *p* dem eigenen Maßstab zufolge nicht wahr ist.

Im Kontext von (P*), so das Fazit, ergeben (1) und (2) keinen Widerspruch. Der „interkulturelle moralische Relativismus" erscheint insofern für Kölbel als die überzeugendste der vier Lösungsvarianten.[87] Aus dieser Perspektive, so Kölbel zusammenfassend, kann der Relativist (a) akzeptieren, nicht aber (b):

(a) Wenn man eine moralische Proposition glaubt, dann glaubt man, dass andere der eigenen Kultur zugehörige Denker, die die Verneinung derselben Proposition glauben, einen Fehler machen.

(b) Wenn man eine moralische Proposition glaubt, dann glaubt man, dass Denker anderer Kulturen, die die Verneinung derselben Proposition glauben, einen Fehler machen.

Wie ist Kölbels Version des moralischen Relativismus zu beurteilen? Ich möchte zwischen konzeptionellen und metaethischen Anfragen an sein Modell unterscheiden. Vom Konzept her müsste zunächst geklärt werden, worin der behauptete Unterschied zwischen dem Relativismus und dem Revisionismus genau liegt. Beide Sichtweisen beanspruchen ja, dass in (1) und (2) derselbe Begriff des Sollens vertreten wird und dass (3) gilt. Vordergründig kann man den Unterschied so interpretieren: Der Relativismus relativiert Wahrheitswerte und behauptet durch den Verweis auf je eigenständige kulturelle Maßstäbe, dass moralische Propositionen nicht-objektiv seien. Der Kontextualismus relativiert die Moral und behauptet, durch den Verweis auf je eigenständige Moralkodizes, die Existenz relativer Moralvorstellungen. Diese Relativierung der moralischen und der kulturellen Maßstäbe läuft letztlich jedoch auf dieselbe Folgerung hinaus. Beide Positionen schränken (P) ein, indem sie die relativistische Klausel des je eigenen Maßstabs einfügen.[88] Kritisch kann man fragen, ob der Relativismus nicht bezüglich (P) und (P*) vor demselben Problem steht wie der Kontextualismus, der den Unterschied zwischen (1) und (1*) nicht mehr aufzeigen kann.

Die klassische Strategie des Relativismus, die Einführung von relativierenden Indizes, ist schon von Protagoras und der gegenwärtigen Diskussion um den Begriff „true for *x*" bekannt. In diesem Kontext ergeben sich Nachfragen an Kölbels Ansatz, die ich hier nur kurz vorstelle, da ich sie bei der Analyse des „neuen" Relativismus im fünften Kapitel ausführlicher diskutieren werde: Läuft Kölbels Relativismus durch die Einführung des subjektiven Maßstabs nicht auch auf einen Inkommensurabilismus hinaus? Nehmen wir an, ein Stamm einer fremden Kultur geht von der Überzeugung aus, dass das Opfern von Säuglingen für einen bestimmten Gott richtig sei. Ist in Kölbels Modell des moralischen Relativismus die Kritik an Propositionen und Verhaltensweisen anderer Kulturen möglich und legitim, wenn uns, wie Kölbel sagt, „die korrekte anthropologische Methode verbietet, die von unseren abweichenden moralischen Urteile anderer Kulturen als falsch einzustufen"?[89] Ein solcher moralischer Relativismus scheint in dieser Hinsicht eine wenig attraktive Position zu sein. Die vermeintliche kulturrelativistische Anerkennung und Würdigung fremder Überzeugungen und Praktiken hat den Preis, dass ein echter Dissens zwischen unvereinbaren Überzeugungen und damit wechselseitige Kritik nicht möglich ist. Dies wirft nicht nur moralische Probleme auf, etwa in Bezug auf die Frage, ob es nicht so etwas wie eine Pflicht gibt, bestimmte Überzeugungen mit Nachdruck zurückzuweisen, denen gegenüber man, an den sittlichen Maßstäben der eigenen Kultur gemessen, keine Toleranz entgegenbringen kann. Gerade an den Grenzen der Toleranz wird deutlich, dass die Tolerierung fremder Überzeugungen gerade keine relativistische Indifferenz ihnen gegenüber bedeutet. Darauf werde ich im siebten Kapitel näher eingehen.

In einer ausführlicheren Auseinandersetzung wäre weiterhin zu prüfen, wie das Verhältnis zwischen dem eingeführten relativen Wahrheitsbegriff und dem traditionellen Wahrheitsverständnis zu erklären wäre. Anfragen dieser Art an Kölbels Relativismus ergeben sich durch seine Behauptung von relativen Wahrheitswerten. In dieser Hinsicht wäre etwa zu fragen, ob Kölbels Relativismus den in (P*) verwendeten Begriff des „Maßstabs" klären kann, ohne ihn einerseits zu subjektivieren und ohne ihm andererseits die objektive Bedeutung zu rauben, die er doch noch haben soll. Diese Schwierigkeit ergab sich schon bei Feyerabends Ansatz. Propositionen, in denen moralische oder kulturspezifische Überzeugungen zum Ausdruck kommen, gelten für Feyerabend und Kölbel bereichsintern ja immerhin noch objektiv. Kölbels Rede von „dem eigenen Maßstab" in (P*) soll ja gemäß der von ihm angeführten „anthropologischen Einsicht" kulturspezifisch und nicht subjektivistisch zu verstehen sein; das heißt, er bezieht sich auf Akteure, die eine bestimmte Kultur mit ihren eigenen Moralvorstellungen repräsentieren. Arvind steht für den Bereich der indischen Kultur, Ruth für den Bereich der nordamerikanischen Kultur. Insofern haben solche Propositionen, die von den Umständen der Äußerung abhängig sind, im Rahmen des eigenen Moralkodex auch einen objektiven Wahrheitswert. Sie haben für den Relativisten einen relativen Wahrheitswert, wenn man sie *bereichsextern* analysiert; sie haben aber auch einen objektiven Wahrheitswert, wenn man sie als *bereichsintern*, innerhalb einer jeweiligen Kultur oder Moral („der eigenen Kultur" bei Kölbel; „des Stammes westlicher Intellektueller" bei Feyerabend), versteht.[90] Würde der moralische Relativist solchen Propositionen die interne Objektivität absprechen, könnte dies dazu führen, dass sein Ansatz in der Konsequenz kaum noch von einem radikalen, subjektivistischen Relativismus zu unterscheiden wäre. Eine solche Position schiene nicht weit entfernt zu sein von der eines ethischen Nihilisten, für den es überhaupt keine objektiven moralischen Tatsachen gibt. Klar ist, dass weder Feyerabend noch Kölbel auf einen solchen radikalen Relativismus abzielen. Die Schwierigkeit für einen moderaten Relativismus mit seiner Behauptung von relativen Wahrheitswerten scheint jedoch darin zu liegen, dass es zu wenig ist, Objektivität zu relativieren, ohne ein Kriterium anzugeben, wie weit eine solche Relativierung des Wahrheitswerts von Propositionen gehen darf. Von der Position eines radikalen und in gewissem Sinne konsequenten Relativismus aus könnte man stets einwenden, dass jeder Rekurs auf eine bereichsinterne Objektivität anti-relativistisch ist.

Diese Kritik hat auch Auswirkungen auf die klassischen metaethischen Probleme der Relativierung von Moralvorstellungen. Moralische Urteile können durchaus von Urteilen unterschieden werden, die auf bestimmten Geschmackspräferenzen beruhen, auch wenn es schwierig sein mag, diese Unterscheidung in einer Detailanalyse als trennscharf zu erweisen. Moralische Urteile behaupten aus der Sicht des metaethischen Objektivismus einen universal-kategorischen Anspruch, und zwar im Gegensatz zu bloß geschmacklichen Urteilen, in denen bestenfalls ein subjektiv-kategorischer Anspruch vertreten wird, der nur akteursspezifisch gilt.[91] Dies kann man sich leicht angesichts des Unterschieds zwischen der von Kölbel als Beispiel angeführten Aussage, dass Klopse besser schmeckten als Knödel,[92] und etwa der Aussage, dass Abtreibung moralisch legitim ist, klar machen. Der moralische Relativismus behauptet, das Phänomen der Meinungsverschiedenheit über moralische Normen und Werte durch eine normative Relativierung von Moralvorstellungen am besten erklären zu können. Bei Kölbel geschieht dies mit dem Modell von relativen Wahrheitswerten im Hinblick auf die Vielfalt von kulturellen Maßstäben. Dass ein solcher moralischer Relativismus tatsächlich die beste Antwort auf das Problem der Pluralität von Moralvorstellungen gibt, kann man mit guten Gründen bezweifeln.

Diese Kritik wird von einer Vielzahl von Moralphilosophen geteilt.[93] Der Haupteinwand lautet, dass der moralische Relativismus Dissens in Bezug auf widerstreitende moralische Urteile nicht angemessen erfassen kann. Moralische Normen verlieren durch ihre Relativierung auf Bezugsgrößen ihren universalkategorischen Anspruch und werden zu tendenziell rein subjektiven Prinzipien depotenziert. Der Relativist muss durch seinen Verweis auf relativierende Bezugsgrößen beispielsweise den Widerspruch bestehen lassen zwischen dem Urteil, dass die Tötung von Menschen unter allen Umständen zu vermeiden ist, und dem Urteil, dass die Tötung von Menschen unter bestimmten Umständen erlaubt ist. Der moralische Relativist, gleich ob er zum „neuen" Relativismus oder zum relativistischen Kontextualismus gehört, kann diesen Dissens nicht als eine genuine Meinungsverschiedenheit darstellen, da für ihn beide Urteile relativ zu ihren Bezugsgrößen, Moralkodizes oder Maßstäben sind. So kann etwa der moralische Relativist Gilbert Harman zufolge bei „inner judgements" über Angehörige eines anderen Moralkodex nicht sagen, sie hätten sich so und so verhalten sollen, etwa in dem Sinne: „It was morally wrong of Hitler to have acted in that way."[94] Gemäß den Standards seiner faschistischen Moralvorstellung hatte Hitler für Harman sehr wohl Gründe für sein Tun, die für uns aber nicht einsichtig sind.

Der Ansatz des moralischen Relativismus führt zu verschiedenen Problemen. Zum einen mindert er den Ansporn, sich überhaupt mit fremden und widerstreitenden Geltungsansprüchen auseinanderzusetzen, etwa um von diesen zu lernen oder um sie argumentativ zurückzuweisen. Der moralische Relativismus nimmt dem Phänomen der Vielfalt von teils miteinander konfligierenden Moralvorstellungen seine epistemische und ethische Brisanz, indem die faktische Koexistenz solcher Überzeugungen normativ sanktioniert wird. Diese Form des Relativismus kann zuletzt zu einem „*Selbstzweifel*" führen,[95] da fraglich wird, warum man überhaupt den eigenen moralischen Standards trauen kann, wenn nicht nur ihre Genese, sondern auch ihre Geltung als kontingent angesehen werden muss.

4.6 Fazit

In diesem Kapitel wurden Entwürfe des epistemischen, religiösen, vernunftkritischen und moralischen Relativismus vorgestellt und kritisch diskutiert. Nicht alle aufgeführten Positionen verstehen sich selbst als relativistisch, wie die Beispiele von Rorty und Hick zeigen. Allerdings stellte die Analyse heraus, dass beide Standpunkte Annahmen vertreten, die sich durchaus als relativistisch verstehen lassen. Entscheidend war jedoch die Prüfung der argumentativen Tragfähigkeit der vorgestellten Entwürfe des Relativismus. Rortys Versuch, Wahrheit pragmatistisch als das zu verstehen, was sich für eine Person oder Gemeinschaft in einer bestimmten Situation als am nützlichsten zeigt, erwies sich als wenig überzeugend. Da Rorty jeden nicht-relativen oder privilegierten Standpunkt für die Zuerkennung von Nützlichkeitsgraden für die jeweilige Deutung ablehnt, wird unklar, wie er über eine bloß subjektive Einschätzung hinaus bestimmte Deutungen der Wirklichkeit präferieren und andere als heutzutage unnütz ablehnen kann. Rortys Ethnozentrismus kann allein die Nützlichkeit einer Deutung im Kontext einer spezifischen Gemeinschaft ausweisen, nicht jedoch ihre Wahrheit gegenüber konkurrierenden Deutungen. Hicks Mythologisierung religiöser Wahrheitsansprüche wirft unter anderem die Frage auf, warum seine eigene Strategie der Relativierung solcher Geltungsansprüche in wörtlichem Sinne („literally") wahr und nicht bloß, wie er es den religiösen Überzeugungen zuschreibt, in mythologischem Sinne wahr („mythologically true") sein soll. Runzos Modell bestreitet einen weltbildexternen Standpunkt für die Behauptung, religiöses Wahrsein sei weltbildrelativ, und steht damit in der Spannung zwischen einem internen

Selbstwiderspruch und dem Zugeständnis, nur eine weltbildabhängige These ohne objektiven Erkenntnisanspruch zu sein. Feyerabend sieht die Idee einer objektiven Wahrheit allein einer bestimmten Tradition zugehörig und versteht seinen Relativismus, darin konsequent, allein als Vorschlag aus einem bestimmten westlichen Deutungskontext. In Bezug auf den Geltungsstatus seiner Überlegungen ergaben sich kritische Rückfragen. Kölbels moralischer Relativismus geht von relativen Wahrheitswerten aus, indem das Modell eines subjektiven Urteilsmaßstabs eingeführt wird. Dieses Vorgehen, so zeigte sich, wirft einige Schwierigkeiten auf. Vor allem ist es fraglich, ob Kölbels Relativismus einen genuinen moralischen Dissens mit einem unvereinbaren Urteilsmaßstab im Rahmen seiner Theorie erklären kann.

Die kritische Analyse machte auch deutlich, dass die vorgestellten Modelle als Ausdifferenzierungen eines alethischen Relativismus verstanden werden können. Die Idee der Relativierung der Wahrheit diente ausdrücklich oder indirekt als Ausgangspunkt für die jeweilige konzeptuelle Bestimmung der Erkenntnis, Religion, Vernunft und Moral. Inwiefern der alethische Relativismus als Grundmodell der lokalen relativistischen Entwürfe angesehen werden kann, wird im nächsten Kapitel untersucht.

5 Wahrheitsrelativismus

Die im letzten Kapitel beschriebenen Entwürfe des Relativismus vereinte die normative Sichtweise, dass Überzeugungen einer bestimmten Klasse nicht an sich, objektiv oder absolut, sondern notwendigerweise immer nur abhängig von jeweils spezifischen Instanzen wie Erkenntnis, Religion oder Moral gelten. Die Ausdrücke „an sich", „objektiv" und „absolut" bedeuten dabei also: *„irrelativ zu einer Bedingungsinstanz"*. Die Annahme, dass die Wahrheit einer Überzeugung relativ ist zu Parametern wie Erkenntnis, Religion, Kultur, Moral oder subjektiven Urteilsmaßstäben, ist der Kerngedanke relativistischer Ansätze. Wie bei den gerade diskutierten Entwürfen deutlich wurde, beruht diese Annahme auf einer in verschiedener Weise vollzogenen Relativierung der Wahrheit. Der alethische Relativismus fungiert dabei als Grundmodell der lokalen relativistischen Ansätze.[1]

Die Bedeutung und Begründung des alethischen Relativismus möchte ich in diesem Kapitel genauer untersuchen. Im ersten Abschnitt geht es, in einleitender und knapper Form, um den Zusammenhang des Konzepts relativer Wahrheit mit den Positionen des Realismus und Antirealismus. Im zweiten Abschnitt soll das Konzept des Wahrheitsrelativismus skizziert werden. Im dritten und vierten Abschnitt werde ich zwei aktuelle Entwürfe des alethischen Relativismus vorstellen, zuerst das Modell von Joseph Margolis, dann das Modell der „neuen" Relativisten. Der fünfte Abschnitt bietet ein kurzes Fazit der Diskussion.

5.1 Wahrheit, Realismus, Antirealismus

In der kürzesten Form behauptet der normative alethische Relativismus: Jedes Wahrsein ist relativ.[2] Um eine präzisere Version dieser Idee zu erhalten, möchte ich das im zweiten Kapitel vorgestellte Grundmodell des normativen Relativismus modifizieren und ergänzen:

(1) Überzeugungen behaupten das Wahrsein einer Proposition und stellen insofern einen Geltungsanspruch auf.
(2) Überzeugungen sind nicht objektiv wahr, sondern immer nur wahr relativ zu einem bestimmten Parameter (Deutungskontext, Wahrheitsstandard, Urteilsmaßstab etc.).
(3) Eine Überzeugung x kann gleichzeitig wahr sein relativ zu Parameter Z und falsch sein relativ zu Parameter S, wobei Z ungleich S ist.
(4) Es gibt keinen nicht-relativen Maßstab für die Beurteilung der Angemessenheit eines Parameters.
(5) Es gibt kein absolutes bzw. irrelatives Wahrsein von x.

These (1) des erweiterten Grundmodells bezieht sich auf die epistemische Logik von Überzeugungen und ist nicht von einer relativistischen Position abhängig. Entscheidend für den alethischen Relativismus ist offenkundig These (2). Thesen (3) bis (5) spezifizieren die Aussage von (2). Im Hinblick auf (4) wäre etwa auch die nicht-relativistische Behauptung, dass es einen objektiv geltenden Maßstab für die Beurteilung der Angemessenheit eines Parameters gebe, für den Relativisten wiederum Ausdruck einer Überzeugung, die gemäß (2) nur relativ zu einem bestimmten Parameter sein kann. Dem alethischen Relativismus zufolge kann es deshalb nicht nur keinen objektiven Maßstab geben, sondern jedes behauptete objektive Wahrsein ist diesem Ansatz zufolge ausgeschlossen.

Was der Begriff „Wahrheit" für den alethischen Relativisten bedeutet, welche Kriterien dafür angesetzt werden und ob eine bestimmte Wahrheitstheorie mit der Position des alethischen Relativismus verbunden ist, spielte in den bisherigen Überlegungen noch keine Rolle. Der alethische Relativismus ist theoretisch keiner bestimmten Wahrheitstheorie verpflichtet. Allerdings bevorzugen die meisten – wenn auch nicht alle – Anhänger des alethischen Relativismus eine epistemische Konzeption der Wahrheit und lehnen das entgegengesetzte nicht-epistemische Modell ab. Verkürzt kann man die beiden Positionen so umschreiben:

(A) *Nicht-epistemische* oder realistische Konzeptionen der Wahrheit gehen davon aus, dass die Wahrheit einer Aussage nicht notwendig davon abhängig ist, ob wir dies epistemisch feststellen oder verifizieren können.

(B) *Epistemische* oder antirealistische Konzeptionen der Wahrheit gehen davon aus, dass die Wahrheit einer Aussage (im Falle von epistemisch günstigen Bedingungen) abhängig von unserem begründeten Fürwahrhalten und damit von unserer Fähigkeit ist, ob wir dies epistemisch feststellen oder verifizieren können.

Nach (A) gilt nicht, dass die Wahrheit aller Aussagen nicht-epistemisch ist, sondern nur, dass Aussagen, deren Wahrheitswert nicht feststellbar oder verifizierbar ist, wahr sein *können*.[3]

Diese beiden Konzeptionen der Wahrheit beruhen auf unterschiedlichen Antworten auf die Frage, ob es überhaupt so etwas wie eine objektive, von unserem epistemischen Zugang unabhängige Realität gibt, die als Wahrmacher für Propositionen in Frage kommt.[4] Vereinfacht und idealtypisch kann man hier zwei Ansätze unterscheiden: Der *Realismus* geht – in zahlreichen Versionen – von dem Grundgedanken aus, dass die Gegenstände eines bestimmten Bereichs der Wirklichkeit von unserem Denken unabhängig sind (ontologischer Realismus). Ein mentaler Zugang (Erkennen, Wissen, wahre Überzeugungen etc.) zu den Gegenständen dieser denkunabhängigen Wirklichkeit ist für den Realisten grundsätzlich möglich (erkenntnistheoretischer Realismus). Der *Antirealismus* wendet sich in verschiedener Weise gegen diese Annahmen. Manche Formen des Antirealismus bestreiten, dass es eine denkunabhängige Wirklichkeit gibt, andere Formen gehen davon aus, dass es solche denkunabhängigen Gegenstände eines bestimmten Bereichs, etwa der makroskopischen Welt, zwar geben mag, wir jedoch über keinen epistemischen Zugang zu einer solchen Welt verfügten, mittels dessen etwa eine Übereinstimmung dieser denkunabhängigen Welt mit Aussagen über sie behauptet werden könnte. Die Annahme einer denkunabhängigen Welt ist für viele Antirealisten sinnlos, da bereits der Unterschied zwischen einer denkunabhängigen und einer denkabhängigen Welt immer nur ein Unterschied ist, der im Denken gemacht wird. Den meisten Formen des Antirealismus zufolge gibt es verschiedene Versionen der Wirklichkeit und – so für manche Antirealisten – relativ zu jeder Version existiert eine Welt. Insofern wäre es widersinnig zu behaupten, dass eine bestimmte Version der Wirklichkeit in einem objektiven Sinne wahr und eine andere falsch sei.

Realismus und Antirealismus neigen zu einem unterschiedlichen Verständnis von Wahrheit. In der Tendenz ist Wahrheit für den Antirealisten eine rein epistemische Kategorie im Sinne einer rationalen Akzeptierbarkeit oder eines gerechtfertigten Fürwahrhaltens. Dagegen vertritt der Realist idealtypisch ein nicht-epistemisches Wahrheitsverständnis. Der immer wieder zitierte Vertreter dieser Position ist Gottlob Frege, der mit Nachdruck betont hatte, dass „Wahrsein" etwas ganz anderes sei als „Fürwahrgehaltenwerden".[5] Natürlich muss auch für Anhänger eines nicht-epistemischen Wahrheitsverständnisses jeder Wahrheitsanspruch epistemisch gerechtfertigt werden, also mit Argumenten für die eigene Position. Auch der Realist beansprucht insofern keinen Gottesstandpunkt für die Entscheidung, was wahr und was falsch ist. Unter endlichen erkenntnistheoretischen Bedingungen ist dies für die menschliche Erkenntnis offenkundig nicht möglich. Insofern ist es falsch zu unterstellen, realistische Antirelativisten behaupteten, infallibles absolutes Wissen zu besitzen.[6] Auch von einem realistischen Standpunkt kann es eine Vielzahl von Weltdeutungen und Wahrheitsansprüchen im Sinne eines deskriptiven Relativismus geben. Entscheidender Unterschied ist, dass dem Realismus zufolge das Wahrsein einer Aussage unabhängig davon ist, ob wir sie für wahr halten und ob es für uns epistemisch möglich ist, dies festzustellen. Wenn es wahr ist, dass sich die Erde um die Sonne dreht oder dass der Planet Mars zwei Monde hat, dann ist dies für den Realisten unabhängig davon wahr, ob Protagoras oder jemand anderes dies für wahr hält. Es mag einmal gute Gründe dafür gegeben haben, die Behauptung „Die Erde ist flach" für wahr im Sinne von rational akzeptierbar zu halten; trotzdem war und ist sie falsch.[7]

Insgesamt muss jedoch klar zwischen Relativismus und Antirealismus unterschieden werden, da es zahlreiche Unterschiede zwischen beiden Ansätzen gibt.[8] Nicht jeder Relativist ist ein Antirealist,[9] nicht jede Antirealistin ist eine Relativistin und nicht jeder Absolutist ist ein Realist. Trotzdem kann man davon ausgehen, dass der Wahrheitsrelativismus, vorsichtig formuliert, von der Tendenz her zu einem epistemischen Verständnis der Wahrheit neigt: Beide Auffassungen argumentieren für eine Relativierung der Wahrheit auf bestimmte Standards bzw. Kontexte und gegen Tatsachen einer von uns unabhängigen Welt als Wahrmacher für Propositionen.[10] In dieser Hinsicht ist es nicht verwunderlich, dass faktisch nur wenige Relativisten eine realistische Position für sich beanspruchen, und selbst die Berechtigung dafür ist umstritten.[11]

5.2 Das Konzept des Wahrheitsrelativismus

Wie in dem erweiterten Grundmodell erkennbar wird, bezieht sich der alethische Relativismus nicht bloß auf eine bestimmte Klasse von Überzeugungen, deren Relativität in einer lokalen Variante des Relativismus behauptet wird, sondern auf Überzeugungen als solche. Lokale Relativismen schränken Geltungsansprüche in einer spezifischen Hinsicht ein, indem sie behaupten, dass Überzeugungen einer bestimmten Klasse allein wahr seien relativ zu bestimmten Parametern. Lokale Relativismen lassen sich insofern auf einen alethischen Relativismus zurückführen. Woran liegt das? Die normative Überzeugung, dass p, ist, zumindest für Realisten, äquivalent mit der Überzeugung „es ist wahr, dass p". Aus dieser Perspektive impliziert etwa der moralische Relativismus in (a) den alethischen Relativismus in (a*):

(a) Moralische Überzeugungen sind immer nur relativ zu einer bestimmten Kultur.
(a*) Es ist wahr, dass moralische Überzeugungen immer nur relativ zu einer bestimmten Kultur sind.

Das Präfix „Es ist wahr, dass" lässt sich jeder Überzeugung voranstellen (oder eben im Sinne der Redundanztheorie der Wahrheit weglassen). Indem wir (a) bejahen, bejahen wir, wie Frege gezeigt hat, auch (a*).[12]

Der Wahrheitsrelativismus ist philosophisch ein Problem, weil es bei dieser Position nicht um Wahrheitsansprüche als solche geht, sondern allein um Relationen, in denen Wahrheitsansprüche stehen. Damit bezieht sich die relativistische Position nicht länger auf das Wahrsein einer bestimmten Überzeugung, sondern einzig auf das Wahrseins einer Relation, in der diese Überzeugung steht. Insofern wäre es falsch zu sagen, der alethische Relativismus habe das Thema „Wahrheit" ausgeblendet. Die Frage nach dem Wahrsein oder Falschsein einer Überzeugung stellt sich dabei aber nur mittelbar, und zwar in Bezug auf die Abhängigkeit der Überzeugung von etwas anderem. Deshalb lehnen relativistische Ansätze das Modell einer objektiven Wahrheit in der Regel ab; denn als „objektiv" gilt ein Wahrsein ja dann, wenn es nicht abhängig von spezifischen Bezugsgrößen ist. Für den Relativismus kann es Wahrheit nur als interne Bestimmung geben: Wahrsein ist nur innerhalb eines Bezugssystems möglich.

Der normative Wahrheitsrelativismus stellt eine Herausforderung für Philosophie und Wissenschaft dar. Wenn es um die Frage nach der Wahrheit und um die Überprüfung von Wahrheitsansprüchen geht, liegt unser Interesse zumeist nicht darin, ob etwas wahr für ein Individuum oder allein in einem spezifischen Kontext ist, sondern ob etwas wahr ist *unabhängig* davon, ob es von jemandem oder in einem partikularen Kontext für wahr gehalten wird. Wäre die Frage nach der Wahrheit in normativem Sinne immer nur eine Frage nach der Bezugsgröße, innerhalb derer etwas für wahr angesehen wird, hätte sich Philosophie von der Klärung von Sachfragen zu verabschieden und nur noch Beziehungs- oder Abhängigkeitsfragen zu erörtern. Für die Wissenschaft entstünde nicht nur das Dilemma, dass Erkenntnis stets abhängig wäre von einem bestimmten Paradigma. Man könnte über die behauptete Wahrheit auch nur wieder in Relation zu etwas anderem, aber nie nicht-relativ diskutieren und entscheiden. Zudem wäre es schwierig, so etwas wie einen objektiven Erkenntnisfortschritt in der Wissenschaft zu begründen.[13]

Um die Herausforderung und Relevanz des Themas konkreter herauszustellen, möchte ich ein typisches Beispiel für einen alethischen Relativismus anführen.[14] Am 22. Oktober 1996 veröffentlicht die *New York Times* einen Artikel mit der Überschrift *Indian Tribes' Creationists Thwart Archeologists*, was man so übersetzen kann: „Indianische Kreationisten kommen Archäologen in die Quere". Es wird berichtet, die archäologisch weithin belegte Erkenntnis, dass die ersten Menschen vor etwa 10.000 Jahren aus Asien über die Beringstraße nach Nordamerika eingewandert sind, werde von indianischen Stämmen als unwahr abgelehnt. Nach indianischen Mythen stammten die Menschen nicht von Affen, sondern von Büffelmenschen ab. Diese hätten zunächst unter der Erde Nordamerikas gelebt und konnten erst durch die Hilfe von übernatürlichen Geistern auf die Erdoberfläche gelangen. Der Artikel berichtet nun, dass mehrere Archäologen offenkundig zu einem Relativismus neigten. Die zitierten Wissenschaftler betonen in ihrer Hochschätzung für die unterdrückten indianischen Ureinwohner, wissenschaftliche Erkenntnis stelle nur eine bestimmte Sicht auf die Wirklichkeit dar, die genauso gültig sei wie andere Erkenntnisformen, etwa die des Mythos. Der Archäologe Professor Larry Zimmerman von der University of Iowa wird angeführt mit dem Zitat: „I personally do reject science as a privileged way of seeing the world."

Um das Muster idealtypischer Konflikte um den Relativismus mit ihren möglichen Argumenten deutlich zu machen, möchte ich im Folgenden eine fiktive Diskussion zwischen dem zitierten relativistischen Archäologen und einem Nicht-Relativisten bzw. Objektivisten durchspielen. Gehen wir der Einfachheit halber von folgender Rekonstruktion der als wahr behaupteten Aussagen aus:

(1) Die ersten Menschen kamen nach Nordamerika, indem sie aus Asien über die Beringstraße eingewandert sind.
(2) Die ersten Menschen kamen nach Nordamerika, indem sie mit Hilfe übernatürlicher Geister aus der Erde Nordamerikas gestiegen sind.
(3) Der Mythos ist genauso wahr wie die Wissenschaft, da es keine privilegierte Erkenntnisweise der Welt gibt.

Der zitierte Archäologe vertritt die relativistische These (3). Für ihn sind (1) und (2) zugleich wahr. Aus verschiedenen Gründen ist er der Ansicht, dass es mehrere Erkenntnisformen der Wirklichkeit gibt und dass keiner davon ein epistemisches Privileg zukommt. Der Objektivist kann nun folgenden Einwand machen: Im Hinblick auf denselben Sachverhalt werden unvereinbare Aussagen gemacht. Bezüglich der Besiedlung Nordamerikas werden mit (1) und (2) konträre Behauptungen aufgestellt, die beide aus logischen Gründen nicht zugleich wahr sein können. Deshalb ist (3) falsch. Dass (1) und (2) nicht kompatibel sind, kann der Objektivist noch zusätzlich belegen durch die Aussage der Indianer, dass (1) falsch sei. Aus logischen Gründen gibt es also nur drei Möglichkeiten: entweder gilt (1), oder es gilt (2), oder es gelten weder (1) noch (2). Entscheidend ist also, dass (1) und (2) konträre Aussagen über denselben Sachverhalt sind, die zwar beide falsch, wohl aber nicht beide zugleich wahr sein können.

Der Relativist könnte darauf erwidern, (1) und (2) seien keine präzisen Wiedergaben des Behaupteten. Genauer müsse es heißen:

(4) Es ist wahr *gemäß Theorie 1* (Wissenschaft/Archäologie), dass die ersten Menschen nach Nordamerika kamen, indem sie aus Asien über die Beringstraße eingewandert sind.
(5) Es ist wahr *gemäß Theorie 2* (Mythos der Indianer), dass die ersten Menschen nach Nordamerika kamen, indem sie mit Hilfe übernatürlicher Geister aus der Erde Nordamerikas gestiegen sind.

Für den zitierten Archäologen sind beide Aussagen gleichzeitig wahr. Sie sind aus relativistischer Sicht nicht widersprüchlich, da (1) und (2) nicht an sich bzw. irrelativ gelten, sondern nur relativ, das heißt jeweils im Rahmen von unterschiedlichen Theoriemodellen, wie in (4) und (5) ausgedrückt. Dafür kann der

Relativist zwei Argumente anführen: Erstens hat jede Theorie je eigene Prämissen und Kriterien, nach denen etwas für wahr angesehen wird. Insofern können Aussagen der einen Theorie nicht einfach in die jeweils andere übersetzt werden. Zweitens gibt es für Menschen keinen erkenntnistheoretischen Gottesstandpunkt und somit kein nicht-relatives Kriterium, um zu entscheiden, ob Theorie 1 wahr und Theorie 2 falsch, oder ob Theorie 1 falsch und Theorie 2 wahr ist. Es gibt zwar Gründe, warum man eine Theorie einer anderen vorziehen kann; diese Gründe gelten aber nicht absolut, sondern sind subjektiv und können sich als falsch herausstellen.

Der Objektivist kann diese Argumentation zurückweisen, indem er sich auf logische Prinzipien beruft, etwa den Satz vom ausgeschlossenen Widerspruch. Es ist nicht möglich, dass sowohl (1) als auch das Gegenteil, nicht-(1), gilt: Es ist logisch widersprüchlich, dass die Besiedlung Nordamerikas aus Asien erfolgt ist und dass sie *nicht* aus Asien erfolgt ist. Das Kontradiktionsprinzip verbietet, dass man bezüglich desselben Sachverhalts zugleich und in derselben Hinsicht zwei sich bezüglich der Wahrheit widersprechende Aussagen macht.

An dieser Stelle des Disputs könnte der Relativist – in Weiterführung von (4) du (5) – das Konzept einer relativen Wahrheit behaupten, deren Geltung nicht objektiv, sondern abhängig von bestimmten Parametern ist. Konkrete Beispiele dafür finden sich in der aktuellen Diskussion um den Relativismus. Ich möchte im Folgenden zwei einflussreiche Versionen eines alethischen Relativismus vorstellen.[15] Dem ersten Modell von Joseph Margolis zufolge muss der Relativismus zu einem logischen Relativismus erweitert werden, so dass es möglich ist, die Geltung des Prinzips vom ausgeschlossenen Widerspruch aus der Sicht mehrwertiger Logiken zu bestreiten. Dem zweiten Modell, dem „neuen" oder „wahren" Relativismus zufolge, ergibt sich die Idee einer relativen Wahrheit durch das Problem von unvereinbaren Geltungsansprüchen in Konflikten über Neigungen und über Geschmack. Die Idee dieses Relativismus liegt darin – wie ansatzweise schon bei der Analyse von Kölbels Modell eines moralischen Relativismus zu erkennen war –, Geltungsansprüche nicht länger über Kontexte zu relativieren und damit zu entschärfen, sondern das Wahrheitsprädikat selbst über spezifische Standards zu relativieren.

5.3 Alethischer Relativismus I: das Modell von Joseph Margolis

Für Joseph Margolis hat die Grundidee des Relativismus alle bisherigen Widerlegungsversuche überlebt.[16] Diese Grundidee besagt Margolis zufolge, dass man Wahrheitswerte akzeptieren müsse, die schwächer seien als die bipolaren

Werte „wahr" und „falsch", da es bestimmte Bereiche unserer Wirklichkeit gebe, deren Erforschung die Annahme von schwächeren Wahrheitswerten erforderlich mache:

> The bare bones of every relativism ... features two essential doctrines: (1) that, in formal terms, truth-values logically weaker than bipolar value (true and false) may be admitted to govern otherwise coherent forms of inquiry and constative acts, and (2) that substantively, not merely for evidentiary or epistemic reasons, certain sectors of the real world open to constative inquiry may be shown to support only such weaker truth-values.[17]

In Auseinandersetzung mit Robert Stalnaker und Michael Dummett versucht Margolis eine Position zu verteidigen, die Eigenschaften sowohl des Realismus als auch des Antirealismus besitzt. Demgemäß gibt es eine denkunabhängige physische Welt, die wissenschaftlich aber nur innerhalb der historisch und konzeptuell bedingten Erkenntnisformen erkannt werden kann:

> we may inquire into an independent world, but we cannot state its nature as it is independently of our inquiries.[18]

Diese Kontextabhängigkeit unseres Zugangs zur Wirklichkeit bestimmt für Margolis auch unsere Ontologie, also das, was wir als „wirklich" bezeichnen. Auf der Grundlage dieser Annahmen behauptet Margolis nun, dass wir vernünftigerweise nicht annehmen könnten, dass es immer nur zwei Wahrheitswerte gebe. Ein wohl verstandener Relativismus verpflichte uns, die logischen Prinzipien der Zweiwertigkeit und vom ausgeschlossenen Dritten aufzugeben: „We may simply abandon excluded middle or *tertium non datur*."[19]

Margolis stellt nicht nur diese beiden Prinzipien, sondern, wie wir sehen werden, auch das Prinzip vom ausgeschlossenen Widerspruch in Frage. Damit sind bekanntlich drei zusammenhängende, aber nicht aufeinander reduzierbare logische Prinzipien angesprochen, die man standardmäßig so beschreiben kann:
- Nach dem Zweiwertigkeits- oder Bivalenzprinzip ist jede Aussage *A* entweder wahr oder falsch, das heißt, sie ist wahrheitswertdefinit und kann nicht „relativ wahr" sein.
- Nach dem Prinzip vom ausgeschlossenen Dritten (*tertium non datur*) ist entweder die Aussage *A* oder die Aussage *nicht-A* wahr, ohne dass es eine dritte Möglichkeit gibt.[20]
- Nach dem Prinzip oder Satz vom ausgeschlossenen Widerspruch ist es nicht möglich, dass eine Aussage *A* und die ihr kontradiktorisch widersprechende Aussage *nicht-A* zugleich wahr sind.

Unter welcher Voraussetzung versucht Margolis, diese Prinzipien zu relativieren oder aufzuheben? Er behauptet, dass ein moderater Realismus, der vereinbar sei mit gegenwärtigen wissenschaftlichen und methodologischen Ansätzen, um die Einsicht nicht herumkomme, dass unsere Erkenntnis der Wirklichkeit viel zu beschränkt sei, um bipolare Wahrheitswerte in allen Feldern dieses Zugangs zu behaupten. In bestimmten Bereichen unserer Einsicht in die Wirklichkeit erachtet es Margolis als weitaus vernünftiger, Wahrheitswerte anzunehmen, die schwächer sind als die beiden bipolaren Werte „wahr" und „falsch". Für Margolis stellen die logischen Prinzipien der Zweiwertigkeit und des *tertium non datur* epistemisch eingespielte Konstrukte dar, mit denen wir die Wirklichkeit unter der Maßgabe der Bivalenz interpretieren, um zu bestimmten Entscheidungen und Einschätzungen zu gelangen. In vielen Bereichen unseres Bezugs zur Wirklichkeit sieht er die Anwendung des Prinzips der Zweiwertigkeit als angemessen und gerechtfertigt an, jedoch nicht in allen. Margolis erwähnt zum einen „cultural phenomena", deren Interpretation eine Komplexität erforderten, die über das zweiwertige System hinausgingen, zum anderen „high-level theories in the physical sciences", die unterdeterminiert seien in Bezug auf Beobachtungsdaten und deshalb einen starren Zugang mit zwei Wahrheitswerten sprengten.[21]

Margolis' Darstellung bleibt vage hinsichtlich einer Erklärung, warum die angeführten Beispiele die Anwendung einer mehrwertigen Logik notwendig machen sollen. Als Werte, die logisch schwächer als die bipolaren Werte „wahr" und „falsch" seien, erwähnt er „plausibility", „reasonableness" und „aptness".[22] Unter der Prämisse einer solchen logischen Mehrwertigkeit könnten Aussagen, die sich im zweiwertigen System widersprächen, einfach als „incongruent" verstanden werden:

> Relativism, then, is the thesis, at once alethic and metaphysical, that particular sectors of reality can only support, distributively, incongruent claims, that is, claims that on a bipolar model, but not now, would confirm incompatible or contradictory judgments and claims.[23]

Margolis sieht die durch unsere epistemischen Grenzen bedingte Notwendigkeit der Einführung eines mehrwertigen Ansatzes in bestimmten Bereichen unserer Wirklichkeitserkenntnis als Ausgangspunkt für die Position eines „robust or substantive relativism". Dessen Grundidee skizziert er wie folgt:

> Relativism, then, is nothing less than the attempt to recover within realist terms whatever forms of objectivity may be secured for any science or comparable inquiry in which, for reasons affected by the impossibility of uniquely fixing the real structures of this or that sector of things, we are obliged to retreat to truth-like values logically weaker than bipolar values.[24]

Was bedeutet „logically weaker than bipolar values"? Allgemein kann man auf die Alltagssprache hinweisen, in der es Äußerungen gibt, dass etwas „nicht ganz wahr", „nur teilweise wahr", „mehr oder weniger wahr", „nur bis zu einem gewissen Grad wahr" sein soll. Neben dieser vorphilosophischen Relativierung des Prinzips der Zweiwertigkeit ist die Entwicklung von nichtklassischen, mehrwertigen Logiken im letzten Jahrhundert zu erwähnen.[25] Mehrwertige Logiken stellen das für die klassische Logik konstitutive Prinzip der Bivalenz in Frage und verwenden mehr als zwei Wahrheitswerte. Die meisten der Logiker gehen jedoch davon aus, dass die mehrwertige Logik die klassische Logik weder verdrängen noch ersetzen will, sondern in bestimmten Anwendungsbereichen neue Lösungsansätze für logisch-philosophische Problemstellungen offeriert. Halten mehrwertige Logiken an den polaren Wahrheitswerten von „wahr" und „falsch" fest, ergeben sich, je nach Modell, intermediäre Werte wie beispielsweise „weder wahr noch falsch", „unentscheidbar" usw. Weiterhin gibt es, falls die Zahl 1 für „wahr" und die Zahl 0 für „falsch" steht, je nach Logiksystem unterschiedliche Möglichkeiten: In dreiwertigen Logiken wird die Zahl 0,5 als *tertium* behauptet; in mehrwertigen Logiken lassen sich eine Reihe von Zahlen zwischen 1 und 0 wie 0,1, 0,2, 0,3 ... 0,9 als Spektrum von Wahrheitswerten anführen. Genau genommen sprechen Logiker im letzten Fall von „Quasiwahrheitswerten",[26] da die Abstufung der Werte nicht mehr von den polaren Prädikaten „wahr" und „falsch" ausgeht, sondern von epistemisch gleichwertigen Stufen der Erkenntnisgewissheit. Mit der Aufgabe des Bivalenzprinzips versuchen mehrwertige Logiken, Lösungsansätze zu bieten für spezifische Fragestellungen der Logik, Philosophie und vor allem der Informatik. Ein zentraler Anwendungsbereich in philosophischer Hinsicht ist das viel diskutierte Problem der Vagheit.[27] Die Aussage „Peter ist kahlköpfig" scheint mit differenzierten Wahrheitswerten oder Quasiwahrheitswerten genauer auf das Bestehen oder Nichtbestehen des behaupteten Sachverhalts überprüft werden zu können.[28] Es ist allerdings umstritten, ob mehrwertige Logiken beim Problem der Vagheit wirklich weiterführen oder ob sie die Schwierigkeiten einfach nur verlagern. Klar ist auf jeden Fall, dass mehrwertige Logiken den Begriff der Kontradiktion neu definieren müssen, wenn das Prinzip *tertium non datur* aufgegeben wird. Daraus entstehen wiederum zahlreiche Probleme logischer und metaphysischer Art.

Was bedeutet das für die Analyse von Margolis' Relativismus? Die Pluralisierung von Wahrheitswerten ist die zentrale Intention des logischen Relativismus. Darunter fallen solche Modelle, die die Aufgabe der logischen Prinzipien der Bivalenz und des *tertium non datur* als Basis für metaphysische Folgerungen ansetzen. Dieses Vorgehen entspricht auch dem alethischen Relativismus von Margolis. Mit der Behauptung, dass die Wirklichkeit sich nicht grundsätzlich unter der Norm der Zweiwertigkeit beschreiben lasse und man deshalb, zumindest in bestimmten Bereichen, mehrere Wahrheitswerte ansetzen müsse, wird die Universalität des Bivalenzprinzips in Frage gestellt. Margolis relativiert dieses Prinzip zu einer bestenfalls noch sektoral geltenden Regel. Mit dieser Strategie wird das Bivalenzprinzip jedoch als normative Regel mit universalem Geltungsanspruch aufgehoben. Margolis' Relativismus geht von der problematischen Annahme aus, dass ein sektoral gültiges Bivalenzprinzip vereinbar sei mit der sektoral begrenzten Geltung von pluralen Quasiwahrheitswerten. Margolis Relativismus ist in strengem Sinne kein logischer Relativismus, da er kein formales System einer mehrwertigen Logik konzipiert und allein für die Einführung von „truth-like values" plädiert. In Bezug auf das zu Anfang des Kapitels vorgestellte erweiterte Grundmodell des alethischen Relativismus ändert Margolis damit die These (3) zu (3*):

(3) Eine Überzeugung x kann gleichzeitig wahr sein relativ zu Parameter Z und falsch sein relativ zu Parameter S, wobei Z ungleich S ist.

(3*) Eine Überzeugung x kann „sehr wahr" sein relativ zu Parameter Z und „weniger wahr" sein relativ zu Parameter S, wobei Z ungleich S ist.

Genau genommen, und zwar in Bezug auf Margolis' Behauptung, dass es nur in bestimmten Bereichen eine Pluralisierung der Wahrheitswerte geben müsse, ergibt sich für (3) These (3**):

(3**) Eine Überzeugung x kann in „sehr wahr" sein relativ zu Parameter Z, „weniger wahr" sein relativ zu Parameter S, falsch sein relativ zu Parameter Y, und wahr sein relativ zu Parameter W, wobei Z, S, Y und W verschieden voneinander sind.

Wie plausibel ist diese Variante des alethischen Relativismus? Margolis geht davon aus, dass sein relativistisches Modell vereinbar sei mit einem Realismus. Diese Behauptung ist wenig überzeugend, da die Begründung für Margolis' relativistische Pluralisierung der Wahrheitswerte recht deutlich eine antirealistische Färbung besitzt. Auch wird die Annahme einer denkunabhängigen Wirklichkeit in seinem Modell relativiert. Wissenschaftler, die so etwas wie eine „'independent physical world'" postulierten, gehörten selbst wieder einer kulturellen und sozialen Welt mit unterschiedlichen Deutungskontexten an.[29] Bei Margolis steht eine epistemische Wahrheitsauffassung im Vordergrund, bei der das Wahrsein einer Überzeugung sich intern aus dem epistemischen Verfahren der Bewahrheitung innerhalb eines bestimmten Begriffssystems ergibt. Die Gründe, warum Margolis sein Modell als „realism" bezeichnet, mögen darin liegen, dass er seinen Ansatz von einem Skeptizismus und Nihilismus deutlich abgrenzen will.[30]

Als grundsätzliches Problem fällt auf, dass bei Margolis nicht deutlich wird, wie sich ein bestimmter Bereich, in dem das Prinzip der Zweiwertigkeit gilt, zu einem anderen Bereich verhält, in dem es nicht gilt. Diese Unklarheit ergibt sich durch These (3**). Mit anderen Worten: Es bleibt offen, wie für bestimmte Bereiche der Wirklichkeit eine mehrwertige Logik, für andere dagegen eine zweiwertige Logik gelten kann. Wenn ich recht sehe, bietet Margolis keine überzeugende Kriteriologie für die Differenzierung solcher Bereiche. Zu fragen wäre, wie sich diese Bereiche zueinander verhalten und wie eine klare Abgrenzung zwischen ihnen sinnvoll ausgewiesen werden könnte. Jede Antwort darauf wirft in Margolis' Modell metasprachliche Probleme für die Beurteilung von Wahrheitsansprüchen auf. In diesem Kontext ergibt sich für Margolis zudem die retorsive Schwierigkeit, dass die Entscheidung, welches System der Logik das für die Erkenntnis der Wirklichkeit angemessenste ist – die klassische oder die mehrwertige Logik –, ihre Begründung vom Prinzip der Bivalenz nehmen muss. Beide Systeme sind jedoch nicht kompatibel miteinander: Entweder es gilt die klassische Logik mit dem Prinzip der Zweiwertigkeit, oder es gilt die mehrwertige Logik (in ihren Varianten), die dieses Prinzip aufgibt. Falls sich der Relativist für das System der mehrwertigen Logik und gegen das System der klassischen Logik entscheidet, entsteht der Widerspruch, dass diese Entscheidung nur unter der Prämisse geschehen kann, dass die klassische Logik und das Prinzip der Zweiwertigkeit als falsch angesehen werden. Insofern nähme der Logiker performativ das Prinzip der Bivalenz in Anspruch, dass er mit seiner Entscheidung ja gerade aufgeben will.

Weiterhin ist klärungsbedürftig, in welcher Relation die wahrheitsähnlichen Werte zu den beiden klassischen Wahrheitswerten „wahr" und „falsch" stehen. Handelt es sich um eine Erweiterung oder um eine Ersetzung der beiden Wahrheitswerte? Ginge es um eine Erweiterung, was eher im Sinne von Margolis zu sein scheint, dann ergibt sich das semantische Problem, wie das Vorkommen der beiden stärkeren Wahrheitswerte mit dem der schwächeren Wahrheitswerte vereinbar ist, wenn nur jene in eindeutiger Weise das Bestehen oder Nichtbestehen von Sachverhalten ausdrücken können. Zudem ist in dreiwertigen Logiken unklar, wie das *tertium* 0,5, das den Übergang bilden soll zwischen den nach klassischer Logik kontradiktorischen Aussagen *A* („Peter ist kahlköpfig") und *nicht-A* („Peter ist nicht kahlköpfig"), semantisch sinnvoll zu explizieren ist: Wie kann es in derselben Hinsicht wahr und falsch, also „teilweise wahr" und „teilweise falsch" sein? – Ginge es dagegen um eine Ersetzung, wäre unklar, warum das vorgestellte mehrwertige System, wie Margolis behauptet, in bestimmten Bereichen unseres Zugangs zur Wirklichkeit metaphysisch notwendig und epistemisch sinnvoll sein soll, in anderen dagegen nicht.

Die skizzenhafte Kritik zeigt, dass die direkte oder indirekte Aufgabe des Satzes vom ausgeschlossenen Widerspruch im Kontext des Relativismus in der Gefahr steht, auf Begründung zielendes Denken und Argumentieren zu untergraben. In dieser Hinsicht scheinen Versionen des alethischen Relativismus, die das Prinzip der Zweiwertigkeit aufgeben und durch graduelle Wahrheitswerte ersetzen, wenig attraktiv. Insgesamt, so kann man resümieren, scheitert der Versuch von Margolis, eine tragfähige Position des alethischen Relativismus zu begründen.

5.4 Alethischer Relativismus II: das Modell der „neuen" Relativisten

Die Skepsis gegen das Prinzip der Bivalenz findet sich auch in einem weiteren aktuellen Diskussionsstrang um den alethischen Relativismus. Einige Philosophen, die ihren Ansatz als „true relativism" und sich selbst als „neue Relativisten"[31] bezeichnen, versuchen sich von bisherigen relativistischen Modellen abzugrenzen, die sie unter dem Schlagwort „contextualism" kritisieren. Wie schon angedeutet, zählen zu diesen „neuen" Relativisten Crispin Wright, John MacFarlane, Peter Lasersohn, François Recanati und Max Kölbel, dessen Ansatz hier bereits unter dem Thema „moralischer Relativismus" diskutiert worden ist. Die Debatte über den „true relativism" ist zurzeit die wohl interessanteste und meist beachtete Auseinandersetzung im anglo-amerikanischen Raum zum Problem des alethischen Relativismus.[32] John MacFarlane gilt als Wegbereiter dieser Variante des alethischen Relativismus.[33] Im Vorwort seines Buchs *Assessment Sensitivity* zeichnet MacFarlane biographisch seine Entwicklung vom Kritiker zum Befürworter des Wahrheitsrelativismus nach.

Vorab muss man sich klar machen, dass Vertreter dieser Richtung mit ihrem Relativismus weder ein bestimmtes metaphysisches Weltbild propagieren noch ideologische oder politische Motive verfolgen. Bei dieser Spielart des Relativismus geht es ausschließlich um semantische Probleme, in deren Konsequenz, den „neuen" Relativisten zufolge, sich die Idee und das Konzept einer relativen Wahrheit herausbilden. Mit diesem linguistisch-semantischen Anliegen ist verbunden, dass die Entwürfe der „wahren" Relativisten logisch-formaler Natur sind. Die Einheitlichkeit in der Programmatik des „neuen" Relativismus schließt interne Differenzen zwischen den einzelnen Konzepten jedoch nicht aus.

Die Diskussion um den „neuen" Relativismus kann man als eine Filiation der Debatte um den semantischen Kontextualismus in der gegenwärtigen Sprachphilosophie und Erkenntnistheorie beschreiben. Wegweisend, auch für die Entwicklung des „neuen" Relativismus, war hier die kontextualistische Wissenstheorie von David Lewis.[34] Bei der Debatte um den semantischen Kontextualismus geht es allgemein um die Frage, welche Rolle verschiedene Kontexte der Äußerung bei der Zuschreibung von Wissen und Bedeutung spielen. Die Position des semantischen Kontextualismus behauptet, dass Geltungszuschreibungen kontextabhängig, das heißt, abhängig von bestimmten Indizes (Ausdrücken wie „ich", „hier", „dies") oder von anderen kontextuellen Parametern sind. So kann beispielsweise die Aussage „Jan ist groß" in einem Kontext der Äußerung, etwa in einer Diskussion über Jockeys, wahr sein, während gleichzeitig die damit logisch unvereinbaren Aussagen über dieselbe Person „Jan ist klein" oder „Jan ist nicht groß" in einem anderen Äußerungskontext ebenfalls wahr sein können, etwa in einer Diskussion über Basketballspieler.[35] Beide Aussagen sind für den Kontextualismus wahr, da es sich jeweils um andere Maßstäbe oder Umstände handelt, die die Äußerung wahr machen. Entscheidend für den Übergang zum Relativismus ist nun, dass es für den semantischen Kontextualismus unterschiedliche Äußerungskontexte für die Geltung von Propositionen gibt. Wahrheitsbedingungen können demgemäß mit dem Kontext der Äußerung variieren und sind gerade nicht, wie in der Tradition Freges behauptet wird, als invariant zu verstehen. In dieser Weise vertritt der Kontextualismus die in unserem Zusammenhang bekannte relativistische Grundidee: Die Behauptung *p* gelte nur relativ zu einem bestimmten Äußerungskontext.

Nun wurde oben schon bei der Analyse von Kölbels Position deutlich, dass der Kontextualismus – bei Kölbel auch „Revisionismus" genannt – scharf kritisiert wird. Die grundsätzliche Kritik der „neuen" Relativisten am Kontextualismus kann man mit einer Formulierung von Timothy Williamson so zusammenfassen: „Contextualism is relativism tamed."[36] Der für die „neuen" Relativisten entscheidende Grund, den Kontextualismus als „Zähmung" des relativistischen Denkens zu verstehen, liegt darin, dass der Kontextualismus zwar Irrtumsfreiheit durch die Relativierung unvereinbarer Geltungsansprüche auf besondere Kontexte oder Umstände verdeutlichen kann; was ihm jedoch fehlt – so die Kritik der „neuen" Relativisten –, ist die Eigenschaft, echte Meinungsverschiedenheit und Widersprüchlichkeit zum Thema zu machen. Dieser Kritik zufolge werden die zwei sich widersprechenden Behauptungen *p* und *nicht-p* durch die Relativierung auf unterschiedliche Geltungskontexte letztlich als miteinander vereinbar dargestellt.[37] Für den Kontextualismus, so die Kritik von Wright und Kölbel, handelt es sich im Hinblick auf unvereinbare Geltungsansprüche nur um einen Scheinkonflikt, insofern die widersprechenden Aussagen nur vordergründig inkompatibel miteinander sind. Die Relativierung auf unterschiedliche Kontexte oder Geltungsstandards habe die Konsequenz, dass sich – im oben angeführten Beispiel Kölbels – „Arvind" und „Ruth" gar nicht um ein und denselben Sachverhalt streiten. Durch diese fehlende Möglichkeit, echte Meinungsverschiedenheiten auszuweisen, ist der kontextuelle Relativismus für die „neuen" Relativisten eine nur gezähmte Version des Relativismus und damit, wie es bei Wright heißt, eine „misrepresentation of linguistic practice".[38] Das entscheidende Ziel

5.4 Alethischer Relativismus II: das Modell der „neuen" Relativisten

der „neuen" Wahrheitsrelativisten besteht demgegenüber darin, in Disputen, bei denen es um Neigungen und Einschätzungen geht, so etwas wie „faultless disagreement" aufzuzeigen, in Deutsch: „irrtumsfreie Meinungsverschiedenheit".[39]

Ich möchte hier, stellvertretend für die „neuen" Relativisten, primär vom Ansatz Crispin Wrights ausgehen. Für Wright gibt es zwei verschiedene Formen, in denen Konflikte zwischen Überzeugungen entstehen: Zum einen in Situationen, bei denen es um einen Dissens in Geschmacksurteilen geht („Rhabarber schmeckt besser als Spinat" – „Rhabarber schmeckt nicht besser als Spinat"), zum anderen in Situationen, bei denen es um einen wissenschaftlichen Dissens und um ein behauptetes Bestehen von Sachverhalten geht, das überprüfbar oder zumindest potenziell verifizierbar ist („Der Planet x hat zu t_1 sechs Monde" – „Der Planet x hat zu t_1 acht Monde"). Jene Konflikte nennt Wright „Neigungsdispute" („disputes of inclination"), diese „Tatsachendispute" („disputes of fact").[40] Die „neuen" Relativisten interessieren sich, so Wright, allein für das erste Konfliktszenario, die Neigungsdispute. Diese Festlegung ist wichtig. Sie zeigt, dass die „neuen" Relativisten, zumindest von ihrem Anspruch her, keinen globalen, sondern nur einen lokalen Relativismus vertreten. Wie diese Beschränkung zu verstehen ist, wird noch zu untersuchen sein. Gemäß der Sichtweise von Wright ist es möglich, gleichzeitig in Fragen der Wissenschaft Objektivist und in Fragen des Geschmacks Relativist zu sein.[41]

In der gewöhnlichen oder alltäglichen Sichtweise („Ordinary View"), so Wright, schreibe man Neigungsdisputen drei Eigenschaften zu:[42]
(1) Widersprüchlichkeit („*Contradiction*", „disagreement"): der Dissens schließt unvereinbare Geltungsansprüche ein.
(2) Irrtumsfreiheit („*Faultlessness*"): keine der streitenden Parteien scheint beim Neigungsdisput im Irrtum zu sein oder ein fehlerhaftes Urteil zu fällen.
(3) Tragfähigkeit („*Sustainability*"): die streitenden Parteien können rational an ihren Geltungsansprüchen festhalten, auch wenn der Dissens bekannt ist und unentschieden bleibt.

Im Gegensatz zu Neigungsdisputen würde Eigenschaft (2) in Tatsachenkonflikten nicht akzeptierbar sein, wenn man am Prinzip des ausgeschlossenen Dritten festhält: Entweder die eine Partei oder die andere ist im Recht, nicht aber beide zugleich. Das heißt, die „neuen" Relativisten zielen nicht, wie Margolis, darauf ab, durch die Einführung von mehreren Quasiwahrheitswerten auch Tatsachenkonflikte in bestimmten Bereichen relativistisch zu rekonstruieren. Sie versuchen, eine Form des Relativismus als Lösung für Probleme zu entwickeln, die in Neigungskonflikten zum Ausdruck kommen, und zwar im Gegensatz zu Kontextualisten, die für sie solche Neigungskonflikte letztlich auflösen, indem sie die darin auftretende Widersprüchlichkeit, wie in Eigenschaft (1) formuliert, nicht erklären können. Wenn *A* behauptet, Rhabarber schmecke besser als Spinat, und *B* dies bestreitet, dann reden – dem Konzept des Kontextualismus zufolge, wie es von den „wahren" Relativisten interpretiert wird – *A* und *B* aneinander vorbei, da jeder einen eigenen Urteilsmaßstab voraussetzt und *A* und *B* insofern irrtumsfrei sind bzw. sein können.[43] Der „wahre" Relativist möchte jedoch in Bezug auf Neigungsdispute alle drei Elemente des Alltagsverständnisses berücksichtigen und als miteinander kompatibel ausweisen. Allein diesen theoretischen Versuch könne man, so Wright, als „Relativismus" bezeichnen.[44]

Die Herausforderung, alle drei Elemente des „Ordinary View" aufzunehmen und zu vereinbaren,[45] ist jedoch Wright zufolge durch eine simple, logisch motivierte Überlegung in Frage gestellt. Diese Überlegung, die er „Simple Deduction" nennt,[46] kann hier nur verkürzt nachgezeichnet werden. Wenn (a) *A* urteilt, dass *x* („Rhabarber schmeckt besser als Spinat"), und (b) *B* urteilt, dass *nicht-x* („Rhabarber schmeckt nicht besser als Spinat"), so dass beide Urteile gemäß Eigenschaft (1) sich widersprechen, und wenn weiterhin (c) *A* und *B* in ihren sich widersprechenden Urteilen irrtumsfrei sind gemäß Eigenschaft (2), dann würde, wenn man *x* annimmt, logisch folgen, dass *B* gleichzeitig gemäß (b) irrt und gemäß (c) nicht irrt.

Offenkundig impliziert diese Folgerung einen Widerspruch. Ist damit der „Ordinary View", die alltägliche Sichtweise von Neigungsdisputen, fehlerhaft, insofern sie Neigungsdispute mit Eigenschaft (2) als irrtumsfrei verstanden hatte? Wie schon bemerkt, versucht der Kontextualismus bzw. kontextuelle Relativismus das Problem dadurch zu lösen, dass er die Eigenschaft (1) des „Ordinary View", die Widersprüchlichkeit im Dissens, aufgibt. Diese Lösung entschärft jedoch die Herausforderung, die in echten Konflikten liegt, und ist deshalb für die „wahren" Relativisten inakzeptabel. Wright behauptet weiterhin, dass auch realistische und expressivistische Lösungsansätze darin scheiterten, für das Problem von echten Neigungsdisputen eine konsistente Lösung anzubieten.[47]

Wie versucht Wright nun, einen „true relativism" zu etablieren, der den Anspruch hat, alle drei Eigenschaften des „Ordinary View" zu verbinden und damit die Möglichkeit irrtumsfreier Dispute aufzuzeigen? Zunächst macht Wright in Rekurs auf die intuitionistische, nicht-klassische Logik seine Reserven gegen das Bivalenzprinzip deutlich und plädiert für eine antirealistische Position. Eines seiner erkenntniskritischen Argumente lautet: Wenn es gegenwärtig unerkannte Sachverhalte gibt – sein Beispiel ist die Gültigkeit der noch unbewiesenen Goldbachschen Vermutung – und wir nicht wissen, ob entweder diese Hypothese oder ihr Gegenteil verifiziert werden kann, sei die Entscheidbarkeit nach dem Bivalenzprinzip generell in Frage gestellt.[48] Als weiteres Argument, das auch schon Margolis für seinen alethischen Relativismus ins Spiel gebracht hatte, führt Wright das Vagheitsproblem als Motiv für seine „reservation about Bivalence" an.⁴⁹ Diese Grenzfälle sollen deutlich machen, dass es keine epistemische Garantie für die Gültigkeit des Bivalenzprinzips gebe.

Was heißt das für den alethischen Relativismus? Wright verfolgt dieselbe Intention, die Kölbel als Grundlage für seine Version des moralischen Relativismus ansetzt: Er relativiert das Konzept der Wahrheit und geht aus von relativen Wahrheitswerten. In Bezug auf das oben angeführte Beispiel will der „wahre" Relativist zeigen, dass es sich bei der Proposition *x*, die *A* behauptet und *B* verneint, um dieselbe Proposition handelt:

> A true relativist accommodation of the Ordinary View must demand that it is the very same proposition that Tim affirms and that I deny [...] What the relativist has to explain ... is how to maintain the point alongside the claim that there is a single proposition affirmed and denied respectively.⁵⁰

Wright unterscheidet in Neigungskonflikten die *eine* Behauptung („the very same claim") oder Proposition („the very same proposition") von den unvereinbaren Beurteilungen („incompatible judgements"), die man über sie machen kann, indem man sie entweder bejaht oder verneint.⁵¹ Eine analoge Strategie der Wahrheitsrelativierung findet sich bei John MacFarlane:

> The relativist thesis might be put this way: one and the same utterance or assertion can be true, relative to *X*, and false, relative to *Y*.⁵²

Nur unter dieser Bedingung glauben die „neuen" Relativisten, Eigenschaft (1) des „Ordinary View", die Widersprüchlichkeit, wahren zu können. Der Kontextualist dagegen eliminiert den Widerspruch aus der Sicht der „wahren" Relativisten, indem er in Bezug auf „Rhabarber schmeckt besser als Spinat" die Bejahung von *A* und die Bestreitung von *B* als zwei Propositionen *x* und *nicht-x* interpretiert, deren Geltung für ihn relativ zu unterschiedlichen Kontexten ist, in denen beide ihr Urteil fällen.

Mit dieser Auffassung glaubt der „wahre" Relativist, der Eigenschaft (1) des „Ordinary View", der Widersprüchlichkeit, Rechnung zu tragen. Wie aber soll dann die Eigenschaft (2), die Irrtumslosigkeit der Parteien im Konflikt, berücksichtigt werden? Um hier weiter zu kommen, macht Wright einen spitzfindigen Schachzug: Auch er relativiert die behauptete Proposition („Rhabarber schmeckt besser als Spinat"), wobei diese Relativierung jedoch keine Relativierung des *Inhalts* der Zuschreibung auf unterschiedliche Kontexte (Sprache, Kultur etc.), wie im Kontextualismus, sei:

> But true relativism is relativism about *truth*. It is *not* the thesis that the content of a certain kind of ascription can vary as a function of varying standards, or contexts, or other parameters.[53]

Wright betont, dass es dem „wahren" Relativisten, will er die drei skizzierten Eigenschaften des „Ordinary View" berücksichtigen, nicht, wie dem Kontextualisten, um eine Relativität hinsichtlich des Inhalts des Urteils in Bezug auf bestimmte Kontexte geht, sondern um eine Relativität hinsichtlich der Wahrheit von Gedanken oder Propositionen („relativity in the truth of *thoughts* or *propositions*"). Mit dieser These intendiert Wright eine Relativierung der Wahrheit auf spezifische alethische Standards:

> The true relativist must insist that, for statements of the kind that concern us, we may no longer validly infer from the supposition that P that someone who holds that not-P is making a mistake. A mistake will be implicated only if the judgement that not-P is held accountable to the same standards, or perspective, or whatever, that are implicated in the (hypothetical) supposition that P is true. Very simply: if P is true by one set of standards, or whatever the relativistic parameter is, and I judge it false by another, then what makes P true need not be something which, in judging that it is not true, I mistakenly judge not to obtain.[54]

Bei MacFarlane heißen diese Standards „contexts of assessment", die er von „contexts of use" unterscheidet.[55] Urteile in Neigungskonflikten sind demgemäß nicht wahr *simpliciter*, das heißt in einem objektiven Sinne, sondern nur in einem relativen Sinne. Für „wahre" Relativisten ist es in solchen Konflikten ein und dieselbe Proposition *x* („Rhabarber schmeckt besser als Spinat"), die wahr ist für eine Person *A* relativ zum eigenen Wahrheitsstandard *Y*, und deren Bestreitung ebenfalls wahr ist für Person *B* relativ zu ihrem Wahrheitsstandard *Z*. Dies kann man so ausdrücken:
(a) Für *A* ist *x* wahr relativ zu Wahrheitsstandard *Y*.
(b) Für *B* ist *x* falsch relativ zu Wahrheitsstandard *Z*, wobei *Y* ungleich *Z* ist.

Den „neuen" Relativisten zufolge heißt das: *A* und *B* stellen erstens einander widersprechende Urteile zu ein und derselben Proposition auf – entsprechend Eigenschaft (1) des „Ordinary Views". Anders ausgedrückt: Es handelt sich um einen Widerspruch, da es – im Gegensatz zur Auffassung des relativistischen Kontextualismus – ein und dieselbe Proposition ist, die *A* bejaht und *B* bestreitet. Zweitens sind *A* und *B* irrtumsfrei, da ihre Urteile unterschiedliche Wahrheitsstandards voraussetzen – entsprechend Eigenschaft (2) des „Ordinary View". Da für den „wahren" Relativisten in Neigungsdisputen unterschiedliche Wahrheitsstandards zum Tragen kommen, können *A* und *B* sich widersprechende Behauptungen vertreten, ohne dass einer von beiden sich zwangsläufig irren muss. Daher behauptet der „wahre" Relativist – er schließt hier noch „*Sustainability*" als dritten Aspekt ein –, alle drei Eigenschaften des „Ordinary Views" erklären zu können. Anders ausgedrückt: Nicht der behauptete Sachverhalt oder Inhalt der umstrittenen Proposition ist relativistisch zu verstehen, sondern das Wahrheitsprädikat selbst. In Neigungsdisputen über Geschmacksfragen haben Propositionen keinen absoluten bzw. objektiven, sondern nur einen relativen Wahrheitswert, je nach dem individuellen Maßstab. Diese Maßstäbe verstehen die „neuen" Relativisten schlicht als Funktionen, die Propositionen über geschmackliche Fragen Wahrheitswerte zuordnen.[56] Es mag Bereiche geben, wie etwa Tatsachenkonflikte, in denen Propositionen objektive Wahrheitswerte besitzen. In Neigungsdisputen und auch bezüglich von Sachverhalten, die Vagheitsprobleme oder zukünftige Ereignisse beschreiben, ist das für die „neuen" Relativisten jedoch nicht der Fall.

Wie ist das Modell der „neuen" Relativisten zu beurteilen? Vorab gilt es zu betonen, dass hier keine detaillierte Auseinandersetzung mit dem „neuen" Relativismus möglich ist. Diese Variante des alethischen Relativismus hat sich inzwischen so weit ausdifferenziert, dass eine genaue Analyse der verzweigten Diskussionen nicht mehr den ganzen Ansatz, sondern einzelne Entwürfe und Argumente dieser relativistischen Spielart zu untersuchen hätte. Insofern möchte ich mich hier in Rekurs auf die bislang dargestellten Grundlinien des „neuen" Relativismus auf allgemeine Rückfragen beschränken:

1. Wright, Kölbel und MacFarlane gehen davon aus, dass ein wahrer und angemessener Relativismus ein alethischer Relativismus sein muss. Damit treffen sie die Grundidee des relativistischen Denkens, bei der der alethische Relativismus als Kernmodell für lokale Relativismen anzusetzen ist. Wie herausgestellt wurde, richten die „neuen" Relativisten ihren Fokus primär auf den Bereich von Neigungsdisputen in weitem Sinne, wozu einige Relativisten, wie Kölbel, auch moralische Streitfragen zählen. Damit handelt es sich beim „neuen" Relativismus programmatisch nur um einen lokalen Relativismus, der formal allein die Abhängigkeit von Aussagen einer bestimmten Klasse (Neigungen, Einschätzungen) von Wahrheitsstandards behauptet. Nun wäre grundsätzlich zu fragen, unter welchen Voraussetzungen ein alethischer Relativismus überhaupt als lokaler Relativismus verstanden werden kann. Aus der Sicht des „neuen" Relativismus wäre darauf zu antworten, dass es eine Klasse von Aussagen gibt, und zwar die über präferentielle Sachverhalte („disputes of inclination"), bei der Propositionen relative Wahrheitswerte haben, und andere Klassen von Aussagen, etwa „disputes of facts", in denen es Propositionen mit objektiven Wahrheitswerten gibt. Demnach hätte man zwischen zwei Klassen von Propositionen zu unterscheiden, und zwar einer Klasse, für die ein relativer Wahrheitsbegriff gelten würde, und einer anderen Klasse, für die ein nicht-relativer Wahrheitsbegriff gelten würde. Ähnlich wie bei

dem Modell von Margolis ergäbe sich in Bezug darauf die Schwierigkeit, wie die beiden unvereinbaren Wahrheitsverständnisse zugleich gelten können und wie die Unterscheidung zwischen den beiden Klassen metasprachlich sinnvoll und widerspruchsfrei ausgewiesen werden kann.

Akzeptiert man das Selbstverständnis des „neuen" Relativismus als lokalen Relativismus, scheint in diesem Ansatz vordergründig nur eine begrenzte Herausforderung für den Objektivisten zu liegen. Neigungsdispute werfen sicherlich einige diffizile semantische Probleme auf, markieren aber auch ein Themenfeld, das in der allgemeinen Debatte um das Für und Wider des Relativismus bislang, also vor dem Aufkommen des „neuen" Relativismus, weniger Interesse im Vergleich zu Tatsachendisputen gefunden hat und als nicht so brisant erscheinen mag. Relativist allein in Bezug auf Geschmacksdispute zu sein, scheint wenig Konfliktmaterial zu bieten. Präsentiert also der „neue" Relativismus nur eine sehr spezifische und eingeschränkte Herausforderung für Objektivisten, insofern er Tatsachendispute unberücksichtigt lässt? Darauf wäre zunächst zu antworten, dass „neue" Relativisten zwar primär den Bereich von Neigungskonflikten im Sinn haben, gleichwohl aber darauf hinweisen, dass es auch andere Propositionen gebe, denen ein relativer Wahrheitswert zukomme, zum Beispiel Propositionen über epistemische Modalitäten, fiktionale und konditionale Propositionen.[57] Aber selbst wenn man diese Erweiterungen immer noch als lokale Relativismen verbucht, bleibt das grundsätzliche Problem, wie man Neigungskonflikte von Tatsachenkonflikten genau abgrenzen kann. Dies hängt offenkundig davon ab, aus welchen Phänomenbereichen man Tatsachen anerkennt. Sicherlich ist die Behauptung „Der Planet x hat zu t_1 acht Monde" entweder wahr oder falsch, *tertium non datur*, und dies aus realistischer Sicht selbst dann, wenn diese Behauptung erkenntnistranszendent wäre, etwa weil wir zurzeit nicht die geeigneten Untersuchungsmöglichkeiten hätten, sie zu verifizieren. Was ist jedoch mit metaphysischen Behauptungen, die auf Überzeugungen zurückgehen, die unter endlichen Bedingungen immer erkenntnistranszendent und nicht letztgültig verifizierbar bleiben, wie „Es gibt einen Gott"? Handelt es sich hierbei um Neigungs- oder um Tatsachenkonflikte? Die Antwort darauf dürfte je nach realistischer oder antirealistischer Ausgangsposition philosophisch umstritten sein. So könnte etwa ein theologischer Antirealist und Nonkognitivist die Frage nach der Existenz Gottes als einen Neigungsdisput beurteilen, bei dem es nicht um kognitiv relevante Tatsachen, sondern um die Einbindung in eine spezifische religiöse Lebensweise gehe. Auch in Bezug auf eine weitere Klasse von Aussagen, und zwar aus dem Bereich der Moral, gibt es Streit zwischen moralischen Realisten und Antirealisten darüber, ob es so etwas wie objektive moralische Tatsachen gibt. Wie gezeigt, hat Kölbel das Modell des „neuen" Relativismus auch im Zusammenhang von ethischen Streitfragen als moralischer Relativismus formuliert und insofern deutlich gemacht, dass es sich bei moralischen Disputen für ihn nicht um Tatsachen-, sondern um Neigungskonflikte handelt.

Insgesamt kann die von Wright zum Ausdruck gebrachte Beschränkung des „neuen" Relativismus auf Neigungsdispute einen falschen Eindruck erwecken. Für eine Erweiterung der Relativierungsstrategie über Aussagen bei Konflikten über Geschmacksfragen hinaus kann der „neue" Relativist leicht Argumente finden, etwa indem er auf das Problem der Grenzziehung zwischen Neigungs- und Tatsachenkonflikten hinweist oder indem er den Begriff „Tatsache" rein auf empirisch verifizierbare Sachverhalte bezieht und alles andere als Gegenstand von Einschätzungen, Meinungen oder Präferenzen ansieht. Ob solche Argumente überzeugend wären oder nicht, bleibt offen; in jedem Fall wäre der metaphysische oder moralische Realist genötigt, sich gegen einen solchen globaleren Anspruch des „wahren" Relativismus zu rechtfertigen.[58]

2. Wie deutlich wurde, wollen „neue" Relativisten in der Linie von Kölbel und Wright alle drei Eigenschaften des „Ordinary View" berücksichtigen, um die Möglichkeit von „faultless disagreement" in Neigungskonflikten erklären zu können. Unklar ist jedoch, ob es dem „neuen" Relativismus tatsächlich gelingt, durch die Relativierung der Wahrheit auf spezifische Standards die beiden hier diskutierten Eigenschaften – die Widersprüchlichkeit und Irrtumsfreiheit zwischen zwei unvereinbaren Geltungsansprüchen in Neigungskonflikten – zum Ausdruck zu bringen.[59] Gehen wir nochmals aus von dem oben skizzierten Konfliktszenario bezüglich der Proposition x „Rhabarber schmeckt besser als Spinat":

(a) Für A ist x wahr relativ zu Wahrheitsstandard Y.
(b) Für B ist x falsch relativ zu Wahrheitsstandard Z, wobei Y ungleich Z ist.

Auch wenn es bei diesem Konflikt, den „neuen" Relativisten zufolge, um ein und dieselbe Proposition gehen soll, die für A wahr und für B falsch ist, kann man bezweifeln, dass es sich hier tatsächlich um einen echten Widerspruch („Contradiction", „disagreement") zwischen unvereinbaren Geltungsansprüchen handelt, wie es die erste Eigenschaft des „Ordinary View" bei Neigungsdisputen vorsieht. Ein genuiner Widerstreit scheint nur dann möglich, wenn A und B relativ zu *demselben* Wahrheitsstandard urteilten, dass x für A wahr und für B falsch ist. Wenn x für A wahr ist relativ zu seinem Wahrheitsstandard Y und wenn es für B wahr ist relativ zu seinem (von Y unterschiedenen) Wahrheitsstandard Z, dass x falsch ist, dann wäre es kontraintuitiv zu behaupten, es handele sich bei dem Disput zwischen A und B um einen echten Widerstreit. Anders ausgedrückt: Auch wenn es dieselbe Proposition sein soll, die A für wahr und B für falsch erachtet, scheinen sich beide logisch nicht widersprechen zu können, da A und B nach verschiedenen Wahrheitsstandards urteilen. Insofern handelt es sich bei diesem Disput in Wahrheit um einen Scheinkonflikt. Ein echter Widerspruch wäre logisch nur dann möglich, wenn nach *demselben* Wahrheitsstandard x für A wahr und für B falsch ist. Andernfalls müsste man hier den Satz vom ausgeschlossenen Widerspruch in Frage stellen, an dem ja auch Wright und Kölbel mit ihrer Kritik am Kontextualismus und durch den Rekurs auf die erste Eigenschaft des „Ordinary View" festhalten.

Doch gestehen wir einmal hypothetisch zu, es handele sich bei den skizzierten Urteilen von A und B um einen echten Widerstreit im Sinne der ersten Forderung des „Ordinary View". Wären A und B dann „faultless" im Sinne der zweiten Forderung? Mark Richard hat gezeigt, dass dies nicht der Fall ist:

> Suppose I think that Beaufort is a better cheese than Tome, and you think the reverse. Suppose (for *reductio*) that each of our thoughts is valid – mine is true from my perspective, yours is true from yours. Then not only can I (validly) say that Beaufort is better than Tome, I can (validly) say that it's true that Beaufort is better than Tome. And of course if you think Tome is better than Beaufort and not vice versa I can also (validly) say that you think that it's not the case that Beaufort is better than Tome. So I can (validly) say that it's true that Beaufort is better than Tome though you think Beaufort isn't better than Tome. From which it surely follows that you're mistaken – after all, if you have a false belief, you are mistaken about something. This line of reasoning is sound no matter what the object of dispute. So it is just wrong to think that if my view is valid – true relative to my perspective – and your contradictory view is valid – true, that is, relative to yours – then our disagreement is „faultless".[60]

Wenn x für A wahr ist relativ zu seinem Wahrheitsstandard und für B falsch ist relativ zu seinem Wahrheitsstandard und hier wirklich ein echter Widerstreit vorläge, da das Urteil von B für A, und umgekehrt, falsch wäre, dann scheint es abwegig zu behaupten, dieser Dissens sei „faultless". Insofern ist es fraglich, ob es Kölbel und Wright tatsächlich gelingt, „irrtumsfreie Meinungsverschiedenheit" in Neigungsdisputen zu erklären. Nun liegt in diesem Anspruch gerade die Kritik der „neuen" Relativisten am Kontextualismus. Das Neue am „neuen" Relativismus soll ja darin liegen, die, wie es bei Wright hieß, „misrepresentation of linguistic practice" im Kontextualismus zu überwinden. Erweist sich der „neue Relativismus", wenn er genauso wenig wie der Kontextualismus Widersprüchlichkeit *und* Irrtumslosigkeit in Neigungsdisputen erklären kann, dann nicht auch als ein „relativism tamed"?

Nun hat sich MacFarlane in seinem jüngsten Buch *Assessment Sensitivity* von 2014 von Kölbel und anderen „neuen" Relativisten distanziert mit der Kritik, deren Behauptung, „faultless disagreement" in Neigungskonflikten erklären zu können, sei „dangerously ambiguous".[61] MacFarlane vermisst bei den kritisierten Relativisten eine sorgfältige Differenzierung, was die beiden Begriffe „disagreement" und „faultless" einzeln und in Verbindung miteinander bedeuten können. MacFarlane versucht, dies zu klären, und unterscheidet zunächst zwei

Bedeutungen von „disagreement", einmal im Sinne von (a) „doxastic noncotenability", dem gemäß die widerstreitenden Ansichten nicht beide zugleich von den am Streit beteiligten Personen vertreten werden können; dann im Sinne von (b) „preclusion of joint accuracy", was für MacFarlane in etwa bedeutet, dass nicht beide der widerstreitenden Ansichten zusammen „correct" und „true" sind. Für „faultless" unterscheidet er vier Bedeutungen, (i) „epistemically warranted", (ii) „true", (iii) „accurate" und (iv) „not in violation of constitutive norms of governing belief/assertion".[62] Mit diesen Differenzierungen wird MacFarlane zufolge – verkürzt gesagt – erkennbar, dass irrtumsfreie Meinungsverschiedenheit möglich ist bei der Kombination von „disagreement" in beiden Formen (a) und (b) mit „faultless" im Sinne von (i), etwa, wenn eine der beiden am Streit beteiligten Personen eine Behauptung äußert, von der sie epistemisch überzeugt ist, die aber objektiv falsch ist. Diese von MacFarlane vorgestellte Möglichkeit ist jedoch trivial und rührt nicht an dem vom „wahren" Relativismus aufgeworfenen Problem. MacFarlane zeigt dann, dass es inkohärent wäre, von „faultless disagreement" in der Kombination von „disagreement" im Sinne von (a) und (b) mit „faultless" im Sinne von (ii) zu sprechen. Dies, so MacFarlane, sei weder für den Kontextualismus noch für den Wahrheitsrelativismus möglich. Wenn Kölbel dagegen die Kombination von „disagreement" (a) mit „faultless" (iv) meine, sei sein Anliegen, irrtumsfreie Meinungsverschiedenheit in Neigungsdisputen zu erklären, kohärent. Doch trotz der Kohärenz in dieser speziellen Kombination sei Kölbels Anliegen deshalb noch nicht „distinctive of truth relativism in the sense used here."[63] Aufgrund dieser – scharfen – Kritik und generell wegen der möglichen Missdeutungen plädiert MacFarlane dafür, die Rede von „faultless disagreement" bei Neigungsdisputen gänzlich zu vermeiden.

Es ist hier nicht möglich, MacFarlanes Kritik genauer zu diskutieren und zu untersuchen, was „disagreement" (a) mit „faultless" (iv) bedeuten soll. Erkennbar wurde bei der Untersuchung der Ansätze von Kölbel und Wright, dass es beiden bei ihrer Behauptung, irrtumsfreie Meinungsverschiedenheit in Neigungsdisputen erklären zu können, nicht nur um „faultless" im Sinne von (iv) ging, sondern auch, und in zentraler Weise, um „faultless" im Sinne von (ii), „true": „true relativism is relativism about *truth*", heißt es, wie oben zitiert, bei Wright.[64]

3. In weiterem Rahmen kann man fragen, ob es wirklich sinnvoll und notwendig ist, wie der „neue" Relativismus behauptet, die Standardsemantik in der Tradition Freges aufzugeben und das Wahrheitsprädikat zu relativieren. Zahlreiche Philosophinnen und Philosophen gehen davon aus, dass Konzepte einer relativen Wahrheit falsch sind.[65] Frege hat in einer bekannten Formulierung betont: „Die Wahrheit verträgt kein Mehr oder Minder."[66] Der Grund für die Nichtgradierbarkeit von Wahrheitswerten liegt darin, dass ein alethischer Relativismus in der Regel mit dem Bivalenzprinzip und dem Prinzip vom ausgeschlossenen Dritten

in Konflikt gerät. Die klassische Logik und die Mehrzahl der Bedeutungstheorien gehen von der Annahme aus, dass eine wahrheitsfähige Aussage entweder wahr oder falsch ist.[67] Grundlegend ist auch hier das immer wieder zitierte Diktum Freges:

> Kann man ärger den Sinn des Wortes „wahr" fälschen, als wenn man eine Beziehung auf den Urtheilenden einschliessen will! Man wirft mir doch nicht etwa ein, dass der Satz „ich bin hungrig" für den Einen wahr und für den Anderen falsch sein könne? Der Satz wohl, aber der Gedanke nicht; denn das Wort „ich" bedeutet im Munde des Andern einen andern Menschen, und daher drückt auch der Satz, von dem Andern ausgesprochen, einen andern Gedanken aus. Alle Bestimmungen des Orts, der Zeit u.s.w. gehören zu dem Gedanken, um dessen Wahrheit es sich handelt; das Wahrsein selbst ist ort- und zeitlos.[68]

Frege geht davon aus, dass die Proposition (bei ihm der „Gedanke") und nicht der geäußerte Satz der primäre Wahrheitswertträger ist. Der „Gedanke" ist das, was in einem Urteil für wahr oder falsch gehalten wird. Der Satz ist jedoch allein in einem indirekten Sinne wahr oder falsch, insofern er einen wahren oder falschen „Gedanken" ausdrückt.[69] Die Proposition ist nach der auf Frege zurückgehenden und von den „neuen" Relativisten kritisierten Standardsemantik nicht in Bezug auf Wahrheitsstandards relativierbar und kennt nur absolute Wahrheitswerte. Wenn Peter behauptet „Rhabarber schmeckt besser als Spinat", dann ist dieser Satz genau dann wahr, wenn für Peter Rhabarber besser schmeckt als Spinat. Die Proposition, also das mit diesem Satz Behauptete, ist aus der Sicht der Standardsemantik uneingeschränkt wahr. Die Tatsache, dass Peter Rhabarber besser schmeckt als Spinat, macht diesen Satz wahr. Wenn dagegen Sabine behauptet, „Rhabarber schmeckt nicht besser als Spinat", dann ist auch die mit diesem Satz ausgedrückte Proposition für Sabine uneingeschränkt – „ort- und zeitlos", wie es bei Frege heißt – wahr.[70] Dass die Proposition für Peter wahr und für Sabine falsch ist, zeigt aus der Sicht der Standardsemantik, dass zwei verschiedene Propositionen über die Geschmackspräferenzen zweier unterschiedlicher Personen ausgedrückt werden – und nicht ein und dieselbe Proposition, wie die „neuen" Relativisten unterstellen.

Nun mag der „neue" Relativist mit Recht einwenden, diese Kritik sei nur dann erfolgreich, wenn man die Standardsemantik in der Tradition Freges voraussetze; diese Semantik mit ihrer Festlegung auf Propositionen mit absoluten Wahrheitswerten sei aber keineswegs alternativlos.[71] Um eine alternative Semantik zu begründen, müsste der alethische Relativist jedoch zeigen, dass eine Relativierung von Wahrheitswerten auf spezifische Wahrheitsstandards konsistent reformulierbar ist. Wie oben skizziert, überzeugt der Anspruch von Kölbel und Wright jedoch nicht, irrtumsfreie Meinungsverschiedenheit in Neigungskonflikten erklären zu können. In dieser Hinsicht kann man fragen, ob es wirklich unlösbare semantische Herausforderungen gibt, die eine Relativierung von Wahrheitswerten notwendig machen. Denn mit einer solchen Relativierung droht der „neue" Relativismus unser alltägliches Wahrheitsverständnis zu untergraben, indem er für Aussagen über Präferenzen nur relative Wahrheitswerte zulässt und damit ein Wahrsein *simpliciter* ausschließt. Wie Herman Cappelen und John Hawthorne zeigen, widerspricht dies unseren Intuitionen bei Neigungskonflikten. Zum Ansatz des „neuen" Relativismus heißt es:

> What this means, obviously, is that the concepts of truth and falsity *simpliciter* are not expressed by the ordinary English truth and falsity predicates. When Vinnie says „Trifle is disgusting", we are invited to judge that the claim is false but not false *simpliciter*. But this detachment of truth *simpliciter* and falsity *simpliciter* from our ordinary concepts of truth and falsity should not be taken lightly.[72]

Es ist höchst fraglich, ob der relativistische Versuch der Abkopplung des objektiven Wahrheitsverständnisses von unseren alltäglichen Urteilen bei präferentiellen Meinungsverschiedenheiten gerechtfertigt und das Konzept des „neuen" Relativismus überzeugend ist. Gehen wir in Weiterführung des Einwands von Cappelen und Hawthorne einmal davon aus, dass Viennies Urteil „Trifle is disgusting" von Peter als falsch erachtet wird, weil er diese britische Süßspeise sehr gerne mag. Wenn es bei dem Neigungsdisput zwischen Viennie und Peter wirklich um einen Widerspruch gehen soll, wie von Wright und Kölbel behauptet, müsste das auf den Wahrheitsstandard von Peter relativierte „falsch" von der Bedeutung her mit dem alltäglichen „falsch" *simpliciter* identisch sein. Diese Annahme scheint aber gerade nicht selbstverständlich in der Alltagssprache zu sein, in der solche Dispute ausgetragen werden. Wüsste Viennie beispielsweise, dass Peter ihr Urteil „Trifle is disgusting" als *falsch relativ zu seinem Wahrheitsstandard* und nicht als *falsch simpliciter* erachtet, würde sie dann seinen Widerspruch tatsächlich als solchen empfinden? Und wäre dieses Empfinden dasselbe, wenn jemand ihr Urteil als „falsch" *simpliciter* bezeichnete, dass es drei Monde seien, die den Mars umkreisen?

Im Hinblick auf die Konzepte von „truth and falsity *simpliciter*" wäre zu fragen, ob nicht auch alethische Relativisten zuletzt auf ein Wahrsein *simpliciter* zurückkommen müssen. Im Hinblick auf ihre metasprachliche Behauptung, dass Propositionen in der Objektsprache in manchen Bereichen relative Wahrheitswerte hätten, dürfte es ihnen ähnlich ergehen wie relativistischen Ansätzen, die von graduellen Wahrheitswerten ausgehen (etwa dem von Margolis):

> Ein Standardargument für das Nichtgradierbarkeitsprinzip besagt, dass man früher oder später doch ein nichtgraduelles Wahrheitsprädikat braucht. Wenn es annähernd wahr sein soll, dass etwas sich so und so verhält, kann man zurückfragen, ob dies nun wenigstens

wahr ist, dass es annähernd wahr ist, oder ob dies wieder nur annähernd wahr ist. Führt man in der Objektsprache Wahrheitsgrade oder -approximationen ein, so braucht man in der Metasprache ein sprachliches Mittel, um deren Bestehen zu behaupten. Früher oder später, so scheint es, brauchen wir ein Wahrsein *simpliciter*, eben einen nichtgradualen Wahrheitsbegriff ..."[73]

Insgesamt wird es sich zeigen, ob die weitere Entwicklung des „wahren" Relativismus im Blick auf die konzeptuellen Unterschiede zwischen den Entwürfen der einzelnen Relativisten noch unter diesem Etikett laufen wird.[74] Doch bei allen kritischen Vorbehalten gegen diese Variante des Wahrheitsrelativismus gilt es auch positiv festzuhalten, dass die subtilen Überlegungen der „neuen" Relativisten die Debatte über den Relativismus in der analytischen Philosophie neu entfacht und dabei auch zu einer kritischen Diskussion innerhalb des Lagers der alethischen Relativisten über den ‚wahren' Relativismus geführt haben. Dass sich Wahrheitsrelativisten darüber streiten, welcher Entwurf des Wahrheitsrelativismus der wahre bzw. genuine ist, dürfte für Objektivisten sicherlich überraschend sein.

5.5 Fazit

In diesem Kapitel wurden das Konzept des Wahrheitsrelativismus näher untersucht und zwei Ansätze des Modells relativer Wahrheit vorgestellt. Es zeigte sich, dass wahrheitsrelativistische Entwürfe einen engen Bezug zur epistemischen bzw. antirealistischen Auffassung von Wahrheit haben, auch wenn es hier keine zwingende Verbindung gibt. In verschiedener Weise stellt der alethische Relativismus eine Herausforderung für die Fragen nach Wahrheit und Erkenntnis dar. Für Philosophie und Wissenschaft hätte die Relativierung der Wahrheit auf bestimmte Standards oder Kontexte die Konsequenz, dass Wahrheitsfragen keinen genuinen Dissens zwischen Überzeugungen aus verschiedenen Bezugsrahmen auslösen könnten, der zur Klärung von kontrovers diskutierten Sachverhalten und Streitfragen führte. Die beiden vorgestellten Modelle des alethischen Relativismus versuchen in subtiler Weise, auf diese Herausforderung eine Antwort zu bieten. Margolis präsentiert seine Version des Relativismus als ein nur sektoral gültiges Modell, nimmt dafür jedoch die Aufgabe logischer Grundprinzipien in Kauf. Die „neuen" Relativisten kritisieren Formen des relativistischen Kontextualismus, die in Neigungskonflikten keinen wahren Dissens der konfligierenden Positionen darstellen können. Doch auch ihr „wahrer" Relativismus, der auf einer Pluralisierung von Wahrheitsstandards aufbaut, steht vor dem Problem, den behaupteten irrtumsfreien Widerstreit in Neigungskonflikten konsistent zu erklären.

Insgesamt, so zeigte die Analyse, sind die Argumente für wahrheitsrelativistische Ansätze nicht überzeugend. Nun wurden hier exemplarisch nur zwei solcher Ansätze untersucht. Insofern kann theoretisch nicht ausgeschlossen werden, dass es in Bezug auf die geäußerten Kritikpunkte überzeugendere Versionen eines alethischen Relativismus gibt. Soweit ich sehe, ist dies jedoch bislang nicht der Fall. Die Behauptung, dass es auch grundsätzlich nicht gelingen könne, überzeugende Modelle eines Wahrheitsrelativismus zu entwickeln, ist in der philosophischen Tradition immer wieder mit dem „Selbstwiderspruchs-Argument" begründet worden. Dieses Argument soll im nächsten Kapitel genauer untersucht werden.

6 Das Selbstwiderspruchs-Argument

In den letzten beiden Kapiteln wurden verschiedene Entwürfe des Relativismus vorgestellt und kritisch untersucht. Der Ausgangspunkt der Diskussion war die Frage nach der Begründung und Überzeugungskraft der relativistischen Argumente und Positionen. Nicht nur bei der Untersuchung der lokalen Versionen des Relativismus, sondern vor allem im Kontext des Wahrheitsrelativismus zeigte sich, dass die diskutierten relativistischen Entwürfe in je eigener Weise mit dem Problem der Rückbezüglichkeit bzw. Selbstreferenz konfrontiert sind. Die kritische Nachfrage nach der Selbstreferentialität des globalen Relativismus wird in der analytischen Debatte als „Selbstwiderspruchs-Argument" („Self-Refutation Argument") bezeichnet.

In diesem Kapitel sollen dieses Argument und die relativistische Kritik daran näher untersucht werden. Im ersten Abschnitt möchte ich einleitend die Grundidee des Selbstwiderspruchs-Arguments vorstellen und kurz auf dessen Rezeption eingehen. Im zweiten und dritten Abschnitt werde ich zwei aktuelle relativistische Ansätze vorstellen und diskutieren, die in unterschiedlicher Weise eine Verteidigungsstrategie gegen dieses Argument entwickelt haben. Im zweiten Abschnitt wird Thomas Bennigsons Verteidigung gegen das Selbstwiderspruchs-Argument mittels eines Rekurses auf metasprachliche Ebenen analysiert. Im dritten Abschnitt möchte ich auf den Ansatz von Stephen D. Hales eingehen, der versucht, durch eine modallogische Rekonstruktion von Relativität dem Problem der Selbstwidersprüchlichkeit des Relativismus zu entgehen. Im vierten Abschnitt ziehe ich ein kurzes Fazit.

6.1 Einleitung

In der Diskussion um den globalen Wahrheitsrelativismus wurde bereits ansatzweise erkennbar, dass der Relativistin angesichts der Frage nach der Selbstreferentialität ihres Entwurfs zwei Optionen offenstehen, die man vereinfacht so beschreiben kann: Zum einen kann sie auf der Ebene der Metasprache die von ihrer Theorie objektsprachlich vertretene Geltungsrelativität aufgeben und ein objektives Wahrsein behaupten, was jedoch dazu führt, dass sie sich entweder in Selbstwidersprüche verstrickt oder ihr Relativismus durch ein ungeklärtes Verhältnis zwischen Metasprache und Objektsprache mehrdeutig wird. Zum anderen kann sie die in der Objektsprache vertretene Geltungsrelativität der eigenen Theorie konsequent auf immer neuen und höheren metasprachlichen Ebenen, sozusagen in einer Endlosschleife, behaupten, was jedoch zur Folge hat, dass der eigene Ansatz auf einen Subjektivismus hinausläuft, der wenig überzeugend ist.

Neben dem Selbstwiderspruchs-Argument in seinen Facetten gibt es in der Tradition selbstverständlich noch weitere Einwände gegen den Wahrheitsrelativismus; allerdings dürfte keinem anderen Argument eine solche Prominenz, historische Beständigkeit und kritische Qualität zukommen wie dem Selbstwiderspruchs-Argument. Insofern möchte ich mich hier auf die Diskussion dieses Argumentationstypus beschränken. Simon Blackburn spricht von einem „Recoil Argument",[1] was man mit „Rückschlags-Argument" oder mit dem in der deutschsprachigen Diskussion geläufigeren Begriff „Retorsions-Argument" übersetzen kann. „Retorsion" kommt von lateinisch *retorquere*, was so viel wie „zurückwenden" oder „zurückdrehen" bedeutet. Formal gesehen, zielt also das Retorsions-Argument darauf ab, das von einer Aussage Behauptete auf die Behauptung „zurückzudrehen", um kritisch zu prüfen, ob das Behauptete durch den Akt des Behauptens und die damit verbundenen Implikate nicht widersprüchlich wird. Dieser Widerspruch zwischen propositionalem Gehalt und Behauptungsakt kann entweder die inhaltliche Dimension („Es gibt keine Wahrheit") oder die performative Dimension des Behauptens betreffen („Ich spreche jetzt nicht").[2] Das Retorsions-Argument, das in verschiedenen Versionen bereits vom transzendentalen Neuthomismus und von der Transzendentalpragmatik her bekannt ist,[3] hat insofern eine heuristisch-kritische Funktion.

Die Kritik des Selbstwiderspruchs-Arguments richtet sich gegen jede Form des globalen Relativismus. Die Frage, inwiefern eine lokale Relativistin gegen diesen Typ von Argument immun ist, da sie ihre Behauptung, Aussagen (allein) im Bereich *x* seien relativ, nicht selbst als relativ verstehen müsse,[4] wäre eigens zu diskutieren. Auch wenn man die lokale Relativistin wohl nicht eines Selbstwiderspruchs überführen kann, bleibt die Frage, wie ihre Behauptung sinnvoll zu rekonstruieren ist, dass es zwei Typen von Aussagen gebe: die einen seien absolut wahr, etwa in Tatsachendisputen, die anderen seien relativ wahr, etwa in Neigungsdisputen oder moralischen Konflikten. Ob diese Behauptung nun auf der Ebene der Metasprache als relativistisch oder als nicht-relativistisch zu verstehen ist, hängt davon ab, ob man sie zu den Tatsachen- oder zu den Neigungsdisputen zählt. Ich deute hier nur an, dass beide Möglichkeiten zu Konsequenzen führen dürften, die den lokalen Relativismus zumindest nicht sonderlich plausibel machen.

Ich beziehe mich bei der weiteren Untersuchung des Retorsions-Arguments allein auf den globalen Relativismus. Die Idee des Selbstwiderspruchs-Arguments lautet in der einfachsten Form: Der globale Relativismus ist selbstwidersprüchlich, wenn er behauptet, dass jede Wahrheit immer nur relativ zu einem bestimmten Deutungsrahmen sei. Die Relativistin begeht einen Selbstwiderspruch, indem sie objektive Wahrheit voraussetzt in ihrer Behauptung, es gebe kein objektives, sondern nur ein relatives Wahrheitsverständnis. Die normativ-relativistische

These „Das Wahrsein einer Überzeugung gilt immer nur relativ zu *x*" gilt entweder relativ oder nicht-relativ. Gilt die These relativ, wäre sie nur eine subjektive Behauptung in Abhängigkeit von *x* und müsste insofern nicht gesondert beachtet werden. Gilt sie nicht-relativ, würde die Relativistin etwas behaupten, was sie gleichzeitig bestreitet, also ein objektives, nicht-relatives Wahrheitsverständnis. Gehen wir aus von dem im letzten Kapitel skizzierten Grundmodell des globalen alethischen Relativismus (hier als *G* bezeichnet):

(1) Überzeugungen behaupten das Wahrsein einer Proposition und stellen insofern einen Geltungsanspruch auf.
(2) Überzeugungen sind nicht objektiv wahr, sondern immer nur wahr relativ zu einem bestimmten Parameter (Deutungskontext, Wahrheitsstandard etc.).
(3) Eine Überzeugung *x* kann gleichzeitig wahr sein relativ zu Parameter *Z* und falsch sein relativ zu Parameter *S*, wobei *Z* ungleich *S* ist.
(4) Es gibt keinen nicht-relativen Maßstab für die Beurteilung der Angemessenheit eines Parameters.
(5) Es gibt kein absolutes bzw. irrelatives Wahrsein von *x*.

Die alethische Relativistin geht davon aus, dass *G* wahr ist. Ausgehend vom retorsiven Argument lautet die Nachfrage, in welchem Sinne *G* für die Relativistin wahr sei, in absolutem oder in relativem Sinne. Für den vordergründigen Objektivisten erscheint die Antwort trivial: Entweder gilt *G* relativ; dann wäre die Folge, dass der behauptete Relativismus allein für den von der Relativistin vertretenen Parameter gilt. Oder *G* gilt objektiv; dann wäre die Relativistin mittels des Standardeinwands eines Selbstwiderspruchs in Bezug auf ihre These (5) überführt und die behauptete Position wäre inkonsistent. Wie wir jedoch sehen werden, muss sich die Relativistin an dieser Stelle nicht geschlagen geben.

Wie im Zusammenhang der Entstehung des Relativismus bereits erwähnt wurde, geht die Grundidee des Selbstwiderspruchs-Arguments auf Platon und dessen Kritik an Protagoras zurück. In der Geschichte der Auseinandersetzung mit relativistischen Positionen finden sich bis in die gegenwärtige Diskussion immer wieder Varianten dieses Arguments. In der Linie von Freges Formulierung des Selbstwiderspruchs-Arguments[5] und dessen Psychologismus-Kritik wendet sich beispielsweise Edmund Husserl dezidiert gegen eine normative Relativierung der Wahrheit:

> Die Lehre [des Relativismus; B. I.] ist, sowie aufgestellt, schon widerlegt – aber freilich nur für den, welcher die Objektivität alles Logischen einsieht. Den Subjektivisten ... kann man nicht überzeugen, wenn ihm nun einmal die Disposition mangelt einzusehen, daß Sätze, wie der vom Widerspruch, im bloßen Sinn der Wahrheit gründen, und daß ihnen gemäß die Rede von einer subjektiven Wahrheit, die für den einen diese, für den andern die entgegengesetzte sei, eben als widersinnige gelten müsse."[6]

Die Behauptung des Relativisten, er setze ein anderes Wahrheitsverständnis, und zwar eines mit relativen Wahrheitswerten, voraus, ist für Husserl nur dann verständlich, wenn sich der Relativist mit seiner Deutung auf das traditionelle Wahrheitsverständnis mit absoluten Wahrheitswerten rückbezieht, um dieses zu modifizieren. In diesem Fall würde sich der behauptete Relativismus aber als selbstwidersprüchlich erweisen. Würde der Relativist dagegen für die Begründung seiner Voraussetzung wiederum ein Wahrheitsverständnis mit relativen Wahrheitswerten voraussetzen, erwiese sich sein Relativismus als relativ wahr und damit für den Objektivisten als belanglos.

Auch bei namhaften Philosophen der Gegenwart findet sich das Selbstwiderspruchs-Argument als Kritik am Relativismus, etwa bei Hilary Putnam[7] und Thomas Nagel.[8] Bei Nagel fungiert das Argument sogar als „Test" für die Geltung von Wahrheitsansprüchen:

> It is usually a good strategy to ask whether a general claim about truth or meaning applies to itself. Many theories, like logical positivism, can be eliminated immediately by this test. The familiar point that relativism is self-refuting remains valid in spite of its familiarity: We cannot criticize some of our own claims of reason without employing reason at some other point to formulate and support those criticisms.[9]

Allerdings mag der Standardeinwand, gerade wegen seines Alters und seiner wiederholten Anwendung, weder als besonders originell noch als erfolgreich anmuten.[10] So kann man fragen, warum es weiterhin relativistische Positionen gibt, wenn dieses Argument seit Platon immer wieder in verschiedenen Varianten in Anschlag gebracht wird: Ist dies nicht ein untrügliches Anzeichen dafür, dass es den Relativismus nicht entkräften kann? Oft wird in diesem Kontext folgende Aussage von Aladair MacIntyre zitiert:

> For relativism, like scepticism, is one of those doctrines that have by now been refuted a number of times too often. Nothing is perhaps a surer sign that a doctrine embodies some not to be neglected truth than that in the course of history of philosophy it should have been refuted again and again. Genuinely refutable doctrines only need to be refuted once.[11]

Insofern wird der Erfolg des Selbstwiderspruchs-Arguments vor allem von Relativisten in Frage gestellt. Nun ist klar, dass das Alter und die wiederholte Anwendung dieser argumentativen Strategie noch keine prinzipiellen Einwände gegen ihre Gültigkeit darstellen. Da im Laufe der Philosophiegeschichte immer wieder neue Versionen des Relativismus aufgekommen sind – wozu auch relativismuskritische Argumente beigetragen haben dürften –, ist es nicht verwunderlich, dass es auch immer wieder neue Versionen des Selbstwiderspruchs-Arguments gegeben hat und gibt. Als weiterer Einwand wird vorgebracht, dass das Selbstwiderspruchs-Argument zumeist unter Voraussetzung der klassischen Logik mit ihren zwei Wahrheitswerten erhoben wird.[12] Dieser Einwand ist sicherlich richtig. Er konfrontiert jedoch mit der Frage, welche plausiblen Gründe es gibt, das Bivalenzprinzip aufzugeben. Wie die bisherige Diskussion gezeigt hat, bietet der Wahrheitsrelativismus keine überzeugenden Gründe, die Standardsemantik in der Tradition Freges aufzugeben und das Wahrheitsprädikat zu relativieren.

Insgesamt scheint mir das Selbstwiderspruchs-Argument weiterhin eine hilfreiche argumentative Strategie zu sein, um auf bestimmte Schwachpunkte und Inkonsistenzen des globalen Wahrheitsrelativismus aufmerksam zu machen. In diesem Sinne, so scheint es mir, gibt es gute Gründe, seine Relevanz gegen relativistische Kritik zu verteidigen. Dabei wird sich zeigen, dass der alethische Relativist angesichts der Kritik des Selbstwiderspruchs-Arguments letztlich vor der Wahl steht, entweder widerspruchsfrei einen epistemisch uninteressanten Subjektivismus zu verteidigen oder aber, auf der Ebene der Metasprache, ein objektives Wahrheitsverständnis zu behaupten, was aber zu konzeptuellen Widersprüchen führt. Das Selbstwiderspruchs-Argument wird gerade nicht entschärft im Falle eines „retreat from bipolar values", wie Margolis behauptet.[13] Allerdings ist der Begriff „Selbstwiderspruchs-Argument" insofern unangemessen, als dieser Einwand nicht zwingend zu einem Selbstwiderspruch des Relativisten führen muss, und zwar dann, wenn sich dieser, wie gerade angedeutet, für die erste Seite der Alternative und damit für einen relativistischen Subjektivismus entscheidet. Auch wenn ein solcher Subjektivismus letztlich eine wenig attraktive Position markiert, heißt das nicht zwingend, dass der Relativist, der einen solchen Ansatz verteidigt, ausgehend vom Standardeinwand eines Selbstwiderspruchs überführt werden kann.

Relativisten bestreiten, dass das Selbstwiderspruchs-Argument in seinen verschiedenen Formen überzeugend und erfolgreich sei. In der aktuellen Diskussion um den Relativismus finden sich verschiedene Strategien, um das Retorsions-Argument zu kritisieren und eine drohende Selbstwidersprüchlichkeit des Relativismus abzuwehren. Ich greife aus dieser Diskussion zwei Strategien heraus: erstens die eines Rekurses auf immer neue metasprachliche Ebenen von Thomas Bennigson, zweitens die einer modallogischen Konzeption von Relativität von Stephen Hales. Diese beiden Ansätze zählen in der Relativismus-Debatte zu den meist diskutierten Versuchen der Zurückweisung des Selbstwiderspruchs-Arguments.[14] Ich möchte im Folgenden prüfen, ob diese beiden Ansätze den alethischen Relativismus gegen den Standardeinwand verteidigen können.

6.2 Kritik I: Rekurs auf metasprachliche Ebenen

Das Selbstwiderspruchs-Argument nötigt den alethischen Relativisten zu einer Reflexion über die Geltung der eigenen relativistischen These. In dieser Hinsicht versuchen verschiedene Entwürfe des Relativismus, die relativistische These der Objektsprache auf der metasprachlichen Ebene so zu reformulieren, dass sie nicht als selbstwidersprüchlich interpretiert werden muss. Exemplarisch für diese Strategie ist der Ansatz von Thomas Bennigson, den er in seinem Aufsatz *Is relativism really self-refuting?* vorgestellt hat. Bennigson geht von einem Konsens innerhalb der analytischen Philosophie aus, dass der Relativismus nicht nur eine falsche, sondern auch eine widersprüchliche und konfuse Position sei. Trotz dieser Einschätzung behauptet er, dass der alethische Relativismus, auch in seinen stärksten Versionen, nicht zwangsläufig selbst-widersprüchlich sein müsse.

Bennigson konzipiert eine Version des alethischen Relativismus auf der Grundlage einer epistemischen Wahrheitsauffassung.[15] Dabei geht er von Sätzen und nicht, wie die „neuen" Relativisten, von Propositionen als Wahrheitswertträger aus. In diesem Sinne versteht er unter Relativismus die Behauptung, „that a sentence which is true in one framework could be the best translation of a sentence which is false in another framework."[16] Hier zeigt sich bereits eine grundlegende Differenz innerhalb des Spektrums alethischer Relativisten: Für die „neuen" Relativisten ist es unstrittig und eher belanglos, dass Sätze relativ sind im Hinblick auf ihren jeweiligen Gebrauch:

> Insofar as truth can be ascribed to *sentences*, i.e. repeatable types, it is uncontroversial and unspectacular that truth should be relative. For it is obvious that the same *sentence* can be used to say something true on one occasion and something false on another.[17]

Dass Sätze wie „Ich bin hungrig" für den einen wahr und für den anderen falsch sind, hatte schon Frege als trivial angesehen. Das Gleiche gilt für Sätze mit einem Zeitindex, wie „Heute ist Mittwoch", die offenkundig relativ sind, insofern sie an einem bestimmten Zeitpunkt wahr und an einem anderen falsch sind. Zeitindizes können Äußerungen näher beschreiben, nicht aber das, was Träger der Wahrheit sein soll. Es ist philosophisch umstritten, ob Sätze überhaupt als Wahrheitswertträger angesehen werden können. Deshalb beziehen sich die „neuen" Relativisten um Wright, MacFarlane und Kölbel auf Propositionen als primäre Wahrheitswertträger. Dagegen hält Bennigson es von vornherein für aussichtslos, zu behaupten, dass ein und dieselbe Proposition in einem „framework" wahr und in einem anderen falsch sein soll:

> If propositions are individuated in terms of truth-conditions, then presumably it will make no sense to suppose that the same *proposition* could be true in one framework and false in another.[18]

Das heißt, aus der Perspektive der „neuen" Relativisten dürfte Bennigsons Version des Relativismus wenig Interesse finden. Insofern es nicht um ein und dieselbe Proposition geht, die einem Wahrheitsstandard gemäß falsch und einem anderen gemäß wahr ist, fehlt Bennigsons Modell aus der Perspektive der „neuen" Relativisten die von ihnen als unverzichtbar hervorgehobene Eigenschaft, „disagreement" in Neigungskonflikten erklären zu können.

Es kann hier offen bleiben, wie Bennigson seine Version des Relativismus weiter begründet. Im Fokus soll allein sein Versuch stehen, den eigenen Ansatz gegen das Selbstwiderspruchs-Argument zu verteidigen. Zunächst geht Bennigson von folgender Reaktion des Relativisten auf die retorsive Nachfrage aus:

> The relativist can *still* respond that the absolute truth of the negation of relativism is itself true only relative to the absolutist's framework, not to the relativist's.[19]

Wenn jede Wahrheit nach dem globalen Relativismus immer nur relativ zu einem jeweiligen Deutungsrahmen ist, dann, so Bennigson, sind Behauptungen darüber, was innerhalb eines Deutungsrahmens wahr ist, auch wiederum nur relativ zu diesem Deutungsrahmen. Zur Illustration geht Bennigson davon aus, es gebe nur zwei Deutungsrahmen: F_a ist der Deutungsrahmen des Absolutisten, F_r der des Relativisten. Vom Standpunkt des Relativisten ist der relativistische Satz s wahr relativ zu F_r und falsch relativ zu F_a. Vom Standpunkt des Absolutisten dagegen ist jede Rede von Wahrsein relativ zu Deutungsrahmen sinnlos und s ist insofern falsch sowohl in F_r als auch in F_a. Aus der Sicht des Relativisten wäre also s wahr in F_r und falsch für den Absolutisten in dessen Deutungsrahmen F_a. Diese Figur kann nun Bennigson zufolge metasprachlich immer weiter fortgeführt werden:

> The same move can be repeated at any meta-level of discourse: no matter how many times the absolutist iterates „It is true for the relativist that it is true for the relativist that ... relativism is false", the relativist can respond that the truth of *that* claim is relative to the absolutist framework.[20]

Für Bennigson ist es insofern möglich, dass die Wahrheit eines Satzes in einem Deutungsrahmen vereinbar ist mit der Falschheit desselben Satzes in einem anderen Deutungsrahmen. Das Ziel Bennigsons liegt darin, den globalen Relativismus als „not of itself incoherent" auszuweisen und damit gegen das Selbstwiderspruchs-Argument zu verteidigen.[21]

Der Rekurs auf metasprachliche Ebenen ist als Grundidee (mit unterschiedlichen Ausprägungen) wohl die meist verwandte Strategie von Relativisten, um die kritische Spitze des Selbstwiderspruchs-Arguments abzuwehren. Dieser Rekurs dient in der Regel nicht dazu, den Relativismus als eigenständige Theorie zu plausibilisieren, sondern hat, wie auch bei Bennigson, eine apologetische Ausrichtung, die allein die Nicht-Widersprüchlichkeit des Wahrheitsrelativismus deutlich machen soll. Ist diese Strategie erfolgreich? Bennigsons Immunisierungs-Strategie gegen das Selbstwiderspruchs-Argument lautet, der Relativist müsse dieses Argument auf der Metaebene als ein Argument relativ zum Deutungsrahmen des Absolutisten kennzeichnen. Durch diese Wendung könne die Verteidigung zu immer höheren metasprachlichen Ebenen gelangen und damit demonstrieren, dass der globale Relativismus nicht inkohärent sei. Dass der Absolutismus dabei sowohl für den Relativisten als auch für den Absolutisten in *einem* Deutungsrahmen wahr ist, heißt aus der Sicht von Bennigson noch nicht, dass er auch für beide in *allen* Deutungsrahmen wahr ist. Bennigson zufolge würde der Relativist genau diese Annahme bestreiten und betonen, dass der Absolutismus nur für den Absolutisten in allen Deutungsrahmen wahr sei.

Führt man Bennigsons Anliegen noch hypothetisch weiter, könnte der Relativist darauf hinweisen, dass die Bezeichnungen „in einem absoluten Sinne wahr" und „in einem relativen Sinne wahr" nicht eindeutig seien. Auch der Relativist könne so etwas wie „absolut wahr" behaupten, ohne sich in einen Selbstwiderspruch zu verstricken. Nennen wir (R) eine Kurzfassung des alethischen Relativismus und (MR) die Überzeugung des Bennigson'schen Relativisten:

(R) Es gibt keine objektive Wahrheit. Eine Überzeugung, wenn sie wahr ist, ist immer nur wahr relativ zu einem jeweiligen Deutungsrahmen, so dass sie in einem Deutungsrahmen wahr und in einem anderen falsch sein kann.

(MR) (R) ist absolut wahr.

In seiner Verteidigungsstrategie gegen den Standardeinwand könnte der Relativist nun behaupten, dass seine Überzeugung (MR) nicht widersprüchlich sei in Bezug auf (R), auch wenn es vordergründig so aussehe. (MR) bedeute als metasprachliche Aussage, dass die objektsprachliche Aussage (R) absolut wahr sei. Allerdings gelte es, das „absolut" genauer zu qualifizieren. Im Sinne des alethischen Relativismus wäre (R) absolut wahr, aber eben nur in einem relativen Sinne. Das heißt, nur für den Relativisten, nur in seinem eigenen Deutungsrahmen würde (R) absolut, also in allen Deutungsrahmen, gelten. Das schließt aus seiner Sicht nicht aus, dass (R) für den Absolutisten falsch ist.[22] In diesem Sinne könnte der Relativist das Selbstwiderspruchs-Argument des Absolutisten gegen (R), wie Bennigson es vorgeschlagen hatte, auf einer metasprachlichen Ebene weiterhin als deutungsrelativ zurückweisen und trotzdem an der Idee der absoluten Wahrheit festhalten. Die weitere Nachfrage des Absolutisten, in welchem Sinne denn (MR) wahr sei, könnte der Relativist wiederum auf einer höheren Metaebene beantworten – „no matter how many times" hieß es bei Bennigson –, so dass die Immunisierungsstrategie gegen das Retorsions-Argument letztlich zu einem infiniten Regress führen würde.

Was ist zu dieser Verteidigungslinie des Relativisten zu sagen? Allgemein scheinen Argumente, die auf einen solchen unendlichen Regress hinauslaufen, nicht sonderlich überzeugend zu sein.[23] Der Absolutist könnte darauf hinweisen, dass der Relativist doch zumindest für alle Thesen seines eigenen relativistischen Deutungsrahmens absolute Gültigkeit voraussetzen muss.[24] In dieser Hinsicht lässt sich der Begriff „absolut" gerade nicht als relativ interpretieren. Die Diskussion zwischen dem Relativisten und dem Absolutisten könnte man in dieser Form in immer weitere Dimensionen der Spitzfindigkeit führen. Das scheint letztlich jedoch wenig ertragreich. Ich gehe einerseits davon aus, dass sich der Relativist mit Hilfe seiner Immunisierungsstrategie gegen das Retorsions-Argument durch einen tendenziell infiniten Rekurs auf immer höhere Geltungsebenen nicht notwendig in einen Selbstwiderspruch verstricken muss, zumindest solange er nicht versucht, den Absolutisten von der Wahrheit seines Relativismus zu überzeugen. Wie angedeutet, ist der Begriff „self-refutation argument" missverständlich. Die retorsive Rückfrage wäre nur dann ein solches Argument, wenn sie, aus der Sicht des Absolutisten, früher oder später zu einem zwingenden Selbstwiderspruch des Relativismus führen würde. Das ist aber nicht der Fall.

Allerdings ist der alethische Relativismus deshalb noch keine konsistente oder plausible Theorie. Die Immunisierungsstrategie des Relativisten hat zur Folge, dass sein Konzept, um den Selbstwiderspruch zu vermeiden, zu einem Subjektivismus bzw. subjektivistischen Relativismus mutiert. Diese Version des Relativismus geht davon aus, dass Überzeugungen allein wahr sind relativ zum Deutungsrahmen oder Wahrheitsstandard eines einzelnen Akteurs. Es ist fraglich, wie tragfähig diese Position wäre. Das kann man sich wie folgt klar machen. Unterstellen wir dem subjektivistischen Relativisten folgende Aussage (SR):

(SR) Eine Überzeugung x ist wahr immer nur relativ zu einem Akteur P zu t_n.

Demnach ist jede Überzeugung von P wahr immer nur für ihn, wahr nur relativ zu seinem eigenen subjektiven Deutungsrahmen oder Wahrheitsstandard, und, genau genommen, auch nur relativ zu dem zeitlichen Moment, wenn P diese Überzeugung hat. Trivialerweise wäre der Subjektivismus für zahlreiche Tatsachendispute falsch. Nur weil es für P zu t_n wahr ist, dass die Erde zwölf Monde hat, ist diese Überzeugung trivialerweise noch nicht wahr. Da die Erde keine zwölf Monde hat, wird das Behauptete auch durch die Indizierung auf einen spezifischen Deutungsrahmen nicht wahr. Wäre umgekehrt das für wahr Gehaltene automatisch wahr, ergäben sich absurde und irrationale Konsequenzen, insofern die Annahme, dass eine Überzeugung auch falsch ist oder sein könnte, nicht mehr sinnvoll explizierbar wäre. Der Subjektivismus droht damit die Möglichkeit eines echten Dissenses zu untergraben, indem er „Wahrsein" identifiziert mit „Fürwahrhalten". Der Grund für die Möglichkeit eines Dissenses liegt ja darin, dass das für wahr Gehaltene wahr sein kann, aber nicht wahr sein muss. Ohne diese Unterscheidung scheint weder wissenschaftlicher Erkenntnisfortschritt noch rationale Orientierung in lebensweltlichen Kontexten möglich. Die These, dass Wahrsein nicht auf Fürwahrhalten reduzierbar ist, scheint aber nur im Rahmen einer realistischen Wahrheitsauffassung überzeugend ausweisbar zu sein. Insgesamt machen diese Schwierigkeiten deutlich, dass der relativistische Subjektivismus keine plausible und rational rekonstruierbare Theorie darstellt.[25]

6.3 Kritik II: Relativität als alethische Modalität

In seinem Buch *Relativism and the Foundations of Philosophy* von 2006 hat Stephen D. Hales einen weiteren Ansatz vorgestellt, um den Relativismus gegen das Selbstwiderspruchs-Argument zu verteidigen. Sein Modell ist in der analytischen Relativismus-Debatte seither viel diskutiert worden.[26] Hales gesteht ein, dass die meisten Argumente für den Relativismus nicht sonderlich überzeugend sind. Zahlreiche relativistische Entwürfe wirkten bloß ironisch oder aufgesetzt und würden gerade unter analytischen Philosophen nicht als ernsthafter Untersuchungsgegenstand erachtet.[27] Trotz dieser Bedenken will Hales am Relativismus festhalten und eine überzeugende Version des alethischen Relativismus entwickeln, die immun ist gegen das Selbstwiderspruchs-Argument. Wie auch die „neuen" Relativisten geht Hales von Propositionen als Wahrheitsträgern aus. Als Hauptthese seines relativistischen Ansatzes bezeichnet er folgende Aussage:

Philosophical propositions are true in some perspectives and false in others.[28]

Mit diesem Bezug auf ‚philosophische Propositionen' will sich Hales von allen Formen eines „empirical relativism" abgrenzen, wie ihn etwa Kuhn oder Feyerabend vertreten hätten. Für diesen Relativismus seien „empirical propositions" allein relativ wahr, das heißt, wahr nur in einer Perspektive, aber nicht in allen Perspektiven. Hales geht davon aus, dass der empirische Relativismus inkonsistent ist und nicht erfolgreich gegen Kritik verteidigt werden kann, weshalb er sich in seinem Modell allein auf philosophische Propositionen bezieht. Dieser Versuch der Abgrenzung zwischen einem philosophischen und einem empirischen Relativismus und, darin eingeschlossen, die Unterscheidung zwischen philosophischen und empirischen Propositionen ist allerdings höchst fragwürdig. Auch Hales selbst scheint zuletzt nicht davon überzeugt zu sein, wenn er zugesteht, keine klare Linie zwischen relativ wahren und absolut wahren Propositionen ziehen zu können.[29] Darauf gehe ich nicht weiter ein.

Zwei Aspekte sind für Hales wichtig. Zum einen will er keinen Relativismus vertreten, der von der Behauptung „everything is relative" ausgeht; denn diese Annahme sei widersprüchlich und könne nicht ernsthaft verteidigt werden. Was der Relativist dagegen behaupten könne, sei die These „everything true is relatively true".[30] Zum anderen räumt Hales ein, dass das Retorsions-Argument erfolgreich gegen bisherige Versionen des Relativismus gewesen sei. Verstehe der Relativist seinen Wahrheitsanspruch als nicht-relativ, widerspreche er sich selbst; verstehe er seinen Wahrheitsanspruch als relativ, sei er „completely misguided."[31] Hales rekonstruiert das Selbstwiderspruchs-Argument wie folgt:[32]

- Für den Relativismus bedeutet die Behauptung „Alles ist relativ", dass jede Proposition wahr in einer und falsch in einer anderen Perspektive ist.
- Der Absolutismus bestreitet das und behauptet, dass es zumindest eine Proposition gibt, die denselben Wahrheitswert in allen Perspektiven hat.
- Die These des Relativismus ist entweder absolut wahr oder relativ wahr.
- Wenn der Relativismus absolut wahr ist, dann ist er wahr in allen Perspektiven. Dann gibt es eine Proposition, die in allen Perspektiven wahr ist. Daraus folgt, dass der Absolutismus wahr und der Relativismus falsch ist.
- Wenn der Relativismus relativ wahr ist, dann gibt es mindestens eine Perspektive, in der der Absolutismus wahr ist. Wenn der Absolutismus in mindestens einer Perspektive wahr ist, dann gibt es eine Proposition, die in allen Perspektiven wahr ist. Daraus folgt, dass der Absolutismus wahr und der Relativismus falsch ist.

Angesichts dieser Problematik sieht Hales die einzige Möglichkeit einer erfolgreichen Verteidigung gegen das Retorsions-Argument darin, Relativität als eine Kategorie der Modalität zu verstehen. Ich zitiere die zentrale Passage seiner Argumentation:[33]

> The solution to the problem of self-refutation is as follows. [...] As we have seen, it cannot be the case that everything is relative ..., because the claim runs afoul of the intuitive principle that whatever is relatively absolute is absolute. However, just as we can safely assert that whatever is true is possibly true (and concomitantly whatever is untrue is possibly untrue), so too the relativist can claim that whatever is true is relatively true (and that whatever is not true is relatively not true). [...] There is nothing self-contradictory or paradoxical about the claim that everything true is relatively true, just as there is no puzzle engendered by the claim that whatever is true is possibly true. As in the case of alethic modality, it is entirely

consistent for the new-and-improved relativist to hold that some propositions are absolutely true, and that perspectival truth is every bit as decent and upstanding as „real" truth.

Hales behauptet also, dass Relativität eine Kategorie der Modalität sei wie Möglichkeit oder Notwendigkeit. Wie in modaler Hinsicht niemand die Aussage „everything is possible" vertreten würde, während die Aussage „everything true is possibly true" für jeden konsistent sei, so sollten Relativisten die Aussage „Alles ist relativ" als widersprüchlich aufgeben und stattdessen behaupten: „Alles, was wahr ist, ist relativ wahr." Dabei knüpft Hales an die Semantik möglicher Welten an: Analog wie beispielsweise die Proposition t wahr ist in einer möglichen Welt Z, kann man, dem Modell von Hales zufolge, auch davon sprechen, dass eine Proposition w relativ ist zu einer Perspektive P.[34] Wie „notwendig wahr" wahr in allen möglichen Welten bedeute, so meine „absolut wahr" wahr in allen Perspektiven. Wie „actual truth" Wahrheit in dieser Welt bedeute, so meine „relative truth" (oder „real truth") Wahrheit nur in einer Perspektive. Beide Prädikate, „relative truth" und „absolute truth", so Hales, seien in seinem Entwurf des Relativismus miteinander vereinbar und würden sich, anders als in den bisherigen relativistischen Entwürfen, nicht wechselseitig ausschließen.[35]

Wie schon in seiner Ausgangsthese angedeutet, ist für Hales dabei die Relativierung auf Perspektiven entscheidend. Diese Indizierung ist für den Relativisten, so Hales, unhintergehbar: „it will be nonsense to talk about truth outside of the structure of perspectives".[36] Wichtig bei diesem Konzept ist Hales' Unterscheidung zwischen der Behauptung A, dass eine Proposition wahr sei unabhängig oder außerhalb von Perspektiven, und der Behauptung B, dass eine Proposition wahr sei in allen Perspektiven. Wie bemerkt, ist A für Hales unsinnig, während B es seiner Ansicht nach ermöglicht, innerhalb eines relativistischen Programms die Auffassung zu vertreten, dass eine Proposition absolut wahr ist. Insofern scheint der „new-and-improved relativist", wie ihn Hales im Zitat oben genannt hat, ohne Selbstwiderspruch am Unterschied zwischen relativer Wahrheit als „wahr in einer Perspektive" und absoluter Wahrheit als „wahr in allen Perspektiven" festhalten zu können.

Hales gesteht zu, dass nicht nur Absolutisten, sondern auch Relativisten mit seinem „revised relativism" unzufrieden sein dürften. Denn seine Revision des Relativismus schließe notwendig ein, dass einige Wahrheiten auch für den Relativisten absolut wahr sein müssten, auch wenn die meisten Wahrheiten relativ wahr seien. Hales geht nämlich davon aus, dass zumindest die Theoreme und Axiome seines modalen Relativismus absolut wahr, also wahr in allen möglichen Perspektiven, sein müssen:

> If all philosophical propositions are merely relatively true, then the axioms and theorems of the relativist logic I develop are merely relatively true. However, I am committed to the view that those axioms and theorems must be absolutely true (true in all perspectives).³⁷

Ich kann auf diese Axiome hier nicht weiter eingehen. Die bisherige Nachzeichnung genügt, um zu prüfen, ob Hales' modallogisch inspirierte Revision des Wahrheitsrelativismus gegen den Standardeinwand erfolgreich ist. Zunächst ist bemerkenswert, dass Hales auf die Grundfrage, warum seine Version des Relativismus gegen das Retorsions-Argument immun sein soll, nicht direkt eingeht. Er setzt einfach voraus, dass seine Unterscheidung zwischen absoluter Wahrheit als Wahrheit in allen Perspektiven und relativer Wahrheit als Wahrheit in einer Perspektive, verbunden mit der Kritik am Konzept einer nicht-perspektivisch indizierten Wahrheit, das Problem von selbst löst. In Hales' Modell muss es keinen Widerstreit mehr zwischen dem Absolutisten und dem Relativisten geben, da absolute und relative Wahrheit – vor dem Hintergrund der behaupteten Analogie zwischen möglichen Welten und Perspektiven – als logisch miteinander vereinbar dargestellt werden. Der „new-and-improved relativist" steht nicht mehr vor dem Dilemma, seinen eigenen Relativismus in einem sich ausschließenden Sinne entweder als relativ wahr oder als absolut wahr mit allen fragwürdigen Konsequenzen verteidigen zu müssen. Deshalb, so würde Hales wohl antworten, findet das Retorsions-Argument bei dieser Form des Relativismus keinen Ansatzpunkt mehr.

Um diese Annahme zu motivieren, muss Hales allerdings auf einige fragwürdige Voraussetzungen zurückgreifen, auf die ich kurz eingehe. Zunächst ist seine Prämisse wenig plausibel, dass Relativität eine alethische Modalität wie Möglichkeit oder Notwendigkeit sei. Das liegt nicht nur daran, dass die Semantik möglicher Welten, etwa im Kontext der Kritik Quines, nicht unumstritten ist. Bedenken ergeben sich vor allem deshalb, weil man mit guten Gründen bestreiten kann, dass Welten in der Modallogik eine analoge Rolle spielen wie Perspektiven im alethischen Relativismus. Das Konzept möglicher Welten im Kontext alethischer Modalitäten wie Notwendigkeit oder Möglichkeit eröffnet der Modallogik Antworten auf diffizile metaphysische, logische und semantische Probleme. Vor diesem Hintergrund die Behauptung zu vertreten – als für Hales absolut wahre Proposition –, Relativität sei eine weitere Modalität, scheint mir als Grundlage für einen revidierten Relativismus wenig tragfähig zu sein. Insofern muss der Absolutist die von Hales gesetzte und nicht weiter begründete Ausgangsthese „everything true is relatively true" in Verbindung mit der Indizierung durch Perspektiven nicht akzeptieren; denn genau in dem, was Hales einfach voraussetzt, besteht ja der eigentliche Streitpunkt zwischen Relativisten und Absolutisten.

Weiterhin kann man zahlreiche Annahmen in Hales' Modell kritisch hinterfragen. So scheint Hales den zentralen Begriff „relativ" in unterschiedlichem Sinne zu verwenden: Zum einen behauptet er, wie zitiert, für den Relativisten gelte: „whatever is true is relatively true". Da es auch absolute Wahrheiten (die Axiome von Hales' Theorie) gibt, muss der Relativist akzeptieren, dass nur die meisten, aber nicht alle Wahrheiten bloß relativ sind: „most truths being merely relative (and not also absolutely true)".[38] Es ist unklar, wie die beiden Aussagen von Hales logisch miteinander vereinbar sein sollen. Die verwirrende Verwendung des Begriffs „relativ" im Zusammenhang von All- und Teilaussagen kann auch nicht dadurch legitimiert werden, dass man sie auf jeweilige Perspektiven spezifiziert.

Ein wichtigerer Kritikpunkt an Hales' Modell liegt aber an anderer Stelle. Die entscheidende Rückfrage in unserem Kontext lautet, ob sein revidierter Relativismus tatsächlich immun gegen das Selbstwiderspruchs-Argument ist. In welchem Sinne ist Hales' Behauptung „whatever is true is relatively true" oder seine Ausgangsthese „*Philosophical propositions are true in some perspectives and false in others*" wahr? Selbst wenn die retorsive Rückfrage ermüdend erscheinen mag – ihre Stichhaltigkeit bleibt davon unberührt. Auch Hales, so scheint es, kann ihr durch seinen Versuch einer modallogischen Rekonstruktion der Relativität nicht entgehen. Konkret kann man fragen: Wenn es keine Wahrheit außerhalb von Perspektiven gibt, wie Hales behauptet, und wenn alle philosophischen Propositionen, die wahr sind, wahr in einer Perspektive und falsch in einer anderen sind, in welchem Sinne ist dann Hales' Konzept selbst wahr? Falls es perspektiven-relativ ist, bleibt die Frage, warum man es von absolutistischer Seite ernst nehmen soll. Falls es nicht perspektiven-relativ ist, widerspricht es der Ausgangsthese. Dass Hales auch ein „absolut wahr" als „in allen Perspektiven wahr" behauptet, hilft ihm an dieser Stelle nicht weiter; denn die Frage angesichts der Ausgangsthese lautet ja gerade, in welchem Sinne die Indizierung der Wahrheit auf Perspektiven selbst wahr ist, und nicht ihr Gegenteil, eine nicht-perspektivische Wahrheit.

Das heißt, die Aussage „whatever is true is relatively true" ist eine Behauptung auf der Grundlage der modallogischen Rekonstruktion von Relativität, die der Absolutist als eine bloße Setzung jedoch nicht akzeptieren muss.[39] In dieser Hinsicht erscheint auch die These von Hales, seine revidierte Version des Relativismus sei immun gegen das Retorsions-Argument, als nicht überzeugend. Unabhängig von den subtilen Differenzierungen innerhalb seines Entwurfs, muss Hales angesichts der retorsiven Nachfrage gleichsam wieder von vorne anfangen und erklären, ob die Behauptung „whatever is true is relatively true" relativ oder absolut gilt, was jeweils darin eingeschlossen ist und warum diese Implikationen den vorgestellten Relativismus nicht als selbstwidersprüchlich erweisen. Wie auch immer Hales dabei vorgehen würde, für seine Verteidigung könnte er nicht auf seine modallogische Analogie und die daraus folgenden Differenzierungen zurückgreifen.

6.4 Fazit

Thema dieses Kapitels war die Untersuchung des Selbstwiderspruchs-Arguments gegen den Relativismus. Dabei ging es um das Konzept und die Rezeption dieses Arguments, vor allem aber um die Frage nach dessen Stichhaltigkeit. Insofern dieses Argument schon seit Platon in verschiedenen Versionen immer wieder gegen den Relativismus vorgebracht wird, scheint es angesichts der bis heute ungebrochenen Existenz relativistischer Entwürfe wenig erfolgreich zu sein. Von absolutistischer Seite wird dieser Einwand jedoch nicht als stichhaltig angesehen. Ich habe exemplarisch zwei Modelle aus der gegenwärtigen Relativismus-Debatte vorgestellt, die in differenzierter Weise versuchen, den Vorwurf des Selbstwiderspruchs des Relativismus zu entkräften. Bennigson geht von Sätzen als Wahrheitswertträger aus und kritisiert relativistische Modelle, nach denen ein und dieselbe Proposition wahr ist in einem Deutungsrahmen und falsch in einem anderen. Dabei verteidigt Bennigson seinen Ansatz gegen das Selbstwiderspruchs-Argument durch eine Art Immunisierungsstrategie, bei der die Relativistin der retorsiven Nachfrage dadurch entkommen soll, indem sie ihren Wahrheitsanspruch auf immer neuen „meta-level of discourse" als relativ verteidigt. Hales verfolgt eine andere Strategie, um dem Vorwurf der Widersprüchlichkeit zu entgehen, indem er behauptet, Relativität könne als eine Kategorie der Modalität rekonstruiert werden. Wie die kritische Diskussion zeigte, leiden die beiden Verteidigungen gegen das Standardargument unter internen Problemen. Entweder mutieren sie im Laufe der Immunisierung gegen die retorsive Nachfrage in eine Version des subjektivistischen Relativismus oder sie verstricken sich in Widersprüche, indem sie trotz ihrer Grundlegung in einem alethischen Relativismus an einer Form von absolutem Wahrsein festhalten. Die Analyse machte aber auch deutlich, dass der Standardeinwand nicht zwingend zu einem Selbstwiderspruch des Relativisten führen muss und der Begriff „Self-Refutation Argument" insofern nicht angemessen ist.

Wie angedeutet, gibt es neben den hier exemplarisch untersuchten Modellen der Verteidigung gegen den Standardeinwand noch weitere Versuche, den Relativismus gegen den Vorwurf des Selbstwiderspruchs in Schutz zu nehmen. Aufgrund des grundsätzlichen Problems der Relativierung der Wahrheit und der daraus folgenden Alternative zwischen selbstreferentiellem Widerspruch oder epistemisch belanglosem Subjektivismus scheint mir dieses Unterfangen auch für andere relativistische Rechtfertigungen wenig erfolgversprechend zu sein. Auch wenn der Standardeinwand vordergründig trivial oder abgegriffen anmuten mag, bleibt er weiterhin hilfreich, um Schwachpunkte und Widersprüche des alethischen Relativismus aufzudecken.

7 Relativismus, Pluralität, Toleranz

Ist der Relativismus eine Herausforderung oder gar eine Gefahr für die Rationalität von Philosophie, Wissenschaft und Kultur?[1] Diese Frage wird von Anhängern des Relativismus selbstredend verneint. Einige Relativisten kehren die Stoßrichtung um und betonen, dass nicht der Relativismus, sondern der Absolutismus die eigentliche Gefahr für Toleranz und wechselseitiges Verständnis in einer Gesellschaft mit vielfältigen und teils miteinander unvereinbaren Überzeugungen sei.

In diesem Kapitel möchte ich in allgemeiner Form näher auf das Verhältnis zwischen Relativismus und Absolutismus eingehen. Im ersten Abschnitt werfe ich einen kurzen Rückblick auf die bisherige Untersuchung. Im zweiten Abschnitt skizziere ich Einwände gegen den Absolutismus. Im dritten Abschnitt wird der Zusammenhang zwischen Relativismus und Pluralismus untersucht. Im vierten Abschnitt geht es um das Verhältnis zwischen Relativismus und Toleranz. Im fünften Abschnitt ziehe ich ein kurzes Fazit.

7.1 Herausforderung des Relativismus?

Die bisherige Untersuchung hat gezeigt, dass die Frage nach der Herausforderung des Relativismus ohne notwendige Differenzierungen nicht angemessen beantwortet werden kann. Der Relativismus stellt keine einheitliche Theorie dar, sondern bezeichnet eine Sichtweise, die verschiedene Auffassungen und Entwürfe umgreift. Auch wenn der Versuch, so etwas wie eine für alle Versionen passende Definition des Relativismus zu entwickeln, problematisch sein mag,[2] lassen sich bestimmte Familienähnlichkeiten und verbindende Annahmen relativistischer Auffassungen festhalten. Die Kernthese des Relativismus besagt, dass Überzeugungen nicht in einem absoluten Sinne wahr oder falsch sind, sondern nur relativ zu bestimmten Instanzen wie Weltbildern, Kulturen, Religionen, Erkenntnisformen usw. Das zu Beginn der Untersuchung vorgestellte relativistische Grundmodell präzisierte diese Kernthese. Die weitere Analyse ließ erkennen, wie unterschiedlich die vorgestellten Entwürfe des Relativismus sich auf der Grundlage dieses Modells entfalten. Das Konzept von Richard Rorty beispielsweise unterscheidet sich signifikant vom Relativismus eines Joseph Margolis. Der Ansatz der „neuen" Relativisten hebt sich deutlich ab vom Modell Paul Feyerabends. Selbst die in ihrer Kritik am Selbstwiderspruchs-Argument übereinstimmenden Positionen von Bennigson, Hales und Kölbel beschreiben miteinander unvereinbare relativistische Ansätze.

Diese Unterscheidungen machen deutlich, dass es nicht den einen Relativismus und damit auch nicht so etwas wie *die* Herausforderung des relativistischen Denkens gibt. Zudem wäre es überhaupt fragwürdig zu unterstellen, alle relativistischen Entwürfe stellten eine Herausforderung oder Gefährdung für die Rationalität von Philosophie und Wissenschaft dar. Manche deskriptiven Versionen des Relativismus sind auch von philosophischem Interesse, etwa insofern sie zu Recht auf unterschiedliche Entstehungsbedingungen für bestimmte unvereinbare Aussagen verweisen oder schwach begründete Annahmen kognitiv universaler Fähigkeiten des Menschen problematisieren. Philosophisch diskussionswürdig dagegen sind relativistische Spielarten, die nicht die Genese, sondern die Geltung von Überzeugungen zum Thema haben. Insbesondere der normative Relativismus in seinen zahlreichen Versionen ist es, der mit seinem Ansatz einer grundsätzlichen Relativierung von Geltungsansprüchen eine detaillierte philosophische Auseinandersetzung erfordert.

Ausgehend von der Vielfalt des Relativismus stand die Frage im Vordergrund, wie konsistent und überzeugend die in diesem Buch vorgestellten Modelle des normativen Relativismus sind. Dabei stellte sich der alethische Relativismus als Angelpunkt unterschiedlicher lokaler Versionen des Relativismus über eine bestimmte Klasse von Aussagen heraus. Der Wahrheitsrelativismus wirft aus verschiedenen Gründen ernsthafte Probleme für Philosophie und Wissenschaft auf. Die Relativierung der Wahrheit auf bestimmte Standards oder Kontexte führt zu der Schwierigkeit, dass Wahrheitsfragen nicht länger einen genuinen Dissens zwischen Positionen aus unterschiedlichen Kontexten oder Bezugsrahmen auslösen können, der zur Klärung philosophischer und wissenschaftlicher Streitfragen unerlässlich ist. Die Argumentation, mit der einige „neue" Relativisten im Rahmen ihres Modells die Möglichkeit eines echten Widerstreits in Neigungskonflikten erklären, erwies sich als wenig überzeugend. Das traditionelle Selbstwiderspruchs-Argument macht darauf aufmerksam, dass Varianten des alethischen Relativismus in der Gefahr stehen, entweder auf einen selbstreferentiellen Widerspruch oder auf einen belanglosen Subjektivismus hinauszulaufen, auch wenn es nicht zwingend die Inkonsistenz des Relativismus aufzudecken vermag. Insgesamt zeigt die kritische Analyse, dass der Relativismus in seinen normativen Spielarten keine überzeugende Theorie darstellt.

7.2 Herausforderung des Absolutismus?

Gegen dieses Fazit lässt sich ein gewichtiger Einwand erheben, der bislang noch nicht berücksichtigt worden ist und den ich so zusammenfasse: Die bisherige Deutung des Relativismus beruhe allein auf rein konzeptuellen Überlegungen, die bestenfalls zeigten, dass die diskutierten relativistischen Entwürfe auf der Ebene ihres Theorie-Designs Defizite aufweisen. Da eine nähere Analyse absolutistischer Ansätze ebenso konzeptuelle Schwachpunkte und Unklarheiten aufdecken könne, bleibe der Relativismus eine legitime und vertretbare Position innerhalb der Bandbreite philosophischer Ansätze. Die Attraktivität des Relativismus – so der Einwand weiter – zeige sich auch weniger in der Konkurrenz zu anderen ebenso fehlbaren Deutungsmodellen auf der Theorie-Ebene, sondern erst dann, wenn man das relativistische Denken als eine eminent praktisch-politische Grundhaltung verstehe, die im Kontext der Pluralität von Weltbildern angemessener sei als jede Version des Absolutismus. Die relativistische Denkform mit ihren nur relativen Wahrheitsansprüchen stelle eine weitaus offenere und pluralitätskonformere Sichtweise dar als diejenige, die sich in starken und zu Konflikten neigenden absoluten Geltungsansprüche äußere.

Zu Anfang dieses Buches habe ich drei Motive angeführt, die immer wieder für den Relativismus ins Feld geführt werden: *Pluralismus* gegen Partikularismus, *Toleranz* gegen Fundamentalismus, *Skeptizismus und epistemische Demut* gegen Objektivismus. Dem gerade skizzierten Einwand und diesen drei Motiven gemeinsam ist die Auffassung, dass der Relativismus eher im Sinne einer praktischen Haltung und weniger als theoretisches Modell verstanden werden müsse. Dieser Auffassung zufolge wäre der Relativismus in Bezug auf seine theoretische Grundlegung ein stichhaltiger, wenn auch, wie jede Theorie, mit Schwächen behafteter Ansatz, der erst in Bezug auf die praktische und lebensweltliche Ausrichtung seine eigentliche Relevanz als eine für Pluralismus, Toleranz und epistemische Demut aufgeschlossene Haltung offenbart. Dieses Verständnis ist uns hier schon bei der Untersuchung des „praktischen Relativismus" von Paul Feyerabend begegnet. Man findet leicht weitere Beispiele. So versteht der einflussreiche US-amerikanische Literaturwissenschaftler Stanley Fish unter Relativismus die Praxis

> of putting yourself in your adversary's shoes, not in order to wear them as your own but in order to have some understanding (far short of approval) of why someone else – in our view, a deluded someone – might want to wear them.[3]

Mit dieser Deutung gewinnt der Relativismus eine moralische Färbung und stellt eine Art Tugend dar, eine Haltung des Verstehens, der Empathie und der Toleranz. Manche Relativisten gehen in dieser Richtung noch weiter. David Bloor zufolge stellt heutzutage nicht der Relativismus die Herausforderung für die Philosophie und Alltagskultur dar, sondern der Absolutismus. Bloor modifiziert die – oben zitierte – Aussage von Kardinal Joseph Ratzinger, wir lebten in einer Diktatur des Relativismus, und behauptet mit einer scharfen Formulierung, heutzutage sei es vielmehr die Diktatur des Absolutismus und der Krieg des einen absolutistischen Wahrheitsanspruchs gegen den anderen, der zu fürchten sei:

> Those who rail against relativism should keep in mind that the threat to human decency posed by tolerating the use of torture comes from people who invoke absolute values and truths. [...] The truly dangerous people abroad in the world today are all absolutists. It is the dictatorship of absolutism, and the war of absolute against absolute, that is to be feared.[4]

Zeigt der Relativismus also erst oder gerade im Hinblick auf seine praktischen Konsequenzen und damit in Abgrenzung gegen die behaupteten Gefahren des Absolutismus die ihm zukommende Bedeutung?

Zunächst ist klar, dass konzeptuelle Probleme des Relativismus nicht außer Kraft gesetzt werden, wenn man ihn primär als praktische Haltung und weniger als theoretisches Modell deutet.[5] Diesem Einwand könnten einige Relativisten zustimmen, insofern sie, wie skizziert, davon ausgehen, dass alle Theorien, der Relativismus wie der Objektivismus, stets mit konzeptuellen Mängeln behaftet sind. Diese Replik ist trivial und kann offenkundig nicht davon entpflichten, die jeweils bestmögliche Theorie zu suchen. Eine Theorie mit gravierenden konzeptuellen Mängeln dagegen wird auch durch ein Verständnis als praktische Haltung nicht überzeugender.

Die kritische Nachfrage des Retorsions-Arguments nach der Selbstreferenz des Relativismus lässt sich auch in Bezug auf die zitierte Äußerung Bloors in Anschlag bringen. Dabei wäre zu fragen, ob diese Äußerung für Bloor in relativem oder in absolutem Sinne gelten soll. Die Optionen für Bloor in Bezug auf diese Rückfrage müssen hier nicht mehr geschildert werden. Diese Problematik für den Relativisten verweist auf einen Aspekt, auf den schon im Kapitel zum Wahrheitsrelativismus hingewiesen wurde: Überzeugungen zählen zu den assertiven Sprechakten und stellen performativ einen Wahrheits- oder Geltungsanspruch auf, mit dem sich eine Sprecherin oder ein Sprecher, *nolens volens*, auf einen behaupteten Sachverhalt in der Welt festlegt. Bloors normative Äußerung ist ein gutes Beispiel dafür: Seine Behauptung, dass absolute Wahrheitsansprüche die Ursache allen Übels in Bezug auf Folter und Krieg seien, wird nicht mit dem Siegel „bloß wahr relativ zum Deutungssystem von David Bloor" geäußert. Das heißt, selbst wenn man der Deutung des Relativismus als vorrangig praktische Haltung einen Sinn abgewinnt, bleiben die konzeptuellen Probleme bezüglich der Selbstreferenz des Relativismus bestehen.

7.3 Relativismus und Pluralismus

Die bisherigen Ausführungen haben nur indirekt die These angesprochen, dass der Relativismus erst dann seine eigentlichen Vorzüge entfalte, wenn man ihn im Blick auf seine praktischen Implikationen und Konsequenzen beurteile. Als

Motiv für eine relativistische Einstellung wird in dieser Hinsicht immer wieder – wie auch im Zitat von Bloor – angeführt, dass der Absolutismus eher eine Herausforderung oder Gefahr für das Zusammenleben in heutigen Gesellschaften mit einem Pluralismus von oft miteinander unvereinbaren Weltbildern darstelle als der Relativismus. Muss man also Relativist sein, um fähig zu sein, die Pluralität von Überzeugungen und Weltdeutungen als berechtigt zu akzeptieren und von dem eigenen Standpunkt aus nicht zu verurteilen?

Um darauf einzugehen, gilt es zunächst zu klären, was unter „Pluralismus" verstanden wird. In epistemischer Hinsicht kann man darunter, allgemein formuliert, die Vorstellung verstehen, dass es mehrere teils miteinander unvereinbare und trotzdem gleichermaßen überzeugende und rationale Auffassungen, Deutungen oder Theorien der Wirklichkeit gibt. Bei Michael P. Lynch heißt es:

> The notion of pluralism shines brightly within academia and throughout the culture at large. In its most general form, pluralism is the idea that there can be more than one true story of the world; there can be incompatible, but equally acceptable, accounts of some subject matter. There are no absolute facts but a diversity of truths, all of which equally clamor for our attention.[6]

Insofern der Relativismus ebenfalls eine solche Vorstellung vertritt, scheint er in einer engen Verwandtschaft mit dem Pluralismus oder sogar eine Spielart desselben zu sein. Der Unterschied zwischen beiden Positionen liegt jedoch darin, dass der Relativismus die Angemessenheit oder Wahrheit dieser vielfältigen Überzeugungen in Abhängigkeit von bestimmten Parametern sieht, während der Pluralismus nicht notwendig von einem solchen Rückbezug ausgeht.[7] Nicolas Rescher hat gezeigt, dass ein Pluralismus, für den es auf jede grundlegende Frage eine Vielzahl von plausiblen, wechselseitig teils unverträglichen Antworten gibt, gerade keinen Relativismus einschließt.[8] Einen solchen Pluralismus hält Rescher durchaus mit einem Präferenzialismus („preferentialism"), dem gemäß nur eine dieser pluralen Positionen angemessen ist, für vereinbar.[9]

Der Absolutismus bzw. Objektivismus als Gegenposition zum Relativismus geht von einem solchen Präferenzialismus aus. Im fünften Kapitel habe ich darauf hingewiesen, dass auch ein Objektivist, der eine nicht-epistemische Wahrheitsauffassung vertritt, keinen Gottesstandpunkt für die menschliche Erkenntnis und damit auch kein absolutes Wissen beansprucht. Es gibt keinen Zugang zu *der* Wahrheit unabhängig von unseren vielfältigen epistemischen Versionen, die wir uns von ihr machen. Aus dieser Einsicht in die Grenzen und Bedingtheit unserer Erkenntnisfähigkeit kann man aber nicht berechtigterweise schließen, dass es prinzipiell keine denkunabhängige Wahrheit gibt. Der Anhänger eines nicht-epistemischen Wahrheitsverständnisses behauptet allein, dass die Wahrheit bestimmter Klassen von Aussagen nicht davon abhängig ist, dass wir dies feststellen können. Ein Präferenzialismus, dem gemäß nur eine dieser Versionen angemessen oder wahr ist und konkurrierende Versionen als weniger angemessen oder falsch erachtet werden, ist also nicht notwendig ein Ausdruck epistemischer Unbescheidenheit. Der Objektivist kann gemeinsam mit dem Relativisten also durchaus anerkennen, dass es eine legitime Pluralität von teils unvereinbaren Überzeugungen oder Weltdeutungen gibt. Im Gegensatz zum Relativisten bestreitet der Objektivist jedoch, dass unvereinbare Überzeugungen aus verschiedenen Weltdeutungen zugleich wahr sein können. Ob sich dieser Dissens nur auf den Bereich von Tatsachendisputen beschränkt, kann hier offen bleiben.

7.4 Relativismus und Toleranz

Aus der Perspektive des Relativisten könnte man weiterhin einwenden, dass in der Zuschreibung des eigenen Deutungssystems als wahr und des fremden Deutungssystems als falsch die von Bloor kritisierte Neigung zur Gewalt und Intoleranz, zum Krieg des einen absolutistischen Standpunktes gegen den anderen liege. Diesem Einwand kann man entgegnen, dass Konflikt und Widerstreit nicht prinzipiell schlecht oder abzulehnen sind, sondern nur dann, wenn sie mit Formen von Gewalt und Zwang verbunden sind. Das Problem, auf das Äußerungen wie die von Bloor hindeuten, ist nicht die Behauptung nicht-relativer Wahrheitsansprüche, sondern die Durchsetzung von Wahrheitsansprüchen mit Gewalt und Unterdrückung gegen die Freiheit des Andersdenkenden. Vor diesem Problem sind grundsätzlich weder Absolutisten noch Relativisten geschützt.

Der Objektivist kann einräumen, dass auch die konkurrierende Deutung, obwohl sie unverträglich mit der eigenen Position ist und damit nicht wahr zu sein scheint, durchaus nicht unvernünftig ist und dass der Vertreter einer solchen Überzeugung gute Gründe für seine eigene Präferenz haben mag. Damit sind Mindestanforderungen für Toleranz erfüllt. Wie Rainer Forst in seiner wegweisenden Studie gezeigt hat,[10] gehören zu einem reflektierten Begriff von Toleranz mehrere Komponenten. Dazu zählt die „*Ablehnungs-Komponente*", der gemäß die tolerierten Überzeugungen in einem normativen Sinne als schlecht oder falsch verurteilt werden. Forst betont, dass diese für den Toleranzbegriff notwendige Komponente weder mit Indifferenz als Fehlen einer negativen Bewertung der fremden Überzeugung noch mit Bejahung als einer einseitig positiven Bewertung derselben verwechselt werden dürfe.[11] Neben dieser Ablehnungskomponente spricht Forst in Bezug auf den Toleranzbegriff noch von einer „*Akzeptanz-Komponente*", der gemäß es trotz der Ablehnung positive Gründe für die Tolerierung geben müsse, die die negativen Gründe zwar nicht aufheben, wohl aber im Austarieren des Für und Wider übertrumpfen. Nicht zuletzt gilt es Forst zufolge noch eine „*Zurück-*

weisungs-Komponente" zu beachten, und zwar als Grenze des Tolerierens in Bezug auf Überzeugungen und Praktiken, die als grundlegende Bedrohung für die Toleranz nicht hinzunehmen sind und bekämpft werden müssen.

Ausgehend von diesen Einsichten wäre die Annahme naiv und irreführend, der Relativismus sei eine Haltung, die zwangsläufig Toleranz, Verständnis und Duldsamkeit impliziere, während der Absolutismus zu Intoleranz und Zwang neige. In Bezug auf den Relativismus ist zunächst festzuhalten, dass es keine notwendige Beziehung zwischen Toleranz und Relativismus gibt: Weder impliziert der Relativismus in zwingender Weise Toleranz noch impliziert Toleranz automatisch Relativismus.[12] Der Absolutist kann hier sogar einwenden, dass der Relativismus im Sinne des skizzierten Toleranzverständnisses gar nicht tolerant sein könne, da er allein die Komponente der Akzeptanz, nicht aber die Komponenten der Ablehnung und Zurückweisung einschließen könne. Insofern etwa die alethische Relativistin davon ausgehe, dass Überzeugungen relativ und kontextbezogen wahr seien, selbst dann, wenn sie ihrem Relativismus widersprechen, könne sie fremde Überzeugungen prinzipiell weder als schlecht oder unwahr ablehnen noch in Bezug auf vermeintlich inakzeptable Überzeugungen so etwas wie Grenzen des Tolerierbaren festlegen und in dieser Hinsicht intolerant sein. Die Relativistin sei allein zur Indifferenz oder zur Bejahung bezüglich der fremden Überzeugung fähig, nicht aber zur Toleranz.

Dieser Einwand des Objektivisten scheint mir nur zum Teil stichhaltig zu sein. Zum einen kann die Relativistin fremde Positionen, etwa den Absolutismus, durchaus ablehnen, und zwar im Sinne der relativistischen Perspektive: „Es ist wahr für die Relativistin, dass der Absolutismus falsch ist." Zum anderen sind relativistische Positionen auch mit einem schwachen Präferenzialismus vereinbar, wie etwa bei Rortys Ansatz erkennbar wurde. In Rückbezug auf das neopragmatistische Nützlichkeits-Kalkül war es für Rortys Relativismus möglich, zwischen verschiedenen Graden der Nützlichkeit von Überzeugungen zu unterscheiden, ohne dass eine spezifische Überzeugung als in irrelativem Sinne privilegiert oder wahr verstanden werden konnte. Insofern könnte die Relativistin theoretisch bestimmte Überzeugungen in Bezug auf deren Nützlichkeit anderen Überzeugungen vorziehen. Damit scheint auch der Relativismus zu so etwas wie der „Ablehnungs-Komponente" fähig zu sein. Fraglich bleibt allerdings – und hier trifft der Einwand einen wunden Punkt –, ob der Relativismus auch die *„Zurückweisungs-Komponente"* berücksichtigen und damit Grenzen der Toleranz gegenüber bestimmten, intoleranten Überzeugungen einschließen kann.[13]

Umgekehrt gilt, dass weder der Absolutismus notwendig Toleranz ausschließt noch dass Intoleranz notwendig Absolutismus impliziert. Die Position des Absolutisten kann im Sinne des vorausgesetzten Toleranzverständnisses nicht nur die Komponenten der Ablehnung und Zurückweisung, sondern auch die „*Akzeptanz-*

Komponente" einschließen. Auch wenn der Absolutist eine fremde Überzeugung als falsch ablehnt, kann er, etwa beeinflusst durch einen deskriptiven Relativismus, positive Gründe dafür angeben, warum es nicht irrational ist, eine solche Überzeugung zu haben und insofern tolerant ihr gegenüber sein. Ein Anhänger einer bestimmten Religion, der seinen Glauben für wahr hält, kann beispielsweise eine andere Religion als falsch erachten und trotzdem gegenüber einer Vertreterin dieser abgelehnten Religion einräumen, dass diese in ihrem kulturellen Kontext gute Gründe habe oder es sogar rational für sie sei, ihre eigene religiöse Überzeugung zu präferieren und für wahr zu halten. Die negativen Gründe für die Ablehnung der als falsch erachteten Religion heben die positiven Gründe für die Tolerierung der Vertreterin dieser Religion in diesem Fall nicht auf, da beide Begründungen gewichtig sind, unterschiedlichen Ordnungen angehören und insofern nicht miteinander verrechnet werden können. Insofern ist der Absolutist bezüglich seiner ablehnenden Haltung nicht, wie Forst es ausdrückt, zu „*einer Relativierung ohne Relativismus*"[14] verpflichtet. Die positiven Gründe für die Tolerierung der fremden Position im Sinne der „*Akzeptanz-Komponente*" zwingen den Absolutisten gerade nicht dazu, seine eigene Position und damit die negativen Gründe zu relativieren, da es sich um unterschiedliche Begründungen handelt.

Wenn also im Blick auf die Bedeutung weder Relativismus und Toleranz noch Absolutismus und Intoleranz notwendig konvergieren oder teilweise deckungsgleich sind, bleibt allein der Einwand, es sei *wahrscheinlicher*, dass Fälle von Intoleranz und Zwang in weit höherem Maße bei Absolutisten als bei Relativisten zu finden seien. Dieser Einwand hat empirische Voraussetzungen. Darauf einzugehen, scheint müßig zu sein: Zum einen aufgrund der weiteren Voraussetzung, dass die Anzahl von Relativisten und Absolutisten in irgendeinem Sinne vergleichbar sein müsste. Gäbe es *de facto* jedoch nur eine geringe Zahl von Relativisten bei einer überwiegenden Mehrheit von Absolutisten, wäre der Einwand in empirischer Hinsicht offenkundig trivial. Zum anderen, wie das Zitat von Bloor zeigt, ist es nicht klar, ob Relativisten ihre relativistische Auffassung metasprachlich oder performativ tatsächlich in nicht-absoluter Weise vertreten. Insofern lasse ich die empirische Frage offen, ob wir, so Ratzinger, in einer Diktatur des Relativismus oder, so Bloor, in einer Diktatur des Absolutismus oder in einem Zustand leben, in dem weder das eine noch das andere zutrifft.

Allerdings macht der Einwand auf einen wichtigen Punkt aufmerksam, den der Absolutist selbstkritisch zur Kenntnis nehmen muss: Die Behauptung des eigenen Wahrheitsanspruchs gegenüber anderen Überzeugungen muss ausnahmslos mit rationalen Argumenten, ohne jede Form von Zwang oder Gewalt und stets im Sinne des skizzierten Toleranzverständnisses geschehen.

7.5 Fazit

Die pauschale Rede von der Herausforderung des Relativismus erweist sich als undifferenziert. Zu vielfältig sind die Versionen relativistischen Denkens, so dass man weder von *dem* Relativismus noch von *der* Herausforderung desselben sprechen kann. Umgekehrt erachten viele Relativisten den Absolutismus und die Rede von objektiver Wahrheit als eine Bedrohung für das friedliche Zusammenleben in Gesellschaften, die von der Pluralität von Überzeugungen und Weltbildern geprägt sind. Bei diesem Bedenken wird der Relativismus oft als eine Art praktische Haltung oder Einstellung und weniger als ein rein theoretisches Konzept verstanden. Angesichts der Rede vom Absolutismus als einer Herausforderung gilt es ebenfalls zu differenzieren. Die Analyse in diesem Kapitel zeigt, dass auch der Absolutist eine Pluralität von Weltdeutungen anerkennen kann und dass es weder eine notwendige Überschneidung zwischen Relativismus und Toleranz noch zwischen Absolutismus und Intoleranz gibt. Die berechtigte Kritik des Relativismus an Intoleranz und Gewalt sollte für den Absolutisten *und* für den Relativisten immer wieder neu zur Prüfung Anlass geben, ob der eigene Wahrheitsanspruch rein argumentativ und ohne jede Form von Zwang behauptet wird.

Anmerkungen

Kapitel 1

1 Vgl. Sokal/Bricmont 1998, 212-258 (dt. Sokal/Bricmont 1999).
2 Vgl. dazu Hilgartner 1997.
3 Vgl. dazu von analytischer Seite Boghossian 1996; Ashman/Barringer 2001; Sokal 2010.
4 Vgl. Sokal/Bricmont 1998, 50-105.
5 Vgl. Smith 2011, 27-35; Copan 2009, 11-17. Die Studie von Smith fasst die Haltung der „emerging adults" in drei Aspekten zusammen (Smith 2011, 215-219): *„Moral confusion and disorientation"*, *„Mass consumer materialism"* und *„Individualistic relativism"*. Bezüglich des letzten Aspekts heißt es: „A third factor related to the two just examined is the very strong individualistic relativism that also undercuts emerging adult's civic and political engagement" (Smith 2011, 219). Vgl. dazu auch das fiktionale Gespräch über Wahrheit und Relativismus in Williamson 2015, etwa 74 f.
6 „Einen klaren Glauben nach dem Credo der Kirche zu haben, wird oft als Fundamentalismus abgestempelt, wohingegen der Relativismus, das sich ‚vom Windstoß irgendeiner Lehrmeinung Hin-und-hertreiben-Lassen', als die heutzutage einzige zeitgemäße Haltung erscheint. Es entsteht eine Diktatur des Relativismus, die nichts als endgültig anerkennt und als letztes Maß nur das eigene Ich und seine Gelüste gelten lässt" (Ratzinger 2005, 14; zur Kritik daran Posener 2009, 19-50; zum philosophischen Hintergrund Irlenborn 2011b).
7 Vgl. etwa Baghramian/Carter 2015; Baghramian 2014; Boghossian 2006a; Cappelen/Hawthorne 2009; García-Carpintero/Kölbel 2008; Hales 2011; Hönig 2006; Krausz 2010a; Mosteller 2008; O'Grady 2002; Ressler 2013; Schantz/Seidel 2011.
8 Zur deutschsprachigen Diskussion des moralischen Relativismus vgl. Ernst 2009; Muders 2015.
9 Soweit ich sehe, gibt es bisher noch keine deutschsprachige Einführung zum Relativismus. Für eine der wenigen deutschsprachigen Monographien zum Thema „Relativismus" in den letzten Jahren vgl. Hönig 2006.

Kapitel 2

1 Vgl. Ernst 2012, 61.
2 Vgl. Searle 1990, 48.
3 Krug 1838, 224, zitiert in Baghramian/Carter 2015 (unter 3.). Dieser Verweis korrigiert die spätere Datierung in König 1992, 613. Im Englischen hat wohl der Moralphilosoph John Grote (1813-1866) den Begriff „relativism" in seinem Buch *Exploratio Philosophica* aus dem Jahr 1865 wohl als erster angeführt (so Baghramian 2005, 14).
4 Vgl. Haack 1998, 149.
5 Vgl. dazu näher Brown 1991; Swoyer 2015.
6 Wright 2010, 345.
7 „Nevertheless, in the midst of all this bustling diversity one can detect some common themes, one of which derives from the Linguistic Turn. The move to making language the centre of philosophical concern meant taking into account the social context in which language is produced" (O'Grady 2002, 2).

8 So zeigen, Whorf zufolge, Hopi-Indianer bedingt durch ihre spezifische Sprache ein ganz anderes Verständnis der Zeit als die Sprecher des Englischen. Vgl. Whorf 1956, 213.
9 Zur Kritik an einer solchen Annahme vgl. Puntel 1995, 24-29.
10 Goodman 1978, 4, 20 f.
11 Vgl. Kuhn 1976, 90.
12 Vgl. Kuhn 1976, 159-170. Berühmt ist die Kritik von Donald Davidson an begriffsrelativistischen Behauptungen, die davon ausgehen, dass inkommensurable Theorien unterschiedliche Begriffsschemata voraussetzten und deren Aussagen insofern relativ zu verschiedenen „Welten" seien. Davidson zeigt, dass es widersprüchlich wäre, anzunehmen, dass Menschen unterschiedliche Begriffsschemata haben, wenn sie Sprachen sprechen, die nicht ineinander übersetzbar sind. Sein Fazit lautet: Die Behauptung einer partiellen und vollständigen Unübersetzbarkeit einer Sprache ist widersprüchlich, da sie ein gemeinsames, nicht-relatives Koordinatensystem voraussetzt. Insofern scheitere der Begriffsrelativismus. Vgl. Davidson 1984; zum Begriff „Inkommensurabilität" Hönig 2006, 21-39.
13 Rorty 1999, xxxii. Ähnlich auch Lyotard (zitiert in Reese-Schäfer 1995, 123).
14 Vgl. Harman 1996, 1 f.
15 Lyotard 1990, 48.

Kapitel 3

1 Vgl. dazu das Forschungsprojekt in Kusch 2013.
2 Vgl. Guthrie 1979, 26-38; Burkert 2008.
3 Vgl. Kirk/Raven/Schofield 2001, 184 f.
4 Vgl. dazu Bett 1989.
5 Platon 1989, 35 (Theaitetos 152a). Eine ausführliche Rekonstruktion des *Homo-mensura*-Satzes und der Argumente von Protagoras findet sich Lee 2005, 12-45.
6 Platon 1989, 97-99 (Theaitetos 171a-c).
7 Vgl. als Standardtext zur Auseinandersetzung mit Platons Argument Burnyeat 1976, 174; weiterhin Wendel 1990, 34-37.
8 Vgl. dazu Lee 2005, 48 f. In der angelsächsischen Forschung wird diskutiert, ob Platon die Position des Protagoras als eine Version des (a) „relativism about truth" oder als (b) „infallibilism" (auch „subjectivism" genannt) diskutiert hat. Für (a) gilt „wahr" immer nur als „wahr für *x*", so dass unter Zusatz dieser relativistischen Einschränkung nicht notwendig ein Widerspruch mit dem Satz vom ausgeschlossenen Widerspruch vorliegen muss. Für (b) gilt „wahr" immer subjektiv, aber so, dass das, was wahr ist, absolut wahr für eine bestimmte Person ist. Diese Person ist damit bezüglich des von ihr als „wahr" Behaupteten infallibel. Eine falsche Behauptung ist damit ausgeschlossen. Nur bei (b) wird der Satz vom ausgeschlossenen Widerspruch aufgehoben, nicht aber bei (a). – Es stellt sich jedoch die Frage, ob diese Unterscheidung wirklich stichhaltig ist. Der Infallibilismus scheint mir eine wenig plausible Position zu sein, wenn er behauptet, ohne die relativistische Einschränkung auszukommen. Zur Diskussion vgl. Fine 1996, 211-243; Lee 2005, 30-34.
9 Putnam 1990, 165-168 sieht das Privatsprachenargument Wittgensteins als überzeugende Widerlegung des Protagoreischen Relativismus. Demnach kann der Protagoreische Relativist nicht mehr sinnvoll unterscheiden zwischen „*recht haben*" und „*glauben, recht zu haben*", was Putnam zufolge auf einen „geistigen Selbstmord" hinausläuft (Putnam 1990, 166).

10 Aristoteles 1994, 104 (Metaphysik IV 3, 1005b 19-23); vgl. auch die Version des Kontradiktionsprinzips in Aristoteles 1994, 284 (Metaphysik XI 5, 1061b 36-1062a 2).
11 Aristoteles 1994, 106 (Metaphysik IV 4, 1006a 6).
12 Aristoteles 1994, 286 (Metaphysik XI 6, 1062b 13-19).
13 Aristoteles 1994, 287 (Metaphysik XI 6, 1063a 7-10).
14 Vgl. Putnam 1990, 166.
15 Aristoteles 1994, 107 (Metaphysik IV 4, 1006b 7-10).
16 Aristoteles 1994, 107 (Metaphysik IV 4, 1006b 20-25).
17 Aristoteles 1994, 116 (Metaphysik IV 5, 1009b 38-39).
18 Sextus Empiricus 1993, 124.
19 Sextus Empiricus 1993, 125 f.
20 Sextus Empiricus 1993, 126 f.
21 Sextus Empiricus 1993, 145.
22 Ähnlich auch Annas/Barnes 1985, 97 f.
23 Thomas von Aquin 1986, 27 (*De veritate* q. 4).
24 Vgl. Perler 2006, 182 f.
25 Zur Auseinandersetzung mit dem Skeptizismus in der frühen Neuzeit vgl. Popkin 1979.
26 Vgl. zur Montaigne-Interpretation Wild 2009, 109-112; Hartle 2005.
27 Montaigne 1992, 371.
28 Vgl. Montesquieu 1986.
29 Montaigne 1992, 657.
30 Montaigne 1992, 166. An anderer Stelle heißt es: „Und einerley Urtheilskraft muß in einer Zeit von funfzehn bis zwanzig Jahren zwo bis drey nicht nur verschiedene, sondern gar widerwärtige Meynungen mit unglaublicher Unbeständigkeit und Leichtsinnigkeit annehmen" (Montaigne 1992, 586).
31 Lévi-Strauss 2004, 226.
32 Vgl. Montaigne 1992, 762 f. Wie weit dieser religiöse Rekurs reicht und wie Montaignes „Fideismus" zu verstehen ist, ist in der Forschung umstritten. Vgl. Wild 2009, 117-119.
33 Lévi-Strauss 2004, 229.
34 Vgl. Lévi-Strauss 2004, 226 f. Zur Reichweite und zu Grenzen von Montaignes Relativismus vgl. Schiffman 1991; Foglia 2014 (vor allem den Abschnitt „Montaigne and Relativism").
35 Vgl. O'Grady 2002, 56 f. Zur Rezeption Kants im relativistischen Denken siehe Krausz 2010b, 18-20; C. Swoyer 1982, 86 f.
36 Vgl. Alston 2002, 98.
37 Kant 1968a, 209 (Kritik der reinen Vernunft, B 306).
38 Vgl. Kant 1968c, 83 f.
39 Kant 1968b, 235 (Kritik der reinen Vernunft, A 375).
40 Kant 1968b, 235 (Kritik der reinen Vernunft, A 375).
41 „Man sieht, wie schwer es [ist; B. I.], die Figuren und Idiotismen einer Sprache in die andere zu überbringen und, je mehr die Denkungsart der Völker verschieden ist, zu desto mehr Abweichungen und Ersetzungen ... ist man gezwungen" (Hamann 1949, 12). Ein antirealistischer Einschlag Hamanns findet sich in seiner Bemerkung „Giebt es für relative Begriffe, absolute Dinge?" (Hamann 1988, 228). Sprachliche Begriffe sind für Hamann relativ, weil es keine letzte Eindeutigkeit in ihrer Verwendung gibt. Deshalb kann ein Sprecher die Wirklichkeit eines anderen Sprechers nie genau kennen.
42 Zur Rezeption Kants im radikalen Konstruktivismus vgl. Wendel 1990, 183.
43 Rorty 1999, 34.

44 Gegen eine pauschale Interpretation von Nietzsche als Relativist vgl. Schacht 1995, 29 f., 56 f. Schacht geht davon aus, dass Nietzsche in Bezug auf Werte einen „lower order relativism" vertreten habe, der aber bei ihm einhergehe „with the idea of an ultimate and nonrelative standard of value". Aus der Sicht des Interpretationismus lehnt Abel 1998, 426 f. eine Deutung von Nietzsches Denken als Relativismus ab.
45 In diesem Sinne etwa Stegmaier 2011, 98-113.
46 Nietzsche 1988b, 357. Dass Nietzsche den Relativismus als eine Art Skeptizismus verstanden hat, zeigt die Passage in Nietzsche 1988a, 355 f.
47 Nietzsche 1988c, 300.
48 Vgl. etwa Clark 1991.
49 Vgl. Conant 2014, 37, 314.
50 Nietzsche 1988e, 315.
51 Nietzsche 1988e, 185.
52 Nietzsche 1988d, 80 f.
53 Nietzsche 1988d, 81; vgl. auch Nietzsche 1988a, 876-879.
54 Nietzsche 1988a, 882.
55 Nietzsche 1988a, 880 f.
56 Vgl. Nietzsche 1988a, 876-879.
57 Mit dieser Kritik scheint Nietzsche unfreiwillig auf Kants Begriff des *Noumenon* zurückgreifen zu müssen. Dies wird auch deutlich, wenn er behauptet, dass die Natur den Schlüssel der Erkenntnis vor dem Menschen weggeworfen habe und was demjenigen drohe, der trotzdem „aus dem Bewusstseinszimmer heraus und hinab zu sehen vermöchte" (Nietzsche 1988a, 877). In der analytischen Debatte um den Relativismus wird dieses Verständnis einer unstrukturiert außerhalb der Denkformen vorhandenen Wirklichkeit als „cosmic porridge doctrine" bezeichnet (vgl. Kirk 1999, 52-54).
58 Nietzsche 1988f, 293.
59 Vgl. Nietzsche 1988f, 293. Ausgehend von Nietzsches Rekurs auf Protagoras und dem von ihm vertretenen Perspektivismus spricht Goedert 2004, 85 vom „radikalen Relativismus" Nietzsches.

Kapitel 4

1 In der Diskussion um den Relativismus wird Rortys Position unterschiedlichen Varianten des Relativismus zugeordnet. Vgl. Baghramian 2005, 144-151; Boghossian 2006a, 59-63; O'Grady 2002, 106-112.
2 Vgl. Rorty 1992, 21.
3 Unabhängig von Rorty wird in der analytischen Philosophie diskutiert, ob Wittgenstein in *Über Gewissheit* eine relativistische Position vertreten habe. So scheint Wittgenstein dort davon ausgegangen zu sein, dass es autonome und fundamentale Weltbilder gebe und dass die Wahrheit unserer Überzeugungen sich allein aus der (relativen) Rückgebundenheit an ein jeweiliges Weltbild und nicht unabhängig davon ergebe. Vgl. Wittgenstein 1984, 139-141; zur Diskussion O'Grady 2014 und Kober 2014.
4 Vgl. Rorty 1992, 22.
5 Rorty 1993, 29.
6 Rorty 1993, 24.

7 Rorty 1992, 20 f. Die zitierte Passage findet sich in James 1995, 76-91. Rortys Bezugsperson William James berichtet bereits – unter Verwendung des deutschen Begriffs „Relativismus" –, dass Heinrich Rickert und Hugo Münsterberg seiner pragmatistischen Wahrheitstheorie den Vorwurf des Relativismus machten (James 1988, 961).
8 Rorty 1993, 29. Weiter heißt es: „Da Wahrheit eine Eigenschaft von Sätzen ist, da die Existenz von Sätzen abhängig von Vokabularen ist und da Vokabulare von Menschen gemacht werden, gilt dasselbe für Wahrheiten" (Rorty 1993, 49).
9 Rorty 1993, 49.
10 Rorty 1991, 23.
11 Zu Rortys Ethnozentrismus vgl. näher Baghramian 2005, 148-151.
12 Der Aufsatz findet sich als Einleitung in Rorty 1999, xvi-xxxi. Leicht gekürzt findet sich die Übersetzung in Rorty 1997. Zum Begriff des Entdeckens vgl. auch Frege 2003a, 58.
13 Vgl. Rorty 1991, 23.
14 Rorty 1999, xvi.
15 Rorty 1999, xviii-xix.
16 Rorty 1999, xxxii.
17 Rorty 1993, 89-91.
18 Rorty 1999, xxiv. Rortys Unterscheidung macht deutlich, dass es falsch wäre, dem Relativisten die Behauptung zu unterstellen, alle Theorien oder Erkenntnisse seien gleichwertig. Zu dieser „equal validity thesis" vgl. Bloor 2008, 263 f.
19 Rorty 1999, xxiv.
20 „It is merely to say that there is no point in asking whether a belief represents reality, either mental reality or physical reality, accurately" (Rorty 1999, xxiv, 33).
21 In Rorty 1991, 23 heißt es: „there is nothing to be said about truth save that each of us will commend as true those beliefs which he or she finds good to believe".
22 Vgl. Rorty 1991, 24. In Rorty 1999, xxv heißt es: „We cannot regard truth as a goal of inquiry."
23 Rorty 1999, xxv.
24 Rorty 1999, xxii. Im Kontext dieser Nützlichkeitserwägungen erklärt sich etwa auch das bekannte Diktum Rortys, Religion sei heutzutage ein „conversation-stopper" und habe ein Existenzrecht allein im Privaten (Rorty 1999, 168-174).
25 Für eine Version dieses Ansatzes vgl. Vattimo 2008.
26 Vgl. Philipps 1995. Zur Kritik am religiösen Nonkognitivismus vgl. Weidemann 2004, 399-410.
27 Vgl. etwa Ratzinger 2003, 98; zur Kritik daran Schmidt-Leukel 2005, 43 f.
28 Hick 2005, 16.
29 Vgl. dazu vor allem Hick 2004, xvii-xlii, vor allem xvii-xix. Für die Zusammenfassung greife ich auf Irlenborn 2011a zurück.
30 Hick 2004, xxii.
31 Hick 2004, xli.
32 Hick 2004, 3.
33 Runzo 2006, 66 f.
34 Vgl. Runzo 2006, 69 f.
35 Runzo 2006, 71.
36 Runzo 2006, 61; vgl. auch 64 („a matter of geographical accident") und Runzo 1986, 3-14.
37 Runzo 2006, 67. Ausführlicher dazu Runzo 1986, 11-14.
38 Runzo 2006, 66.
39 Runzo 2006, 61.

40 Runzo 2006, 62.
41 Runzo 2006, 63. Runzo optiert für einen „conceptual relativism" und gegen einen „epistemological relativism". Darauf kann ich hier nicht weiter eingehen. Vgl. dazu Runzo 2006, 67, 76; detaillierter Runzo 1986, 35-48.
42 Runzo 2006, 67.
43 Vgl. Runzo 2006, 71 f.
44 Runzo 2006, 71; vgl. auch 77: „there is more than one divine reality corresponding to the plurality of distinct religious world-views".
45 Runzo 2006, 72. Zur Fallibilität vgl. Runzo 2006, 75.
46 Vgl. Runzo 2006, 73; Runzo 1986, 238-242.
47 Vgl. auch die Kritik von Quinn 1995 und Byrne 2003, 53-75. Beide kritisieren allerdings allein Runzos frühe Version des religiösen Relativismus in *Reason, Relativism and God*.
48 Vgl. Runzo 2006, 61.
49 Feyerabend 1987 (zitiert hier aus der Übersetzung in Feyerabend 1990).
50 Weitere Auseinandersetzungen Feyerabends mit dem Relativismus finden sich in dem Abschnitt „Postscript on Relativism" in Feyerabend 2010, 283-287, 268-272; Feyerabend 1980, 68-78, 134-166; Feyerabend 1997, vor allem 79-145.
51 Vgl. etwa einzelne Bemerkungen in Feyerabend 1999, 128, 262; weiterhin in Feyerabend 1997, 109 f., 117, 126 f., 139 f.; Feyerabend 2010, 283-287. Vgl. zu einer genauen Analyse von Feyerabends Spätwerk Preston 1997; Kusch 2012.
52 Feyerabend 2010, 11 f.
53 Vgl. etwa Feyerabend 1990, 11.
54 Feyerabend 1990, 17.
55 Feyerabend 1980, 149.
56 Feyerabend 1990, 23 f. Historische Belege dafür sieht Feyerabend in den Kreuzzügen, der Französischen Aufklärung und bei der Verteidigung der Wissenschaft.
57 Feyerabend 1990, 25. Feyerabend spricht in diesem Sinne auch vom „Mythos der Vernunft" (Feyerabend 1980, 27).
58 Feyerabend 1980, 17.
59 Vgl. Feyerabend 1980, 68.
60 Die beiden Zitate in Feyerabend 1990, 27.
61 Feyerabend 1990, 27. An anderer Stelle heißt es: „*Die* Vernunft war ein großer Erfolg bei Philosophen, die an komplizierten Verhältnissen wenig Freude haben, und bei Politikern (Technologen, Bankiers etc.), die ihren Kampf um die Weltherrschaft gerne mit einem kulturellen Heiligenschein umgeben. Sie war eine Katastrophe für alle übrigen Menschen. Es wird höchste Zeit, ihr Lebwohl zu sagen" (Feyerabend 1990, 34 f.)
62 Vgl. Feyerabend 1990, 19.
63 Feyerabend 1990, 113.
64 Feyerabend 1990, 27.
65 Feyerabend 1990, 28. Im Englischen heißt es: „My aim is to show that relativism is reasonable, humane and more widespread than is commonly assumed" (Feyerabend 1987, 13). Ich weiche oben von der deutschen Übersetzung in *Irrwege der Vernunft* ab, indem ich „reasonable" mit „angemessen" und nicht (was für Feyerabends vernunftkritisches Anliegen widersinnig ist) mit „vernünftig" übersetze.
66 Feyerabend 1980, 19 f.; Feyerabend 1990, 36-61.
67 Feyerabend 1990, 37.
68 Vgl. Feyerabend 1990, 67.

69 Feyerabend 1990, 88.
70 Feyerabend 1990, 90 f.
71 Feyerabend 1990, 107.
72 Feyerabend 1990, 112. Im Original heißt es: „For every statement, theory, point of view believed (to be true) with good reasons *there exist* arguments showing a conflicting alternative to be at least as good, or even better" (Feyerabend 1987, 76).
73 Feyerabend 1990, 115.
74 Feyerabend 1990, 107.
75 Feyerabend 1980, 148.
76 Vgl. zu dieser Unterscheidung Gowans 2015; Ernst 2009, 7.
77 Vgl. Harman 1975; Harman 1996.
78 Vgl. etwa Kellerwessel 2003, 92-107. Die Verbindung zwischen moralischem und kulturellem Relativismus findet sich in Lukes 2009.
79 Kölbel 2009, 148.
80 Vgl. Kölbel 2002; zur aktuellen Literatur vgl. Kölbel 2008.
81 Kölbel 2009, 140.
82 Kölbel 2009, 142.
83 Kölbel 2009, 142 f.
84 Kölbel 2009, 146.
85 Kölbel 2009, 149.
86 Vgl. Kölbel 2009, 145. Für Kölbel zählt Harman zum indexikalischen Kontextualismus bzw. Revisionismus und nicht zum (recht verstandenen) „neuen" Relativismus. Wie bei der Untersuchung des „neuen" Relativismus im fünften Kapitel deutlich wird, kritisieren Kölbel und andere den indexikalischen Relativismus als ‚unechte' und unangemessene relativistische Spielart. Vgl. auch Kölbel 2014 zum Unterschied zwischen „Indexical Relativism" und „Genuine Relativism".
87 Kölbel 2009, 158 f.
88 Vgl. dazu die kritische Untersuchung von relativierenden Parametern im moralischen Relativismus in Boghossian 2006b, vor allem 21-35.
89 Kölbel 2009, 159.
90 Harman plädiert in seinem Modell des moralischen Relativismus dafür, „that self-conscious moral relativists might adopt a special quasi-absolutist-terminology in order to express their disagreements with each other, and I explained that judgements made using that terminology can be counted true or false, even if not objectively true or false" (Harman 1996, 63). Die Herausforderung für den Relativisten besteht darin, dieses Konzept einer Quasi-Objektivität einerseits als legitim gegenüber dem Widerspruch eines anderen selbstbewussten Relativisten, der demselben „Stamm" angehört oder ebenfalls von einem relativistischen Wahrheitsbegriff ausgeht, auszuweisen und andererseits von einem relativistischen Subjektivismus abzugrenzen.
91 Vgl. zur Begründung eines metaethischen Objektivismus Ernst 2008.
92 Vgl. Kölbel 2009, 143.
93 Vgl. etwa Halbig 2009; Schmidt 2009; Ernst 2008, 103-115.
94 Harman 1996, 62 f. Vgl. zu Harmans Konzept von „inner judgements" Kellerwessel 2003, 94 f.; zur Kritik an Harman Putnam 1981, 224 f.
95 So Halbig 2009, 114.

Kapitel 5

1 „Truth is the Achilles' heel of relativism", heißt es in Swoyer 1982, 84. Vgl. auch Baghramian 2005, 121: „Alethic relativism is at once the most radical and most general of all relativistic positions."
2 Der Begriff „Wahrsein" wird hier synonym mit „Wahrheit" verwendet.
3 Vgl. Willaschek 2003, 51.
4 Der direkte Zusammenhang zwischen Wahrheitsbegriff und Realismus wird mitunter bestritten (vgl. etwa Horwich 1990, 54). Willaschek 2003, 51 f. zeigt jedoch, inwiefern die nicht-epistemische Wahrheitsauffassung zumindest indirekt einen Realismus einschließt.
5 „Wahrsein ist etwas anderes als Fürwahrgehaltenwerden, sei es von Einem, sei es von Vielen, sei es von Allen, und ist in keiner Weise darauf zurückzuführen" (Frege 2009, 10).
6 So die These von David Bloor, für den der absolutes Wissen in Anspruch nehmende Antirelativismus „theology in disguise" ist (Bloor 2008, 279).
7 Vgl. Putnam 1990, 82 f.
8 Darauf kann ich hier nicht weiter eingehen; vgl. zum Verhältnis von Antirealismus und Relativismus Norris 2011; zum Verhältnis von Realismus und Relativismus Bilgrami 2010 und Schantz 2011.
9 Schantz geht jedoch von folgender Annahme aus: „anti-realism seems to be a necessary presupposition of any serious form of relativism" (Schantz 2011, 66).
10 Ob es möglich ist, ein nicht-epistemisches Wahrheitsverständnis mit einer Version der Korrespondenztheorie der Wahrheit zu verbinden, wie es etwa William P. Alston oder Richard Schantz tun, ist umstritten. Vgl. Alston 1996, 5 ff., 37-41; Schantz 1996, 147-177.
11 Eine Version des Relativismus, die behauptet, zumindest in Teilen realistisch zu sein, ist der Ansatz von Joseph Margolis, den ich in diesem Kapitel vorstelle.
12 Vgl. Frege 1971, 58: „Auch in den beiden Sätzen ‚Friedrich der Große siegte bei Rossbach' und ‚es ist wahr, daß Friedrich der Große bei Rossbach siegte' haben wir denselben Gedanken bei verschiedener sprachlicher Form [...]. Indem wir den Gedanken des ersten Satzes bejahen, bejahen wir mit derselben Tat auch den Gedanken des zweiten und umgekehrt." Dass „a ist F" auch „Es ist wahr, dass a F ist" impliziert, wird jedoch aus der Sicht mancher alethischer Relativisten bestritten (vgl. Kölbel 2011, 19 f.).
13 Vgl. dazu Popper 2009, 46.
14 Der Hinweis auf dieses Beispiel findet sich in Boghossian 2006, 1 f.
15 Ältere relativistische Versuche, das Konzept relativer Wahrheit zu begründen, finden sich in Hacking 1982 (der von unterschiedlichen „styles of reasoning" als Basis für die Relativierung der Wahrheit ausgeht) und in Meiland 1977 (zur Kritik an diesen Entwürfen vgl. Siegel 1987; Baghramian 2005, 128-132). Beide Ansätze scheinen mir wenig überzeugend zu sein. Ohne den expliziten Rückbezug auf den Relativismus gibt es zudem wissenschafts- und modelltheoretische Ansätze, die versuchen, Wahrheitswerte wie „approximate truth" oder „partial truth" zu begründen. Vgl. Smith 1998; Costa/French 2003.
16 Vgl. Margolis 2010, 100.
17 Margolis 2010, 100.
18 Margolis 2010, 105. Margolis' Modell des Relativismus umfasst nach seiner Aussage „both realist and idealist aspects" (Margolis 2010, 113).
19 Margolis 2010, 118. An anderer Stelle heißt es: „Relativism obliges us to retreat from bipolar truth-values or *tertium non datur* – but *not* globally, not indiscriminately, not on an all-or-nothing basis. Relativism is a logical thesis, an alethic thesis, aplied piecemeal" (Margolis 2010, 104).

20 Aristoteles betont in *Metaphysik* 1011b, zwischen den beiden Gliedern eines Widerspruchs könne es kein Drittes oder Mittleres geben (Aristoteles 1994, 121).
21 Margolis 2010, 114. Dagegen kann man einwenden, wenn der Relativismus, wie Margolis sagt, „a logical thesis" ist (Margolis 2010, 104) und wenn die Logik sich allein mit den Relationen zwischen den Sätzen einer Theorie beschäftigt, dann wären Probleme, die sich aus der Unterdeterminiertheit von Beobachtungsdaten ergeben, nur eine Herausforderung für die Naturwissenschaft und nötigten nicht zur Einführung eines alethischen Relativismus (Hinweis von Volker Peckhaus).
22 Margolis 2010, 118.
23 Margolis 2010, 120. Vgl. dazu auch Margolis 2007, 55.
24 Margolis 2010, 115; zur Bezeichnung „robust or substantive relativism" siehe 113. Vgl. auch Margolis 2007, 57 f., wo stichwortartig elf formale Eigenschaften dieses Relativismus vorgestellt werden.
25 Vgl. zu diesem Thema Gottwald 1989.
26 Gottwald 1989, 2.
27 Vgl. dazu Gottwald 1989, 298-332; Bergmann 2008, 1-6. Zur Analyse von Vagheitsproblemen ohne die Voraussetzung eines graduellen Wahrheitsbegriffs vgl. Keil 2010a, 93-99; Keil 2010b.
28 So kann man die Zahl 1 für das Bestehen, 0 für das Nichtbestehen des behaupteten Sachverhalts („Peter ist kahlköpfig") ansetzen und dann intermediäre Werte wie 0,1, 0,2, 0,3 etc. zulassen. Davon ausgehend kann man entweder genau definieren, ab welcher Zahl das behauptete Faktum der Kahlköpfigkeit besteht, oder das Vorkommen der Kahlköpfigkeit relativieren mit Werten wie „stark kahlköpfig", „kaum kahlköpfig" usw.
29 Margolis 2010, 114 f.
30 „In short, relativism is expressly opposed to skepticism and nihilism" (Margolis 2010, 119).
31 Kölbel 2009, 142; Wright 2010, 345.
32 Vgl. zur Breite der Debatte die Beiträge in García-Carpintero/Kölbel 2008.
33 Vgl. Wright 2008, 161.
34 Vgl. etwa Lewis 1980, wo er zwischen der „*context-dependence*" und „*index dependence*" einer Satzäußerung unterscheidet. Zum Rückbezug des „neuen" Relativismus auf Lewis vgl. MacFarlane 2014, 24, 52 ff.
35 Das Beispiel findet sich in Williamson 2005, 92. Vgl. zum semantischen Kontextualismus Kompa 2001; Ludlow 2005; Grundmann 2008, 148-166.
36 Williamson 2005, 91 (Williamson ist selbst aber kein Relativist).
37 „The Achilles' heel of contextualism is the problem of lost disagreement" (MacFarlane 2014, 118; vgl. auch Kölbel 2009, 145; García-Carpintero/Kölbel 2008, 1-4).
38 Wright 2010, 333.
39 Vgl. Kölbel 2002, 92, 97, 100; Kölbel 2009, 142.
40 Wright 2010, 340.
41 So heißt es bei MacFarlane: „Relativism ... is the view that some assertions or beliefs can be characterized as accurate, or objectively correct, only relative to a context of assessment" (MacFarlane 2012, 132; zur „assessment sensitivity" vgl. auch MacFarlane 2014, 52 ff.).
42 Wright 2010, 330 f.
43 „It may be suggested, for instance, that Tim's view is properly characterized as being that rhubarb is delicious *by his standards*, and that I am saying that rhubarb is not delicious *by mine*. So we are talking past each other and may both well be right" (Wright 2010, 332).
44 „Relativism, I want to suggest, is best viewed as a *theoretical attempt* to underwrite and reconcile the elements in the Ordinary View" (Wright 2010, 334).

45 Auf die dritte Eigenschaft, die Tragfähigkeit, gehe ich im Folgenden nicht ein, da sie in unserem Zusammenhang nicht wichtig ist.
46 Wright 2010, 333; vgl. Iacona 2008, 287-291.
47 Vgl. dazu Wright 2010, 331-332.
48 Hier wäre eigens Wrights Konzept der „superassertibilty" zu diskutieren, demgemäß eine Aussage – verkürzt gesagt – *superassertibel* ist, wenn sie berechtigt ist oder sich als berechtigt erweisen kann, und diese Berechtigung auch alle Arten der Überprüfung, etwa durch einen neuen Informationsstand, überdauern kann (vgl. Wright 1992, 48).
49 Wright 2010, 336, 338. Wright bezeichnet diese Reserve gegen das Bivalenzprinzip als „agnosticism" (Wright 1992, 336). Im Gegensatz zu Margolis behauptet Wright keine Pluralität von Wahrheitswerten oder Wahrheitswertlücken als Basis für diesen Agnostizismus (Wright 1992, 336).
50 Wright 2010, 347 f.; vgl. dazu auch Kölbel 2009, 145.
51 Wright 2010, 331 f. Hier könnte der Kontextualist Einspruch erheben und diese Art der Unterscheidung kritisieren. Nach seiner Sicht handelt es sich bei x und *nicht-x* nicht um eine Proposition, sondern um zwei verschiedene Propositionen. Wright begründet sein Vorgehen nicht weiter (Wright 2010, 351). Stepanians 2009, 168 vermutet, dass Wrights Behauptung „implizit" von Freges berühmtem Aufsatz *Die Verneinung. Eine logische Untersuchung* beeinflusst sei (vgl. Frege 2003b). Dort hatte Frege sinngemäß gezeigt, dass die Verneinung *nicht-x* kein polarer Gegensatz zur Behauptung x ist, sondern mit zum propositionalen Gehalt (der bei Frege „Gedanke" heißt) gehört. Eine negative Aussage ist demgemäß nicht das Gegenteil der Behauptung eines „Gedankens", sondern auch eine Behauptung, und zwar die des Gegenteils des „Gedankens" (Frege 2003b, vor allem 74-76; vgl. dazu auch Tugendhat/Wolf 1993, 213 f.). Ob sich Wright tatsächlich implizit in dieser Hinsicht auf Frege bezieht, wie Stepanians vermutet, kann hier offen bleiben. Dieser Rückbezug schiene zumindest kaum vereinbar mit der Kritik der „neuen" Relativisten an der auf Frege zurückgehenden Standardsemantik.
52 MacFarlane 2010, 125.
53 Wright 2010, 347.
54 Wright 2010, 346.
55 MacFarlane 2014, 52-64.
56 Vgl. Kölbel 2009, 146; Wright 2010, 347.
57 Vgl. Kölbel 2009, 142; MacFarlane 2010, 125; MacFarlane 2012, 132-138; García-Carpintero/Kölbel 2008, 20-32. Zur Auseinandersetzung mit dem modallogischen Relativismus vgl. Cappelen/Hawthorne 2009, 68-98.
58 Zu Bedenken gegen eine solche Ausweitung vgl. Schantz 2011, 72 f.
59 Dieser Kritikpunkt findet sich auch in Stepanians 2009, 176 f.; Boghossian 2011, 56 f.
60 Richard 2008, 132.
61 MacFarlane 2014, 133. Allgemein heißt es: „Disagreement is the crux of debates between relativists, objectivists, and contextualists" (MacFarlane 2014, 136).
62 MacFarlane 2014, 133-137.
63 MacFarlane 2014, 136.
64 Wright 2010, 347. MacFarlane zieht folgendes Fazit für den „wahren" Relativisten in Bezug auf „disagreement" in Neigungsdisputen: „Indeed, the relativist can claim to have found a comfortable middle ground between the objectivist position, which attributes to disputes of taste more robust disagreement than there actually is, and the contextualist position, which does not find enough disagreement" (MacFarlane 2014, 137). Dieser eher vermittelnde Anspruch für den

Relativismus scheint mir schwächer zu sein als der Anspruch, der in den Ansätzen von Kölbel und Wright zum Ausdruck kommt.
65 Vgl. für den deutschsprachigen Bereich etwa Keil 2010a, 82; Grundmann 2008, 38 f.
66 Frege 2003a, 37; vgl. dazu Keil 2010a; Stepanians 2001, 154-174.
67 Für die Kritik am Wahrheitsrelativismus im Ausgang von Frege vgl. Stepanians 2009, 176 f.; Rosenkranz 2008. Für allgemeine Kritik am Wahrheitsrelativismus vgl. Zimmermann 2007; Cappelen/Hawthorne 2009, 20-30, 64-67, 99-137.
68 Frege 2009, 10 f. Vgl. dazu auch Frege 1971, 43-45; Stepanians 2009, 176.
69 Ich beziehe mich hier auf Stepanians 2001, 154; Stepanians 2009, 176 f.
70 Dies gilt aus der Sicht der Standardsemantik, wie Stepanians zeigt, auch für zeitindexikalische Sätze wie „Es regnet": „Der Satz mag heute wahr und morgen falsch sein, aber es gibt keine Gedanken mit zeit- und wetterabhängigen Wahrheitswerten. Wer behauptet, dass der Satz ‚Es regnet' heute wahr sei und morgen falsch, der behauptet, dass der Gedanke, *dass es heute regnet*, wahr sei und der davon verschiedene Gedanke, *dass es morgen regnet*, falsch" (Stepanians 2009, 176 f.).
71 So etwa Kölbel 2009, 141.
72 Cappelen/Hawthorne 2009, 134.
73 Keil 2010b, 59.
74 So unterscheiden sich beispielsweise Kölbel und MacFarlane in der Frage, in Bezug auf was Propositionen relativiert werden sollen. Vgl. Kölbel 2008, 4; MacFarlane 2014, vi.

Kapitel 6

1 Blackburn 2005, 25. Crispin Wright hat das Argument als „*the traditional misgiving*" bezeichnet (Wright 2008, 166).
2 Den letzten Fall bezeichnen John Passmore und John L. Mackie in frühen Aufsätzen zum Selbstwiderspruchs-Argument als „pragmatic self-refutation" (vgl. Passmore 1961; Mackie 1964). Eine weitere Differenzierung von Typen des Selbstwiderspruchs-Arguments findet sich in Ressler 2013, 234-249.
3 Vgl. Weissmahr 1985, 31-35; Apel 1981, 324-329. Ich verwende den Begriff „Selbstwiderspruchs-Argument" hier synonym mit „Standardeinwand" und „Retorsions-Argument".
4 So Boghossian 2006a; Baghramian/Carter 2015 (unter 1.4.1.). MacFarlane 2014, 35 sieht allerdings auch für den lokalen Relativismus einen Rechtfertigungsbedarf.
5 „Wenn jemand dem widersprechen wollte, daß das Wahre unabhängig von unserer Anerkennung wahr ist, so würde er eben durch seine Behauptung dem was er behauptete widersprechen, in ähnlicher Weise, wie ein Kreter, der sagte, daß alle Kreter lögen" (Frege 1971, 45).
6 Husserl 1975, 123 (§ 35).
7 „But if statements of the form ‚X is true (justified) relative to person P' are themselves true or false *absolutely*, then there *is*, after all, an absolute notion of truth (or justification) and not only of truth-for-me, truth-for-Nozick, truth-for-you, etc. A *total* relativist would have to say that whether or not X is true *relative* to P is *itself* relative" (Putnam 1981, 121).
8 „To put it schematically, the claim ‚Everything is subjective' must be nonsense, for it would itself have to be either subjective or objective. But it can't be objective, since in that case it would be false if true. And it can't be subjective, because then it would not rule out any objective claim, including the claim that it is objectively false" (Nagel 1997, 14 f.).

9 Nagel 1997, 15. Vgl. auch die Relativismus-Kritik in Mandelbaum 2010; Lockie 2014.
10 Gadamer etwa bezeichnet das Retorsions-Argument als „Überrumpelungsversuch", der die Sache verfehle (Gadamer 1990, 350).
11 MacIntyre 1985, 5; vgl. auch Hönig 2006, 200. Natürlich kann man diese historisch motivierte Kritik am Standardeinwand auch umkehren: Wenn das Retorsions-Argument seit der Antike immer wieder gegen Versionen des globalen Relativismus vorgebracht worden ist, scheint es nicht völlig gegenstandslos zu sein.
12 Nagel 1997, 15. Vgl. auch die Relativismus-Kritik in Mandelbaum 2010.
13 Margolis 2010, 116.
14 Weitere Versuche, das Selbstwiderspruchs-Argument zu entkräftigen, finden sich in Nozick 2003; Kölbel 2011; Ressler 2013, 233-276; MacFarlane 2014, 30-34.
15 Bennigson 1999, 213.
16 Bennigson 1999, 214.
17 Kölbel 2011, 18.
18 So Bennigson 1999, 213 f., mit Verweis auf Swoyer 1982. Swoyer bezeichnet die Behauptung, dass ein und derselbe Satz in einem „framework" wahr und in einem anderen falsch ist, als „strong relativism". Eine schwächere Version des Relativismus geht Swoyer zufolge davon aus: „a sentence could be true in the language of one framework and simply inexpressible in that of another" (Swoyer 1982, 92).
19 Bennigson 1999, 216.
20 Bennigson 1999, 217.
21 Bennigson 1999, 217.
22 Hier steht der Relativist vor einem Problem, auf das Hales – wie wir im nächsten Abschnitt sehen werden – aufmerksam gemacht hat. Wäre (R) für den Relativisten absolut wahr, dann wäre (R) für ihn wahr in *allen* Deutungsrahmen, also auch in der des Absolutisten, selbst wenn dieser dies nicht anerkennt. Dann gäbe es eine Proposition, die in allen Perspektiven wahr wäre, woraus folgte, dass der Absolutismus wahr und der Relativismus falsch wäre.
23 Vgl. dazu auch die Kritik in Lockie 2014, 157 ff. und in Boghossian 2006a, 56: „The real dilemma facing the global relativist, then, is this: either the formulation that he offers us does not succeed in expressing the view that there are only relative facts; or it consists in the claim that we should so reinterpret our utterances that they express infinitary propositions that we can neither express nor understand."
24 Vgl. zu diesem Einwand Wendel 1990, 67.
25 Weiterhin wird gegen den Subjektivismus eingewandt, dass er gegen das Privatsprachen-Argument Wittgensteins verstoße. Auf diesen Einwand gehe ich hier nicht ein (vgl. Baghramian 2005, 127 f.).
26 Hales 2006; in einer kürzeren Version auch in Hales 1997.
27 Als Beispiel für einen solchen Relativismus nennt Hales den Entwurf von Rorty (Hales 2006, 1; 97 f.).
28 Hales 2006, 1 f.
29 „I freely concede that I do not know how to draw a bright line between the philosophical and the empirical" (Hales 2006, 124).
30 Hales 2006, 5 f., 101 f. Vgl. die relativismusinterne Kritik an dieser Behauptung in Kölbel 1999 und die Replik in Hales 2006, 115-117.
31 Hales 2006, 102. Hales kritisiert hier unter anderem den Entwurf von Bennigson (Hales 1997, 36; Hales 2006, 191).

32 Hales 1997, 35 f.; Hales 2006, 101 f. Ich folge in der vereinfachten Rekonstruktion des Arguments weitgehend Baghramian 2005, 139 f.
33 Hales 2006, 102; auch in Hales 1997, 37.
34 „I propose that we treat perspectives in the same manner as possible worlds" (Hales 1997, 40, vgl. auch 44).
35 Hales 1997, 37 f.
36 Hales 2006, 102 f. Zum Thema „Perspektive" heißt es: „Perspectives ... are ways of knowing; they are abstract systems or patterns of belief-acquiring procedures and mechanisms" (Hales 2006, 119). Zu seiner Auseinandersetzung mit der Kritik von Davidson an der Annahme von Begriffsschemata (vgl. Davidson 1984) vgl. Hales 2006, 109 f.
37 Hales 2006, 6; vgl. auch 118, 123-125.
38 Hales 2006, 103 f.
39 Vgl. dazu Siegel 2011, 215: „Those conclusions are themselves philosophical, though, and so, if Hales is right, if true are only relatively true, that is, true in a perspective. Why, then, on Hales's own view, should advocates or inhabitants of other perspectives embrace those conclusions?"

Kapitel 7

1 Zur Rede von der „Herausforderung" des Relativismus vgl. etwa Phillips 2007; Schulz 2013.
2 Vgl. dazu Kölbel 2004, 298.
3 Fish 2002, 31.
4 Bloor 2008, 279.
5 Dabei wäre natürlich auch nach dem Sinn der komparativen Formulierung „primär ... weniger" zu fragen.
6 Lynch 2001, 1.
7 Vgl. Ressler 2013, 35.
8 Rescher 1993, 79.
9 „The salient points are: (1) That pluralism is compatible with preferentialism: seeing a range of alternative positions as deserving of our respect, consideration, and the like, is perfectly consistent with seeing only one of them as having a valid claim to our acceptance. (2) That a rationalistic preferentialism (i.e. doctrinalism) which insists on the correctness of one particular alternative is perfectly compatible with a pluralism that acknowledges that others, situated differently from ourselves is the experiential scheme of things, may be fully rationally warranted and entitled to hold the variant position they in fact adopt" (Rescher 1993, 100 f.).
10 Forst 2003, 30-41.
11 Zur Indifferenz und Bejahung heißt es bei Forst: „Diese beiden Einstellungen werden zwar häufig mit Toleranz verwechselt, doch sind sie in Wahrheit mit Toleranz unverträglich" (Forst 2003, 32).
12 Das wird überzeugend gezeigt in Harrison 1976 und Ressler 2008.
13 Popper 1980, 359 spricht hier von einem „*Paradox der Toleranz*", und zwar insofern, dass unbegrenzte Toleranz, auch gegenüber grundsätzlich intoleranten Positionen, zur Selbstzerstörung und zum Verschwinden von Toleranz führen würde. Insofern schließt Toleranz die „Zurückweisungs-Komponente" durch rationale Argumente notwendig mit ein.
14 Forst 2003, 37.

Literaturverzeichnis

Abel, G., 1998: *Nietzsche. Die Dynamik der Willen zur Macht und die ewige Wiederkehr*. 2. Aufl., Berlin.
Alston, W. P., 1996: *A Realist Conception of Truth*, New York.
Alston, W. P., 2002: What Metaphysical Realism Is Not, in: W. P. Alston (Hg.), *Realism and Antirealism*, New York, 97-115.
Annas, J./Barnes, J., 1985: *The Modes of Scepticism. Ancient Texts and Modern Interpretations*, Cambridge.
Apel, K.-O., 1981: *Transformation der Philosophie, Band 2: Das Apriori der Kommunikationsgemeinschaft*. 2. Aufl., Frankfurt/M.
Aristoteles, 1994: *Metaphysik*. Hg. von U. Wolf, Reinbek.
Ashman, K. M./Barringer, P. S., 2001: *After the science wars*, London.
Baghramian, M., 2005: *Relativism*, New York.
Baghramian, M. (Hg.), 2014: *The Many Faces of Relativism*, London.
Baghramian, M./Carter, A., 2015: Art. „Relativism", in: *The Stanford Encyclopedia of Philosophy* (Winter 2015 Edition). Hg. von E. N. Zalta, http://plato.stanford.edu/archives/win2015/entries/relativism/(Stand 06.01.2016).
Baker, G. P./Hacker, P. M. S., 1984: *Frege: Logical Excavations*, Oxford.
Bennigson, T., 1999: Is Relativism Really Self-Refuting?, in: *Philosophical Studies* 94, 211-236.
Bergmann, M., 2008: *An Introduction to Many-Valued and Fuzzy Logic*, New York.
Bett, R., 1989: The Sophists and Relativism, in: *Phronesis* 34, 139-169.
Bilgrami, A., 2010: Realism and Relativism, in: M. Krausz (Hg.), *Relativism. A Contemporary Anthology*, New York, 194-221.
Blackburn, S., 2005: *Truth: A Guide for the Perplexed*, New York.
Bloom, A., 1988: *The Closing of the American Mind*, Touchstone.
Bloor, D., 2008: Epistemic Grace. Antirelativism as Theology in Disguise, in: M. Mazzotti (Hg.), *Knowledge as Social Order: Rethinking the Sociology of Barry Barnes*, Aldershot, 250-280.
Boghossian, P., 1996: What the Sokal Hoax Ought to Teach Us, in: *Times Literary Supplement*, 13. Dezember 1996, 13-14.
Boghossian, P., 2006a: *Fear of Knowledge. Against Relativism and Constructivism*, Oxford.
Boghossian, P., 2006b: What is Relativism?, in: P. Greenough/M. P. Lynch (Hg.), *Truth and Realism*, Oxford, 13-37.
Boghossian, P., 2011: Three Kinds of Relativism, in: S. D. Hales (Hg.), *A Companion to Relativism*, Oxford, 53-69.
Brown, D. E., 1991: *Human Universals*, New York.
Burkert, W., 2008: Prehistory of Presocratic Philosophy in an Orientalizing Context, in: P. Curd/D. W. Graham (Hg.), *The Oxford Handbook for Presocratic Philosophy*, Oxford, 55-87.
Burnyeat, M. F., 1976: Protagoras and Self-Refutation in Plato's Theaetetus, in: *The Philosophical Review* 85, 172-195.
Byrne, P., 2003: *God and Realism*, Ashgate.
Cappelen, H./Hawthorne, J., 2009: *Relativism and Monadic Truth*, Oxford.
Clark, M., 1990: *Nietzsche on Truth and Philosophy*, Cambridge.
Conant, J., 2014: *Friedrich Nietzsche. Perfektionismus und Perspektivismus*, Konstanz.
Copan, P., 2009: *True for You, But Not for Me. Overcoming Objections to Christian Faith*, Bloomington.

Costa, N. C. A. da/French, S., 2003: *Science and Partial Truth. A Unitary Approach to Models and Scientific Reasoning*, Oxford.
Davidson, D., 1984: On the Very Idea of a Conceptual Scheme, in: D. Davidson, *Inquiries into Truth and Interpretation*, Oxford, 183-198.
Ernst, G., 2008: *Die Objektivität der Moral*, Paderborn.
Ernst, G., 2009: Einleitung, in: G. Ernst (Hg.), *Moralischer Relativismus*, Paderborn, 7-9.
Ernst, G., 2012: *Einführung in die Erkenntnistheorie*. 4. Aufl., Darmstadt.
Feyerabend, P., 1980: *Erkenntnis für freie Menschen*, Frankfurt/M.
Feyerabend, P., 1987: *Farewell to Reason*, New York.
Feyerabend, P., 1990: *Irrwege der Vernunft*. 2. Aufl., Frankfurt/M.
Feyerabend, P., 1997: *Die Torheit der Philosophen. Dialoge über die Erkenntnis*, Frankfurt/M.
Feyerabend, P., 1999: *Conquest of Abundance. A Tale of Abstraction Versus the Richness of Being*, Chicago.
Feyerabend, P., 2010: *Against Method*. 4. Aufl., London.
Fine, G., 1996: Protagorean Relativism, in: J. Cleary/M. Wians (Hg.), *Proceedings of the Boston Area Colloquium in Ancient Philosophy*, Lanham, 211-243.
Fish, S., 2002: Don't Blame Relativism, in: *The Responsive Community* 12, 27-31.
Foglia, M., 2014: Art. „Montaigne", in: *The Stanford Encyclopedia of Philosophy* (Spring 2014 Edition). Hg. von E. N. Zalta, http://plato.stanford.edu/entries/montaigne/(Stand: 06.01.2016).
Forst, R., 2003: *Toleranz im Konflikt. Geschichte, Gehalt und Gegenwart eines umstrittenen Begriffs*, Frankfurt/M.
Frege, G., 1971: *Schriften zur Logik und Sprachphilosophie*. Aus dem Nachlaß. Hg. von G. Gabriel, Hamburg.
Frege, G., 2003a: Der Gedanke – eine logische Untersuchung, in: *Logische Untersuchungen*. 5. Aufl., Göttingen, 35-62.
Frege, G., 2003b: Die Verneinung – eine logische Untersuchung, in: *Logische Untersuchungen*. 5. Aufl., Göttingen, 63-83.
Frege, G., 2009: *Grundgesetze der Arithmetik. Begriffsschriftlich abgeleitet*. Band I und II, Paderborn.
Gadamer, H.-G., 1990: *Gesammelte Werke, Bd. 1. Hermeneutik I: Wahrheit und Methode. Grundzüge einer philosophischen Hermeneutik*. 6. Aufl., Tübingen.
García-Carpintero, M./Kölbel, M. (Hg.), 2008: *Relative Truth*, Oxford.
Girard, R./Vattimo, G., 2008: *Christentum und Relativismus*, Freiburg/Br.
Goedert, G., 2004: Nietzsche und Protagoras, oder „Perspektive" als „Maß aller Dinge", in: O. Neumeier (Hg.), *„Ist der Mensch das Maß aller Dinge?" Beiträge zur Aktualität des Protagoras*, Möhnesee, 71-87.
Goodman, N., 1978: *Ways of Worldmaking*, Indianapolis.
Gottwald, S., 1989: *Mehrwertige Logik: Eine Einführung in Theorie und Anwendungen*, Berlin.
Gowans, C., 2015: Art. „Moral Relativism", in: *The Stanford Encyclopedia of Philosophy* (Fall 2015 Edition). Hg. von E. Zalta, http://plato.stanford.edu/entries/moral-relativism/(Stand: 06.01.2016).
Grundmann, T., 2008: *Analytische Einführung in die Erkenntnistheorie*, Berlin.
Guthrie, W. K. C., 1979: *A History of Greek Philosophy. Vol. 1: The Earlier Presocratics and the Pythagoreans*, Cambridge.

Haack, S., 1998: Reflections on Relativism: From Momentous Tautology to Seducive Contradiction, in: S. Haack, *Manifesto of a Passionate Moderate. Unfashionable Essays*, Chicago, 149-166.
Hacking, I., 1982: Language, Truth and Reason, in: M. Hollis/S. Lukes (Hg.), *Rationality and Relativism*, Oxford, 48-66.
Halbig, C., 2009: Realismus, Relativismus und das Argument aus der Relativität, in: G. Ernst (Hg.), *Moralischer Relativismus*, Paderborn, 99-116.
Hales, S. D., 1997: A Consistent Relativism, in: *Mind* 106, 33-52.
Hales, S. D., 2006: *Relativism and the Foundations of Philosophy*, Cambridge/Mass.
Hales, S. D. (Hg.), 2011: *A Companion to Relativism*, Oxford.
Hamann, J. G., 1949: Biblische Betrachtungen eines Christen, in: *Sämtliche Werke*, Bd. I. Hg. von J. Nadler, Wien, 7-249.
Hamann, J. G., 1988: Brief an F. H. Jacobi vom 30. April 1787, in: S. Majetschak (Hg.), *Vom Magus im Norden und der Verwegenheit des Geistes. Ein Hamann-Brevier*, München, 225-228.
Harman, G., 1975: Moral Relativism Defended, in: *The Philosophical Review* 84, 3-22.
Harman, G., 1996: Moral relativism, in: G. Harman/J. J. Thomson, *Moral Relativism and Moral Objectivity*, Oxford, 3-64.
Harrison, G., 1976: Relativism and Tolerance, in: *Ethics* 86, 122-135.
Hartle, A., 2005: Montaigne and scepticism, in: U. Langer (Hg.), *The Cambridge Companion to Montaigne*, Cambridge, 183-206.
Hick, J., 2004: *An Interpretation of Religion: Human Responses to the Transcendent.* 2. Aufl., New Haven/London.
Hick, J., 2005: *Religious Pluralism and Islam*, http://www.johnhick.org.uk/article11.pdf (Stand: 06.01.2016).
Hilgartner, S., 1997: The Sokal Affair in Context, in: *Science, Technology, & Human Values* 22, 506-522.
Hönig, K., 2006: *„Im Spiegel der Bedeutung". Eine Studie über die Begründbarkeit des Relativismus*, Würzburg.
Hollis, M./Lukes, S. (Hg.), 1982: *Rationality and Relativism*, Oxford.
Honnefelder, L., 1999: Die Bedeutung der Metaphysik für Glauben und Wissen, in: H. M. Baumgartner/L. Honnefelder (Hg.), *Die philosophische Gottesfrage am Ende des 20. Jahrhunderts*, Freiburg/Br., 47-64.
Horwich, P., 1990: *Truth*, Oxford.
Husserl, E., 1975: Logische Untersuchungen. Erster Band: Prolegomena zur reinen Logik, in: *Gesammelte Werke* (Husserliana), Bd. XVIII, Dordrecht.
Iacona, A., 2008: Faultless or Disagreement, in: M. García-Carpintero/M. Kölbel (Hg.), *Relative Truth*, Oxford, 287-295.
Irlenborn, B., 2011a: John Hick's Pluralism: A Reconsideration of its Philosophical Framework, in: *Philosophy and Theology* 23, 265-278.
Irlenborn, B., 2011b: Relativismus in der Philosophie. Versionen, Hintergründe und Probleme, in: H.-G. Nissing (Hg.), *Wahrheit? Zur Kontroverse um die Diktatur des Relativismus*, München, 80-97.
James, W., 1988: The Meaning of Truth, in: W. James, *Writings 1902-1910*, New York, 821-978.
James, W., 1995: *Pragmatism: A New Name for Some Old Ways of Thinking*, Mineola.
Janich, P., 2005: *Was ist Wahrheit? Eine philosophische Wahrheit.* 3. Aufl., München.

Kant, I., 1968a: Kritik der reinen Vernunft. 2. Aufl. 1787. Akademie-Textausgabe, Bd. III, Berlin, 1-552.
Kant, I., 1968b: Kritik der reinen Vernunft, 1. Aufl. 1781. Akademie-Textausgabe, Bd. IV, Berlin, 1-252.
Kant, I., 1968c: Logik. Akademie-Textausgabe, Bd. IX, Berlin, 1-150.
Keil, G., 2010a: „Die Wahrheit verträgt kein Mehr oder Minder", in: H. Tetens/S. Tolksdorf (Hg.), *In Sprachspiele verstrickt*, Berlin/New York, 81-99.
Keil G., 2010b: Halbglatzen statt Halbwahrheiten. Über Vagheit, Wahrheits- und Auflösungsgrade, in: M. Grajner/A. Rami (Hg.), *Wahrheit, Bedeutung, Existenz*, Frankfurt/M., 57-86.
Keil, G., 2005: Wahrheiten, die niemand kennen kann. Zu Wolfgang Künnes Verteidigung des alethischen Realismus, in: *Zeitschrift für philosophische Forschung* 59, 404-415.
Kellerwessel, W., 2003: *Normenbegründung in der Analytischen Ethik*, Würzburg.
Kirk, G. S./Raven, J. E./Schofield, M., 2001: *Die vorsokratischen Philosophen. Einführung, Texte und Kommentare*, Stuttgart.
Kirk, R., 1999: *Relativism and Reality. A Contemporary Introduction*, London.
Kölbel, M., 1999: Saving Relativism from Its Saviour, in: *Crítica. Revista Hispanoamericana de Filosofia* 31, 91-103.
Kölbel, M., 2002: *Truth Without Objectivity*, London.
Kölbel, M., 2004: Indexical Relativism versus Genuine Relativism, in: *International Journal of Philosophical Studies* 12, 297-313.
Kölbel, M., 2008: Introduction: Motivations for Relativism, in: M. García-Carpintero/M. Kölbel (Hg.), *Relative Truth*, Oxford, 1-38.
Kölbel, M., 2009: Sittenvielfalt und moralischer Relativismus, in: G. Ernst (Hg.), *Moralischer Relativismus*, Paderborn, 139-161.
Kölbel, M., 2011: Global Relativism and Self-Refutation, in: S. D. Hales (Hg.), *A Companion to Relativism*, Oxford, 11-30.
Kölbel, M., 2014: Indexical Relativism versus Genuine Relativism, in: M. Baghramian (Hg.), *The Many Faces of Relativism*, London, 32-48.
Kompa, N., 2001: *Wissen und Kontext. Eine kontextualistische Wissenstheorie*, Paderborn.
König, G., 1992: Art. „Relativismus", in: *Historisches Wörterbuch der Philosophie*, Bd. 8, 613-622.
Krausz, M. (Hg.), 2010a: *Relativism. A Contemporary Anthology*, New York.
Krausz, M., 2010b: Mapping Relativism, in: M. Krausz (Hg.), *Relativism. A Contemporary Anthology*, New York, 13-30.
Krug, W. T., 1838: *Allgemeines Handwörterbuch der philosophischen Wissenschaften nebst ihrer Literatur und Geschichte*, 5. Bd. als Supplement zur 2. Aufl., 2. Abt. M-Z, Leipzig.
Künne, W., 1992: Bolzanos blühender Baum – Plädoyer für eine nicht-epistemische Wahrheitsauffassung, in: Forum für Philosophie Bad Homburg (Hg.), *Realismus und Antirealismus*, Frankfurt/M., 224-244.
Kuhn, T. S., 1976: *Die Struktur wissenschaftlicher Revolutionen*. 2. Aufl., Frankfurt/M.
Kusch, M., 2012: *Relativism in Feyerabend's Later Writings*, https://www.academia.edu/2504041/Relativism_in_Feyerabends_Later_Writing (Stand: 11.01.2016).
Kusch, M., 2013: ERC Proposal on Relativism: Long Version (B 2), http://www.academia.edu/10181904/ERC_Proposal_on_Relativism_Long_Version_B2_ (Stand: 10.01.2016).
Lasersohn, P., 2005: Context Dependence, Disagreement, and Predicates of Personal Taste, in: *Linguistics and Philosophy* 28, 643-686.

Lee, M.-K., 2005: *Epistemology after Protagoras. Responses to Relativism in Plato, Aristotle, and Democritus*, Oxford.
Lévi-Strauss, C., 2004: *Die Luchsgeschichte. Zwillingsmythologie in der neuen Welt*, Frankfurt/M.
Lewis, D., 1980: Index, Context, and Content, in: S. Kanger/S. Öhman (Hg.), *Philosophy and Grammar*, Dordrecht, 79-100.
Lockie, R., 2014: Relativism and Reflexivity, in: M. Baghramian (Hg.), *The Many Faces of Relativism*, London, 147-167.
Lukes, S., 2009: *Moral Relativism*, London.
Ludlow, P., 2005: Contextualism and the New Linguistic Turn in Epistemology, in: G. Preyer/G. Peter (Hg.), *Contextualism in Philosophy. Knowledge, Meaning, and Truth*, Oxford, 11-50.
Lynch, M. P., 2001: *Truth in Context: An Essay on Pluralism and Objectivity.* 3. Aufl., Cambridge/Mass.
Lyotard, J.-F., 1990: Beantwortung der Frage: Was ist postmodern?, in: P. Engelmann (Hg.), *Postmoderne und Dekonstruktion*, Stuttgart, 33-48.
MacFarlane, J., 2010: Making Sense of Relative Truth, in: M. Krausz (Hg.), *Relativism. A Contemporary Anthology*, New York, 124-139.
MacFarlane, J., 2012: Relativism, in: G. Russell/D. F. Fara (Hg.), *The Routledge Companion to the Philosophy of Language*, New York, 132-142.
MacFarlane, J., 2014: *Assessment Sensitivity: Relative Truth and Its Applications*, Oxford.
MacIntyre, A., 1985: Relativism, Power and Philosophy, in: *Proceedings and Adresses of the American Philosophical Association* 59, 5-22.
Mackie, J. L., 1964: Self-refutation – a formal analysis, in: *The Philosophical Quarterly* 14, 193-203.
Mandelbaum, M., 2010: Subjective, Objective, and Conceptual Relativisms, in: M. Krausz (Hg.), *Relativism. A Contemporary Anthology*, New York, 53-79.
Margolis, J., 1991: *The Truth about Relativism*, Oxford.
Margolis, J., 2007: *Pragmatism without Foundations. Reconciling Realism and Relativism.* 2. Aufl., New York.
Margolis, J., 2010: The Truth about Relativism, in: M. Krausz (Hg.), *Relativism. A Contemporary Anthology*, New York, 100-123.
Meiland, J. W., 1977: The Concept of Relative Truth, in: *The Monist* 60, 568-582.
Montaigne, M. de, 1992: *Essais*, Bd. 1-3. Übersetzt von J. D. Tietz, Zürich.
Montesquieu, C. de, 1986: *Lettre persanes*. Hg. von M. Schlitzer, Stuttgart.
Mosteller, T., 2008: *Relativism. A Guide for the Perplexed*, New York.
Muders, S., 2015: *Richtig und doch falsch? Der Wahrheits- und Rechtfertigungsbegriff des metaethischen Relativismus*, Münster.
Nagel, T., 1997: *The Last Word*, Oxford.
Nietzsche, F., 1988a: *Die Geburt der Tragödie. Unzeitgemäße Betrachtungen I-IV. Nachgelassene Schriften 1870-1873.* Kritische Studienausgabe, Bd. 1. Hg. von G. Colli/M. Montinari. 2. Aufl., München.
Nietzsche, F., 1988b: *Menschliches, Allzumenschliches I und II.* Kritische Studienausgabe, Bd. 2. Hg. von G. Colli/M. Montinari. 2. Aufl., München.
Nietzsche, F., 1988c: *Also sprach Zarathustra.* Kritische Studienausgabe, Bd. 4. Hg. von G. Colli/M. Montinari. 2. Aufl., München.

Nietzsche, F., 1988d: *Der Fall Wagner. Götzendämmerung. Der Antichrist. Ecce homo. Dionysos – Dithyramben. Nietzsche contra Wagner*. Kritische Studienausgabe, Bd. 6. Hg. von G. Colli/M. Montinari. 2. Aufl., München.
Nietzsche, F., 1988e: *Nachgelassene Fragmente 1885-1887*. Kritische Studienausgabe, Bd. 12. Hg. von G. Colli/M. Montinari. 2. Aufl., München.
Nietzsche, F., 1988f: *Nachgelassene Fragmente 1887-1889*. Kritische Studienausgabe, Bd. 13. Hg. von G. Colli/M. Montinari. 2. Aufl., München.
Norris, C., 2011: Anti-Realism and Relativism, in: S. D. Hales (Hg.), *A Companion to Relativism*, Oxford, 489-508.
Nozick, R., 2003: *Invariances. The Structure of the Objective World*, Cambridge/Mass.
O'Grady, P., 2002: *Relativism*, Chesham.
O'Grady, P., 2014: Wittgenstein and Relativism, in: M. Baghramian (Hg.), *The Many Faces of Relativism*, London, 200-222.
Passmore, J. A., 1961: *Philosophical Reasoning*, London.
Pera, M./Ratzinger, J., 2005: *Ohne Wurzeln. Der Relativismus und die Krise der europäischen Kultur*, Augsburg.
Perler, D., 2006: *Zweifel und Gewissheit. Skeptische Debatten im Mittelalter*, Frankfurt/M.
Philipps, D. Z., 1995: Where are the Gods Now?, in: C. M. Lewis (Hg.), *Relativism and Religion*, New York, 1-15.
Phillips, P. J. J., 2007: *The Challenge of Relativism: Its Nature and Limits*, New York.
Plant, B., 2014: Religion, Relativism, and Wittgenstein's Naturalism, in: M. Baghramian (Hg.), *The Many Faces of Relativism*, London, 223-255.
Platon, 1989: *Theätet*. Griechisch/Deutsch. Übersetzt und hg. von E. Martens, Stuttgart.
Popper, K. R., 1980: *Die offene Gesellschaft und ihre Feinde I: Der Zauber Platons*. 6. Aufl., München.
Popper, K. R., 2009: Vermutungen und Widerlegungen. Das Wachstum der wissenschaftlichen Erkenntnis, in: *Gesammelte Werke in deutscher Sprache*, Bd. 10, Tübingen.
Popkin, R. H., 1979: *The History of Scepticism from Erasmus to Descartes*, London.
Posener, A., 2009: *Benedikts Kreuzzug. Der Angriff des Vatikans auf die moderne Gesellschaft*, Berlin.
Preston, J. M., 1997: Feyerabend's Final Relativism, in: *The European Legacy* 2, 615–620.
Puntel, L. B., 1995: Der Wahrheitsbegriff in Philosophie und Theologie, in: *Zeitschrift für Theologie und Kirche*. Beiheft 9, Tübingen, 16-45.
Putnam, H., 1981: *Reason, Truth and History*, Cambridge.
Putnam, H., 1990: *Vernunft, Wahrheit und Geschichte*, Frankfurt/M.
Quinn, P. L., 1995: Religious Pluralism and Religious Relativism, in: C. M. Lewis (Ed.), *Relativism and Religion*, Basingstoke (Hampshire), 35-51.
Ratzinger, J., 2003: *Glaube, Wahrheit, Toleranz. Das Christentum und die Weltreligionen*. 4. Aufl., Freiburg/Br.
Ratzinger, J. (Benedikt XVI.), 2005: *Der Anfang. Predigten und Ansprachen*, Bonn.
Recanati, F., 2007: *Perspectival Thought. A Plea for (Moderate) Relativism*, Oxford.
Reese-Schäfer, W., 1995: *Lyotard zur Einführung*. 3. Aufl., Hamburg.
Rescher, N., 1993: *Pluralism. Against the Demand for Consensus*, Oxford.
Ressler, M., 2008: *Relativism and Tolerance Revisited*, http://www.markressler.com/doc/Relativism-and-Tolerance-Revisited.pdf (Stand: 06.01.2016).
Ressler, M., 2012: Thoroughly Relativistic Perspectives, in: *Notre Dame Journal of Formal Logic* 53, 89-112.

Ressler, M., 2013: *The Logic of Relativism*, ohne Verlagsort.
Richard, M., 2008: *When Truth Gives Out*, Oxford.
Rorty, R., 1982: *Consequences of Pragmatism*, Minneapolis.
Rorty, R., 1991: *Objectivity, Relativism and Truth*. Philosophical Papers. Vol. 1, Cambridge.
Rorty, R., 1992: *Der Spiegel der Natur. Eine Kritik der Philosophie*. 2. Aufl., Frankfurt/M.
Rorty, R., 1993: *Kontingenz, Ironie und Solidarität*, Frankfurt/M.
Rorty, R., 1997: Relativismus – Entdecken und Erfinden, in: *Information Philosophie* 24, 5-23.
Rorty, R., 1999: *Philosophy and Social Hope*, London.
Rosenkranz, S., 2008: Frege, Relativism and Faultless Disagreement, in: M. García-Carpintero/M. Kölbel (Hg.), *Relative Truth*, Oxford, 225-237.
Runzo, J., 1986: *Reason, Relativism and God*, London.
Runzo, J., 2006: Religious Relativism, in: C. Meister (Hg.), *The Philosophy of Religion Reader*, New York, 60-78.
Schacht, R., 1995: *Making Sense of Nietzsche: Reflections Timely and Untimely*, Urbana.
Schantz, R., 1996: *Wahrheit, Referenz und Realismus. Eine Studie zur Sprachphilosophie und Metaphysik*, Berlin.
Schantz, R./Seidel, M. (Hg.), 2011: *The Problem of Relativism in the Sociology of (Scientifc) Knowledge*, Heusenstamm.
Schantz, R., 2011: Realism and Relativism, in: R. Schantz/M. Seidel (Hg.), *The Problem of Relativism in the Sociology of (Scientifc) Knowledge*, Heusenstamm, 65-83.
Schiffman, Z. S., 1991: *On the Threshold of Modernity. Relativism in the French Renaissance*, Baltimore.
Schmidt, T., 2009: Die Herausforderung des ethischen Relativismus, in: G. Ernst (Hg.), *Moralischer Relativismus*, Paderborn, 117-137.
Schmidt-Leukel, P., 2005: *Gott ohne Grenzen. Eine christliche und pluralistische Theologie der Religionen*, Gütersloh.
Schulz, P. J., 2013: „Worin besteht die Herausforderung des Relativismus?" Symposium anläßlich des 80. Geburtstags von Nikolaus Lobkowicz, in: *Forum für osteuropäische Ideen- und Geistesgeschichte* 17, 17-20.
Searle, J. R., 1990: *Sprechakte. Ein sprachphilosophischer Essay*. 4. Aufl., Frankfurt/M.
Searle, J. R., 1999: *Mind, Language and Society. Doing Philosophy in the Real World*, London.
Sextus Empiricus, 1976: *Outlines of Pyrrhonism*. Hg. und übersetzt von R. G. Bury. 6. Aufl., Cambridge/Mass.
Sextus Empiricus, 1993: *Grundriß der pyrrhonischen Skepsis*. Eingeleitet und übersetzt von M. Hossenfelder. 2. Aufl., Frankfurt/M.
Siegel, H., 1987: *Relativism Refuted: A Critique of Contemporary Epistemological Relativism*, Dordrecht.
Siegel, H., 2011: Epistemological Relativism: Arguments Pro and Con, in: S. D. Hales (Hg.), *A Companion to Relativism*, Oxford, 201-218.
Smith, P., 1998: Approximate Truth, in: P. Smith, *Explaining Chaos*, Cambridge, 71-90.
Smith, C., 2011: *Lost in Transition. The Dark Side of Emerging Adulthood*, Oxford.
Sokal, A./Bricmont, J., 1998: *Fashionable Nonsense. Postmodern Intellectuals' Abuse of Science*, New York.
Sokal, A./Bricmont, J., 1999: *Eleganter Unsinn. Wie die Denker der Postmoderne die Wissenschaft mißbrauchen*, München.
Sokal, A., 2010: *Beyond the Hoax: Science, Philosophy and Culture*. 2. Aufl., Oxford.

Spaemann, R., 2007: *Das unsterbliche Gerücht. Die Frage nach Gott und die Täuschung der Moderne*, Stuttgart.
Stegmaier, W., 2011: *Friedrich Nietzsche zur Einführung*, Hamburg.
Stepanians, M., 2001: *Gottlob Frege zur Einführung*, Hamburg.
Stepanians, M., 2009: Relativismus und irrtumsfreie Meinungsverschiedenheiten, in: G. Ernst (Hg.), *Moralischer Relativismus*, Paderborn, 163-180.
Swoyer, C., 1982: True For, in: M. Krausz/J. W. Meiland (Hg.), *Relativism, Cognitive and Moral*, Notre Dame, 84-108.
Swoyer, C., 2015: Art. „Relativism", in: *The Stanford Encyclopedia of Philosophy* (Summer 2015 Edition). Hg. von E. N. Zalta, http://plato.stanford.edu/archives/sum2015/entries/relativism/(Stand: 06.01.2016).
Thomas von Aquin, 1986: *Von der Wahrheit*. Lateinisch-Deutsch. Hg. von A. Zimmermann, Hamburg.
Tugendhat, E./Wolf. U., 1993: *Logisch-semantische Propädeutik*, Stuttgart.
Vattimo, G., 2008: Ein relativistischer Gott?, in: E. Bidese/A. Fidora/P. Renner (Hg.), *Philosophische Gotteslehre heute. Der Dialog der Religionen*, Darmstadt, 197-204.
Weidemann, C., 2004: Theologischer Antirealismus – und warum er so uninteressant ist, in: C. Halbig/C. Suhm (Hg.), *Was ist wirklich? Neuere Beiträge zu Realismusdebatten in der Philosophie*, Frankfurt/M., 397-427.
Weissmahr, B., 1985: *Ontologie*. 3. Aufl., Stuttgart.
Wendel, H. J., 1990: *Moderner Relativismus. Zur Kritik antirealistischer Sichtweisen des Erkenntnisproblems*, Tübingen.
Whorf, B. J., 1956: *Language, Thought and Reality*, Cambridge.
Wild, M., 2009: Montaigne als pyrrhonischer Skeptiker, in: C. Spoerhase/D. Werle/M. Wild (Hg.), *Unsicheres Wissen. Skeptizismus und Wahrscheinlichkeit 1550-1850*, Berlin, 109-133.
Willaschek, M., 2003: *Der mentale Zugang zur Welt. Realismus, Skeptizismus und Intentionalität*, Frankfurt/M.
Williamson, T., 2005: Knowledge, Context, and the Agent's Point of View, in: G. Preyer/G. Peter (Hg.), *Contextualism in Philosophy: Knowledge, Meaning, and Truth*, Oxford, 91-114.
Williamson, T., 2015: *Tetralogue: I'm Wright, You're Wrong*, Oxford.
Wittgenstein, L., 1984: Über Gewißheit. Werkausgabe, Bd. 8, Frankfurt/M.
Wright, C., 1992: *Truth and Objectivity*, Cambridge/Mass.
Wright, C., 2008: Relativism about Truth Itself: Haphazard Thoughts about the Very Idea, in: M. García-Carpintero/M. Kölbel (Hg.), *Relative Truth*, Oxford, 157-185.
Wright, C., 2010: Intuitionism, Realism, Relativism, and Rhubarb, in: M. Krausz (Hg.), *Relativism. A Contemporary Anthology*, New York, 330-355.
Zimmermann, A. Z., 2007: Against Relativism, in: *Philosophical Studies* 133, 313-348.

Namenregister

A
Abel, G. 128, 139
Alston, W. P. 127, 132, 139
Annas, J. 127, 139
Apel, K.-O. 135, 139
Aristoteles 19, 21, 26 ff., 30, 127, 133, 139
Ashman, K. M. 125, 139
Augustinus 30

B
Baghramian, M. 125, 128 f., 132, 135 ff., 139, 142 ff.
Baker, G. P. 139
Barnes, J. 127, 139
Barringer, P. S. 125, 139
Baumgartner, H. M. 141
Bennigson, T. 103-106, 113, 115, 136, 139
Bergmann, M. 133, 139
Bett, R. 126, 139
Bidese, E. 146
Bilgrami, A. 132, 139
Blackburn, S. 100, 135, 139
Bloom, A. 139
Bloor, D. 117-120, 122, 129, 132, 137, 139
Boghossian, P. 125, 128, 131 f., 134 ff., 139
Bricmont, J. 125, 145
Brown, D. E. 125, 139
Burkert, W. 126, 139
Burnyeat, M. F. 126, 139
Byrne, P. 130, 139

C
Cappelen, H. 95, 125, 134 f., 139
Clark, M. 128, 139
Conant, J. 128, 139
Copan, P. 125, 139
Costa, N. C. A. da 132, 140
Curd, P. 139

D
Davidson, D. 126, 137, 140

E
Engelmann, P. 143
Ernst, G. 125, 131, 140 ff., 145 f.

F
Fara, D. F. 143
Feyerabend, P. 15, 56-61, 67, 70, 108, 117, 130 f., 140, 142, 144
Fidora, A. 146
Fine, G. 126, 140
Fish, S. 117, 137, 140
Foglia, M. 127, 140
Forst, R. 120, 122, 137, 140
Frege, G. 62 f., 73 f., 93 f., 104, 129, 132, 134 f., 139 f., 145 f.
French, S. 132, 140, 145

G
Gadamer, H.-G. 136, 140
García-Carpintero, M. 63, 125, 133 f., 140 ff., 145 f.
Girard, R. 140
Goedert, G. 128, 140
Goodman, N. 14, 126, 140
Gottwald, S. 133, 140
Gowans, C. 131, 140
Graham, D. W. 139
Grajner, M. 142
Grundmann, T. 133, 135, 140
Guthrie, W. K. C. 126, 140

H
Haack, S. 8 f., 125, 141
Hacker, P. M. S. 139
Hacking, I. 132, 141
Halbig, C. 131, 141, 146
Hales, S. D. 99, 103, 108-113, 115, 125, 136 f., 139, 141 f., 144 f.
Hamann, J. G. 35, 127, 141
Harman, G. 16, 62, 68, 126, 131, 141
Harrison, G. 137, 141
Hartle, A. 127, 141
Hawthorne, J. 95, 125, 134 f., 139
Hick, J. 15, 41, 48-54, 56, 69, 129, 141

Hilgartner, S. 125, 141
Hollis, M. 141
Hönig, K. 125 f., 136, 141
Honnefelder, L. 141
Horwich, P. 132, 141
Husserl, E. 101 f., 135, 141

I
Iacona, A. 134, 141
Irlenborn, B. 125, 129, 141

J
James, W. 42 f., 129, 141
Janich, P. 141

K
Kant, I. 10, 33 ff., 37 f., 40, 42, 44, 127, 142
Keil, G. 133, 135, 142
Kellerwessel, W. 131, 142
Kirk, G. S. 126, 128, 142
Kirk, R. 126, 128, 142
Kölbel, M. 13, 41, 61-68, 83 f., 87, 89-95, 104, 115, 125, 131-137, 140 ff., 145 f.
Kompa, N. 133, 142
König, G. 125, 142
Krausz, M. 125, 127, 139, 142 f., 146
Krug, W. T. 7, 125, 142
Kuhn, T. S. 14, 108, 126, 142
Künne, W. 142
Kusch, M. 126, 130, 142

L
Lasersohn, P. 83, 142
Lee, M.-K. 13, 126, 143
Lévi-Strauss, C. 33, 127, 143
Lewis, C. M. 144
Lewis, D. 83, 133, 143
Lockie, R. 136, 143
Ludlow, P. 133, 143
Lukes, S. 131, 141, 143
Lynch, M. P. 119, 137, 139, 143
Lyotard, J.-F. 1, 126, 143 f.

M
MacFarlane, J. 13, 63, 83, 87 ff., 92, 104, 133-136, 143
MacIntyre, A. 102, 136, 143

Mackie, J. L. 135, 143
Majetschak, S. 141
Mandelbaum, M. 136, 143
Margolis, J. 13, 71, 77-83, 85 f., 90, 95 f., 103, 115, 132 ff., 136, 143
Mazzotti, M. 139
Meiland, J. W. 132, 143, 146
Meister, C. 21, 145
Montaigne, M. de 19, 30-33, 40, 59, 127, 140 f., 143, 146
Montesquieu, C. de 31, 127, 143
Mosteller, T. 125, 143
Muders, S. 125, 143

N
Nagel, T. 102, 135 f., 143
Neumeier, O. 140
Nietzsche, F. 2, 36-40, 43, 128, 139 f., 143-146
Norris, C. 132, 144
Nozick, R. 135 f., 144

P
Passmore, J. A. 135, 144
Pera, M. 144
Perler, D. 127, 144
Peter, G. 80, 82 f., 94 f., 133, 143, 146
Philipps, D. Z. 129, 144
Phillips, P. J. J. 137, 144
Plant, B. 144
Platon 2, 21-26, 30, 44, 101 f., 113, 126, 144
Popkin, R. H. 127, 144
Popper, K. R. 132, 137, 144
Posener, A. 125, 144
Preston, J. M. 130, 144
Preyer, G. 143, 146
Puntel, L. B. 126, 144
Putnam, H. 102, 126 f., 131 f., 135, 144

Q
Quinn, P. L. 130, 144

R
Rami, A. 142
Ratzinger, J. 117, 122, 125, 129, 144
Raven, J. E. 126, 142
Recanati, F. 83, 144

Reese-Schäfer, W. 126, 144
Renner, P. 146
Rescher, N. 119, 137, 144
Ressler, M. 125, 135 ff., 144 f.
Richard, M. 9, 14 f., 36, 41, 63, 92, 115, 132, 134, 145
Rorty, R. 14 f., 36, 41-47, 56, 61, 69, 115, 126-129, 136, 145
Rosenkranz, S. 135, 145
Runzo, J. 15, 51-56, 129 f., 145
Russell, G. 143

S
Schacht, R. 128, 145
Schantz, R. 125, 132, 134, 145
Schiffman, Z. S. 127, 145
Schmidt-Leukel, P. 129, 145
Schmidt, T. 129, 131, 145
Schofield, M. 126, 142
Schulz, P. J. 137, 145
Searle, J. R. 125, 145
Seidel, M. 125, 145
Sextus Empiricus 28 ff., 127, 145
Siegel, H. 118, 132, 137, 145
Smith, C. 125, 132, 145
Smith, P. 125, 132, 145
Sokal, A. 1, 125, 139, 141, 145
Spaemann, R. 146
Spoerhase, C. 146
Stegmaier, W. 128, 146

Stepanians, M. 134 f., 146
Suhm, C. 146
Swoyer, C. 125, 127, 132, 136, 146

T
Tetens, H. 142
Thomas von Aquin 30, 127, 146
Thomson, J. J. 141
Tolksdorf, S. 142
Tugendhat, E. 134, 146

V
Vattimo, G. 129, 140, 146

W
Weidemann, C. 129, 146
Weissmahr, B. 135, 146
Wendel, H. J. 126 f., 136, 146
Whorf, B. J. 13, 126, 146
Wild, M. 127, 146
Willaschek, M. 132, 146
Williamson, T. 84, 125, 133, 146
Wittgenstein, L. 42, 128, 144, 146
Wolf, U. 134, 139, 146
Wright, C. 13, 63, 83-89, 91-95, 104, 125, 133 ff., 146

Z
Zimmermann, A. Z. 135, 146

Sachregister

A
Absolutismus 3, 8, 11, 16 f., 57-61, 67 f., 71, 74, 96, 105-113, 115-123, 136
Antirealismus 33 ff., 40, 43 f., 48-51, 53, 71-74, 78, 81, 86, 90, 127, 132

B
Bivalenzprinzip 13, 78-83, 86 f., 93, 103, 134

C
Culture war 1 f.

D
Dissens 16 f., 25, 68 f., 84 f., 92 f., 134

E
Erkenntnis 2, 6, 9-11, 14-18, 21, 25, 28-36, 38-47, 55, 70-83, 90, 108, 119, 128 f.

H
Historismus 19

K
Kontextualismus 65 f., 68, 83-87, 92 f., 131, 133 f.
Kontradiktionsprinzip (siehe Satz vom ausgeschlossenen Widerspruch)

L
Logik, mehrwertige 13, 77, 79-82

N
Nihilismus 36 f., 40, 67, 81, 133
Nonkognitivismus 48, 90, 129

O
Objektivismus (siehe Absolutismus)

P
Perspektivismus 22, 36-40, 108 f., 128, 137
Pluralismus 16-20, 31, 46, 49-56, 64, 73, 115-123
Postmoderne 1 f., 13, 18
Präferenzialismus 119-121

Pragmatismus 41-47, 61, 69, 121, 129
Proposition 6, 62-68, 71 ff., 87-95, 101, 104 f., 108, 113, 134 ff.

R
Realismus 33 f., 37, 43 ff., 47-50, 62 f., 71-74, 79, 81, 90 f., 132
Relationismus 11
Relativismus 5-18, 71-77, 115-123, 125
– ästhetischer 16
– alethischer 12 f., 18, 23, 38, 47, 60, 63, 71-97, 101-114, 132 f.
– Begriff des 5-12, 71-77, 115-123
– deskriptiver 9 f., 15, 18, 31, 55, 73, 116, 122
– Diktatur des 2, 117, 122, 125
– epistemischer 9, 14, 29, 41-48, 130
– globaler 10 ff., 85, 91, 99-106, 132, 136
– Grundmodell 5-8, 12, 39, 47, 70-74, 81, 101, 115
– kultureller 22, 31 f., 67, 131
– linguistischer 9, 13 f., 126
– logischer 13, 26, 77 ff., 81, 83
– lokaler 10 f., 18, 41, 70 f., 74, 85, 89 f., 99 f., 116, 135
– moralischer 15 f., 61-69, 74, 90, 125, 131
– normativer 3, 9 ff., 15, 18, 24, 71, 75, 101, 116
– religiöser 15, 48-56, 130
– vernunftkritischer 15, 30-33, 41 f., 56-61, 69
– wissenschaftstheoretischer 9, 14 f.

S
Satz vom ausgeschlossenen Dritten 78-82, 85, 90, 93, 132
Satz vom ausgeschlossenen Widerspruch 25-28, 77-82, 92, 126, 132
Selbstwiderspruchs-Argument 22, 24, 99-114, 118, 135 ff.
Skeptizismus 16-19, 28-31, 34 ff., 39 f., 81, 117, 127 f.
Sophistik 2, 19-25, 39
Subjektivismus 22, 26, 61, 67, 99, 101, 103, 107 f., 113, 116, 126, 131, 136

T
Toleranz 3, 16 ff., 67, 115-123, 137

U
Überzeugung 6-12, 43-47, 61, 71-74, 101, 118, 128

V
Vagheit 80, 86, 89, 133
Vernunft 7, 10, 15 f., 30-33, 44 ff., 57-61, 115, 130

W
Wahrheit 2, 5 f., 12 f., 23-27, 38, 42, 45-50, 62 f., 71-97, 104-114, 132-137
– und Fürwahrhalten 72 f., 108, 132
– Grade der 25, 46, 79-83, 93, 95 f., 133
– Korrespondenztheorie der 39, 42 f., 47, 132
– relative 12 f., 63, 67 f., 71 ff., 83, 88, 89-96, 100-113
– objektive 12 f., 23, 30, 48, 59, 71 f., 95 f., 100 f., 106, 135
Wahrheitsverständnis 12 f., 24 f., 38 ff., 45 f., 62-69, 72-83, 87-96, 106-113, 132 f.
– epistemisches 72 ff., 81, 119, 132
– nicht-epistemisches 72 ff., 119, 132
Wahrheitswert 12, 62-68, 77-93, 102 ff., 132-135
Weltbild 3, 9, 14-20, 31 f., 52-56, 69 f., 83, 115-119, 123, 128

Weitere empfehlenswerte Titel

Recht
(Grundthemen Philosophie)
Matthias Kaufmann, 2016
ISBN 978-3-11-027218-5, e-ISBN 978-3-11-027249-9 (PDF),
978-3-11-039096-4 (EPUB), Set-ISBN 978-3-11-027250-5

Demokratie
(Grundthemen Philosophie)
Peter Rinderle, 2015
ISBN 978-3-11-039936-3, e-ISBN 978-3-11-034925-2 (PDF),
978-3-11-039950-9 (EPUB), Set-ISBN 978-3-11-034937-5

Erkenntnis
(Grundthemen Philosophie)
Gottfried Gabriel, 2015
ISBN 978-3-11-040815-7, e-ISBN 978-3-11-040865-2 (PDF),
978-3-11-040867-6 (EPUB), Set-ISBN 978-3-11-040866-9

Der metaethische Relativismus auf dem Prüfstand
(Practical Philosophy, PPH 21)
Christian Wendelborn, 2016
ISBN 978-3-11-047743-6, e-ISBN 978-3-11-048718-3 (PDF),
978-3-11-048654-4 (EPUB), Set-ISBN 978-3-11-048719-0

Moral, Wissenschaft und Wahrheit
(Humanprojekt, Bd. 13)
Julian Nida-Rümelin/Jan-Christoph Heilinger (Hg.), 2016
ISBN 978-3-11-037894-8, e-ISBN 978-3-11-037900-6 (PDF),
978-3-11-038739-1 (EPUB), Set-ISBN 978-3-11-037901-3

Lebensformen und Anerkennungsverhältnisse
Zur Ethik der belebten Natur
(Studien zu Wissenschaft und Ethik, SWE 7)
Christina Pinsdorf, 2016
ISBN 978-3-11-045162-7, e-ISBN 978-3-11-045319-5 (PDF),
978-3-11-045165-8 (EPUB), Set-ISBN 978-3-11-045320-1